法藏知津

二編：佛教思想研究專輯

杜潔祥 主編

第 1 冊

佛教邏輯通論

黃志強 著

花木蘭文化出版社

國家圖書館出版品預行編目資料

佛教邏輯通論／黃志強 著 — 初版 — 新北市：花木蘭文化出
版社，2015〔民 104〕
目 2+270 面；19×26 公分
（法藏知津二編：佛教思想研究專輯　第 1 冊）
ISBN：978-986-322-144-9（精裝）
1. 佛教　2. 因明
030.8　　　　　　　　　　　　　　　　　102002272

法藏知津二編：佛教思想研究專輯
第 一 冊　　　　　　　　　　ISBN：978-986-322-144-9

佛教邏輯通論

作　　者　黃志強
主　　編　杜潔祥
副總編輯　楊嘉樂
編　　輯　許郁翎
出　　版　花木蘭文化出版社
社　　長　高小娟
聯絡地址　235 新北市中和區中安街七二號十三樓
　　　　　電話：02-2923-1455／傳眞：02-2923-1452
網　　址　http://www.huamulan.tw 信箱 hml810518@gmail.com
印　　刷　普羅文化出版廣告事業
初　　版　2015 年 5 月
定　　價　二編 24 冊（精裝）新台幣 40,000 元

佛教邏輯通論

黃志強　著

作者簡介

黃志強，男，1964 年 4 月生，廣西賀州市人，中國人民大學邏輯學專業博士畢業，教授職稱，現任廣西自治區政協常委，廣西師範學院政法學院副院長，廣西思維科學學會、廣西邏輯學學會、廣西哲學學會、廣西社會學學會等學會副會長；主要從事哲學、宗教學、社會學和教育學的教學和研究工作，主持國家社科基金課題 2 項、廣西哲學社科基金 5 項和廳級課題 7 項，參與各類各級課題 10 餘項，出版 13 部專著或教材，發表 200 餘篇論文，獲得 10 餘項省級以上科研教研獎，是廣西高校中青年傑出人才培養對象。

提　要

　　本書是國家社會科學基金 2005 年度「優秀」課題「佛教邏輯的現代研究」（批准號 02BZX048）的最終研究成果，也是一部系統研究佛教邏輯的學術專著。它以印度因明、漢傳因明和藏傳因明為研究對象，既尊重前賢的研究成果，又不作盲從，以原典為根基，在充分考究論證的前提下糾正錯謬，提出新見解。本書以正確的邏輯觀和邏輯基本原理為指導，按照佛教邏輯的本來面目，探討因明學的起源及其歷史發展各階段的特點與貢獻，準確釐定和闡釋了同品、異品、有法、因法、宗法等幾個基本概念的內涵及其關係，在因三相、九句因和因明論式等基本問題上澄清了學術界有關的一系列誤解，而提出了獨樹一幟的觀點，首次概括出三支論式的七條邏輯規則，對因三相、九句因、因明論式在因明學中的地位作了獨到的論述。同時，本書第一次對佛教邏輯的名言論、命題論、比量論、語言邏輯、因明與佛學的關係等進行了系統深入的爬梳整理，其中反駁了諸多的錯誤觀點，時發新見，在此基礎上較完整地建立了佛教邏輯的理論體系，並作了實證性的分析，從而填補了諸多學術空白，不僅大大拓展了因明學研究領域，而且具有全面開創性的意義，為佛教邏輯的進一步發展奠定了良好的理論基礎，也對活躍因明學壇、推陳出新頗有裨益，使我國的因明學研究在廣度、深度和系統性方面達到了新的層次和水準。這是作者多年來搜集因明典籍，傾其心力認真整理、研究的理論成果，代表著這一課題在當前國內外的最高水準，曾得到巫白慧、劉培育、孫中原、劇宗林、董志鐵、楊百順等因明學前輩的高度讚譽與評價。

國家社會科學基金優秀項目（批准號02BZX048）

中國廣西師範學院著作出版基金資助

目

次

引　言

一

　　古印度曾把知識分爲五種：「一曰聲明，擇詁訓字，詮目疏別；二工巧明，伎術機關，陰陽歷數；三醫方明，禁咒閑邪，藥石針艾；四曰因明，考定正邪，研核眞僞；五曰內明，究暢五乘，因果妙理。」（玄奘《大唐西域記》卷二）這五種學問大致相當於現代的語言學、工程技術學、醫藥學、邏輯學和宗教學。因明的「因」指推理論證的根據，「明」是智慧、知識或學問，因明就是研究推理論證及其依據的學說。

　　學術界習慣稱因明學爲佛教邏輯，這是因爲對因明學可以有廣義和狹義兩種理解。廣義上，因明等同於古印度各派所運用的邏輯學，所以神泰《理門論述記》中亦有「自古九十五種外道，大小諸乘，各制因明，俱申立破」之說，而且從因明學的淵源來看，最初也起源於佛教與外道的相互論諍之中。而狹義上，首次提出「因明」這一術語的是在佛家彌勒的《瑜伽師地論》中，《大疏》卷一中說「咸陳軌式」的是唯識宗的世親，創立三支因明的是世親的高足陳那，將陳那因明作系統闡發和進一步改造的是天主、法稱，後來又通過佛教傳入中國漢藏地區，東漸朝鮮、日本等。可見，因明尤其是新因明幾乎是由佛家創立、發揚和傳播的。因此，從這一層意思上說，因明學也可以稱爲佛教邏輯。我們對因明學的討論也是就這一方面而言的，以下所言佛教邏輯或因明都是在同一意義上使用的。

　　不過，我們所說的佛教邏輯並不是將其與佛教等同看待，二者的區別是相當明顯的。主要在於：第一，佛教偏重於倫理道德教化，佛教邏輯則側重

於邏輯的論辯活動。在佛教看來，道德上的善惡與心境上的淨染以及人生、宇宙本質的真假是完全一致的，所謂善就是淨、真，所謂惡就是染、假，眾生成佛就是去惡從善、由染轉淨、從假返真的過程和結果，因此它宣揚眾生的一切善惡觀念和行為，決定了他們能否清除私心雜念及貪欲，能否認識和把握人生、宇宙的本質，甚至於能否解脫痛苦，是上天堂還是下地獄。從而人生倫理問題是佛教理論體系的基點和重心，其內容也最多最豐富，以「大悲為首」、「慈悲喜舍」作為佛教道德的出發點；「諸惡莫作，諸善奉行」作為佛教僧侶的行為準則；「自利利他」、「自覺覺人」作為處理複雜的人際關係的思想基礎。而因明的產生有其社會盛行論辯之風的背景，廣泛而深入的論辯成為當時印度社會生活的一大特色。論辯促使佛教邏輯的產生和發展，各個學派在激烈的論爭中竭力總結和研究論辯的理論及技藝，努力尋求克敵制勝的邏輯工具，使得因明在很大程度上成為一種論辯的邏輯。

　　第二，佛教以神秘直覺為基礎和特徵，佛教邏輯則以合理性、科學性、有效性為前提和本質要求。佛教從其出世立場出發，貶低、排斥通常一般的思維活動，宣揚不屬一般思維的所謂「智慧」即「般若」認識，認為事物的實相是不可言說的、無以名狀的，人們只有超越語言文字和邏輯思維，直接、整體地把握對象，才能體悟到本體，以成就為佛，這實際上是提倡超經驗的神秘直覺思維。因明從人們實際的論辯活動出發，主張運用邏輯思維形式，極力追求邏輯體系的科學合理性和必然有效性，因而新因明大師改造或創建了因三相理論，並在此基礎上變革古因明僅為內涵式推理和類比論證的狹隘模式，而建構了具有豐富多樣的推理形式和蘊含多種推理類型的三支論式，使佛教邏輯的推理形式和論證形式臻於定型和完善，更加切合人類的實際論辯活動和過程，尤其是其無以倫比的過失論對論式所做出的諸多具體細緻的規定及要求，使之更具有效性和論證性，因明也由此進入到一個嶄新的科學階段。

　　第三，佛教以追求解脫為其根本目的，佛教邏輯則以悟他為最終要務。佛教理論並不是探索人生和宇宙的客觀規律及其本質，而是為了指導佛教徒的宗教實踐，即求得解脫的修行活動。佛教所作的理論分析乃至邏輯論證，都是為其修行活動服務的，它強調只有通過持續不斷的修行才能把握佛法和佛理，才能超越生死煩惱的痛苦，獲得人生的解脫，實現成就正果、成為佛陀的理想，因此佛學也最終歸結為一種出世的神學。而因明的中心任務在於

探究一條足以「悟他」的論證途徑，它的內容主要是建立這樣一個論辯過程的一般方法，所以對論辯結構、語言運用等作了最爲充分和卓有成效的研究，目的就在於通過設立具有更強說服力和論證性的論式來破斥敵者論宗，更有效地弘揚自宗教義以開悟敵者和證義者，因此因明被歸結爲一門不斷趨向合理性、科學性和有效性的邏輯學。

二

　　佛教邏輯作爲世界三大邏輯源頭之一，與其他邏輯源頭一樣，也是產生於邏輯論辯活動，都經歷一個論辯術研究的階段。古代印度盛行論辯之風，到處都可以看到論辯的場景。具有特殊意味的是，古印度的論辯不是一般意義上的論辯，通常在論辯之前要對論辯的題目、內容、主要參與者等張榜公佈，以便大眾有備而來；參與者有主辯者即立者、駁辯者即敵者、證義者即裁判者以及眾多的出席者，對立者、敵者、證義者的資格條件有著諸多非常嚴格具體的要求和規定；屆時要在固定的場所正式設立論場，論題及辯論過程是公之於眾的；對論辯的步驟程式、方法方式、論辯者的言語態度甚至儀表、語氣等均有一套十分細緻的規定；而論辯的結果是最爲重要的，論辯的成敗關係到一個人的生死榮辱，還會累及家庭甚至家族的聲譽，其嚴肅性、規範性、重要性可見一斑。因此他們不得不竭力鑽研克敵制勝的論辯方法和技巧，一門以論辯爲主題的「論究學」也就隨之誕生了，其所使用的術語、方法等等爲因明的產生準備了前提條件。

　　公元前六至四世紀是古印度的列國時期，學派林立，思想界空前活躍，各家各派在進行學術探究過程中，彼此之間也展開激烈的論戰，並在論諍中形成最初的邏輯思想。其中以足目創標的正理派邏輯對因明學的誕生貢獻最大，《正理經》的十六句義中提出了五支論式，以「眞似」即眞假作爲邏輯的核心問題。這些思想後來爲佛家所吸取並加以發展，演化成佛教邏輯。佛教邏輯的歷史發展大致是從印度的古因明至新因明，再到中國的漢傳因明和藏傳因明。

　　從古因明的歷史進程來看，肇始其基者當推小乘。在《正理經》尚未最後完成時，小乘的古因明已初具規模，如產生於印度迦膩色迦王（Kaniska 約78～102 年）時期的《方便心論》即是其代表作。隨後大乘學者對古因明做出了令人注目的發展，中觀派始祖龍樹造《中論》、《迴諍論》和《壓服量論》，對足目的量論、十六句義提出了批評；無著《顯揚聖教論》、《大乘阿毗達磨

雜集論》和《順中論》提出了「七因明」的思想；彌勒《瑜伽師地論》（一說為無著所造）第十五卷中詳細地論述七因明，建立了佛教邏輯系統的最初形式；世親是古因明的集大成者，其《論軌》、《論心》、《論式》、《如實論》在前人的基礎上大大推進了因明學說，改五支論式為三支式，首次採納外道的因三相說，提出與陳那接近的因三相雛形，並對量論和誤難論進行了論述，確立了因明學的「綱紀」，為新因明的誕生創造了重要條件。然而，此期的因明仍然沿襲正理派舊說，正如窺基所說：「爰暨世親，咸陳軌式，雖綱紀已列，而幽致未分，故使賓主對揚，猶疑立破之則。」〔註1〕

陳那造《理門論》、《集量論》等，在印度邏輯史上做出了劃時代的貢獻，創立了新因明的邏輯系統，他嚴格刊定因三相，使之成為新因明的理論基石，建立「九句因」的料簡方式，更把古師的五支論式正式改造成為具有邏輯必然性的三支論式，又把古師的量論統攝為「現、比二量」，發展了因明過失論，於是佛教邏輯得以理論化和系統化。天主《入論》忠實地繼承了陳那的邏輯學說，以「八門二悟」來闡釋乃師的前期之學，在過失論上還有所發展。法稱《釋量論》、《定量論》、《正理滴論》等對陳那的後期之學進行了評釋、發揮和改造，在量論、比量論、論式因的分析和過失論等方面有所前進。之後，帝釋慧、法上、智生慧等相繼出現，對法稱學說進行注釋和闡發，分成訓詁、哲理、教理等三大派別；寂護、蓮花戒、寶積靜等則在法稱著述的基礎上進一步發展出自己的體系，貫徹了邏輯的演繹精神。

印度佛典在中國的傳播，從公元四世紀相伴而來的因明有漢傳和藏傳兩大分支。漢傳因明有兩次，第一次是後魏延興二年（472年）三藏吉迦夜與沙門曇曜所譯的《方便心論》、陳天竺三藏真諦譯的《如實論》和三藏毗目智仙共瞿曇流支譯的《迴諍論》。這一次影響不大，既沒有產生自己的因明論著，也沒有什麼重要的注疏。第二次是玄奘從印度帶回大批因明經卷，647年譯出《入論》，649年譯出《理門論》和清辨的《大乘掌珍論》，650年又翻譯了護法的《廣百論釋》。玄奘在翻譯因明原著的過程中還反覆講說，闡發隱義，而大弟子們則「競造文疏」，對《理門論》作疏解的有文備、玄應、定賓、神泰、圓測（朝鮮人）等，對《入論》作疏解的有靖邁、靈雋、勝莊、璧公、文軌、窺基、利涉（西域人）、神泰、明覺、文備、淨眼、玄範、順憬（朝鮮人）等，再傳弟子慧沼、智周、道邑等人也有重要的注疏，使因明研討蔚然成風，形

〔註1〕《中國邏輯史資料選》因明卷，甘肅人民出版社，1991年，第16頁。

成很大的影響，並東漸日本、朝鮮。但自唐武宗會昌禁佛後，繼以五季之亂，趙宋禪宗勃興，義學不作，因明遂不受重視，並隨法相宗的衰落而衰落，至明清以降五百餘年幾成絕學！清末楊仁山居士在南京創立金陵刻經處（1878年），陸續刊行三百多種佛家著疏，因明研習在漢地開始復蘇，後經康有爲、梁啓超、譚嗣同、章太炎等人的推崇和歐陽竟無、謝蒙、太虛等人的研究，特別是「五四」以後，因明研究更形成了高潮。

　　因明在藏族地區的傳播則大不相同。陳那的《因輪抉擇論》和《集量論》，法稱的七論，法上的著作以及其他因明家的作品全都有忠實的藏譯本。當佛教在印度本土衰微之後，藏區學者開始獨立撰寫自己的因明著作，比較著名的有法獅子的《定量論釋》和《因明略義》、薩班·貢噶堅贊《正理藏論》、布頓寶成《量決定論注釋明顯句義論》、宗喀巴《因明七論入門》、龍朵《因明學名義略集》、普覺·強巴《因明學啓蒙》等，而且因明研習從未中斷。藏傳因明通常以俄·洛丹喜饒爲界，之前稱爲舊量論階段，以吉祥積、律天、智軍、瑪善慧、俄·洛丹喜饒等爲主，他們主要承續法稱後學「釋文派」的傳統，對因明經典進行了諸多譯介和注疏；之後稱爲新量論階段，以恰巴曲森、薩班·貢噶堅贊、宗喀巴、賈曹傑、克主傑、僧成、普覺·強巴等爲主，精研因明經典，開始藏人的因明自著，形成了藏傳因明的諸多特色。幾百年來，藏區佛家學者寫出六十六種因明著作，並四處進行講學、研討，對佛教邏輯的傳播和發展做出了很大貢獻。因明對藏族文化有著廣泛而深遠的影響，其影響所及包括佛學、哲學、文學和思想文化各個領域，並遠遠超出西藏地區，當年到拉薩求學者有來自甘、青、川、康、滇、蒙等地，也有不少外國人，在學人數最多時僅哲蚌寺就逾萬人。

三

　　隨著因明研習在中國漢地的復蘇，佛教邏輯研究便逐漸形成高潮。在譯介和疏解方面，呂澂從藏文譯出陳那《因輪抉擇論》和《集量論釋略抄》，王森從梵文譯出法稱《正理滴論》；對《入論》進行疏解的有梅光羲、王季同、慧圓、密林、呂澂和清靜，對《理門論》進行注解的有丘檗、呂澂和釋印滄等。在因明義理的闡發和比較研究方面，有太虛《因明概論》、熊十力《因明大疏刪注》、呂澂《因明綱要》、陳望道《因明學》、虞愚《因明學》和《印度邏輯》、周叔迦《因明新例》、覃方達《哲學新因明論》、熊紹堃《因明之研究》、陳大齊《因明大疏蠡測》和龔家驊《邏輯與因明》等。這些著作反映了漢地

因明研究進一步向縱深發展，在義理闡發上有明顯的突破。

相對來說，二十世紀五六十年代是因明研究處於低谷時期，內地僅有呂澂、虞愚、石村、丁彥博等人發表十餘篇文章。從七十年代末開始，因明逐漸受到重視，並被作爲一項重要的民族文化遺產而列入「搶救」項目。1981年石村《因明述要》出版，甘肅人民出版社陸續出版了《因明論文集》、《中國邏輯史資料選》因明卷、《因明新探》等，呂澂《因明入正理論講解》、沈劍英《因明學研究》和《佛家邏輯》、法尊譯《集量論略解》和《釋量論釋》、劉培育編《因明研究》、楊化群《藏傳因明學》、巫壽康《因明正理門論研究》、劇宗林《藏傳佛教因明史略》、鄭偉宏《佛家邏輯通論》和《因明正理門論直解》等著作相繼出版。同時在港臺也有一批因明專著出版，如陳大齊《因明入正理論悟他門淺釋》、李世傑《因明學概論》、霍韜晦《佛家邏輯研究》、張曼濤主編《佛教邏輯專集》兩冊、林崇安《佛教因明的探討》、《古因明要解》等。此外，還發表了數百篇因明研究論文。總之，近五十年的因明研究，顯現出空前活躍的狀態，進入比較系統研究的時代，對因明義理和邏輯體系也有了更深入的理解。

在國外，日本、印度、德國、法國、英國、美國等許多學者從梵文和藏文譯本中，譯介了大量的因明典籍，如《方便心論》、《迴諍論》、《如實論》、《論軌》、《理門論》、《集量論》、《因輪抉擇論》、《入論》、《釋量論》、《量抉擇論》、《正理滴論》、《因一滴論》、《內遍滿論》等等。同時也撰寫了大量的因明研究著作，如（印）威提布薩那《印度邏輯史》和《印度邏輯中觀學派史》、K.庫瑪《印度邏輯》、亞歷山大·威爾曼《佛家邏輯千年》、（美）齊思貽《佛家邏輯》、K.梅提拉和羅伯特《佛家邏輯與認知理論》和《佛家形式邏輯》、（德）恩·斯騰克爾納《法稱的因滴論》、（英）A.B.凱斯《佛家邏輯與極微說》、B.N.星格《印度邏輯》、（俄）舍爾巴茨基《佛教邏輯》、（意）杜芝《陳那以前的佛家邏輯》、（日）宇井伯壽《佛教論理學》和《陳那著作の研究》、北川秀則《印度古典論理學の研究》、末木剛博《東方合理思想》、松尾義海《印度的邏輯學》、村上專精《佛教論理學》等等，形成了因明研究的熱潮。諸多學者採用比較研究方法和現代邏輯手段進行研究，在許多方面取得了很大的進展。

以上國內外的研究主要集中在因三相、九句因、因明論式、謬誤論等方面，在經典的翻譯、疏解和形式化及符號表達上有許多重大的進展，尤其是

對《理門論》、《入論》、《釋量論》的譯介、注疏、符號化及邏輯體系的貫通上取得了諸多成果。然而，這些著作在解釋因三相、九句因、因明論式的邏輯理論時有諸多出入乃至曲解之處，難以闡明古因明進展到新因明的奧秘所在和關鍵之點，在佛家的概念論、命題論、比量論和語言邏輯等領域基本上還處在研究空白或初級階段，既妨礙人們領悟因明的眞正義蘊，也影響人們對佛教邏輯的整體把握。在研究方法上，學者們運用現代邏輯工具研究佛教邏輯也祇是限於個別性考察，缺乏應有的系統總結和深入分析，許多論著側重於主觀構造，有的研究者更用心理猜測來代替邏輯分析，使因明研究步入歧途，以自己的好惡來剪裁因明典籍，或者抬高古人，或者貶低古人。這樣的研究是不足取的。

我們從佛教邏輯產生的社會歷史背景出發，探討因明各個發展階段的特點及貢獻，肯定佛教邏輯及其研究的歷史地位、世界意義和現代價值，總結其一般特點、成就與不足，分析今後進一步開展佛教邏輯研究的方向、方法和途徑。從研究的時限看，既要討論印度古因明和新因明的原初典籍，也要考察中國漢傳因明和藏傳因明的疏解著述。從研究的內容看，既要考究前賢所涉足的課題，如因三相、九句因、因明論式和過失論等，更要開闢新的研究領域，如名言論、命題論、比量論、語言邏輯等，以便能夠整體把握佛教邏輯，更能辨清因明的本質、科學性和進一步發展的線索。

我們在充分尊重前賢研究成果的基礎上，努力以現代邏輯的觀念和方法，運用實事求是研究法、比較研究法、文獻學方法、考據學方法、邏輯與歷史相統一的方法、從抽象到具體的方法等，全面深入地分析佛教邏輯的各個部分及其研究成果，並在充分論證的前提下提出新的見解。因此，我們力圖從新的視角、運用新的方法深入考察和審視佛教邏輯產生與發展的社會歷史條件、本質及科學性，全面系統地研究佛教邏輯的主要內容，指出佛教邏輯與西方邏輯、中國墨辯既有共同的地方，也有其獨具特色而富有價值的部分，因明在本質上主要表現爲運用元語言來表述的邏輯規律。通過這些研究，一方面可以澄清長期以來在因明研究中的諸多誤區，使人們能夠準確地認識和評價佛教邏輯，爲因明的進一步發展創造前提條件；另一方面所開闢出來的幾個新的因明研究領域，具有諸多塡補學術空白的意義，爲更廣泛和深入闡發佛教邏輯的深刻義蘊奠定了基礎，也使人們能夠全面地把握佛教邏輯，而且，其獨特的極富生命力的部分對整個邏輯學科的發展有著重大的借鑒價

值和現實意義。同時，這些研究有助於弘揚華夏民族的優秀傳統文化，促進社會精神文明的建設；有助於提高中華民族的邏輯思維、理論思維和科學方法論水準；對於促進中國因明學研究水平的提高，實現中國邏輯與世界邏輯的順利接軌，推動邏輯學領域的國際學術交流都有重要的作用。

第一章　佛教邏輯概論

第一節　佛教邏輯緣起

佛教邏輯是印度邏輯的重要組成部分，也是中國古代邏輯的重要組成部分。探討因明思想的起源，對研究思維的發展史和認識論都有積極意義。

一、邏輯與論辯相輔相生

從論辯中引生邏輯，邏輯又反過來指導、規範論辯，這是世界三大邏輯起源的共同點，邏輯思想的成長都經歷一個論辯術研究的階段。先秦時期是中國邏輯發展的春天，激烈的論戰成了邏輯的催生婆。儘管諸子百家都在辯論，都是雄辯家，但只有墨家才首次把論辯作爲一門獨立的學科加以研究和系統闡發（後來是荀子）。墨家主張「賢良之士，厚乎德行，辯乎言談」（《尚賢上》），積極用「辯」宣傳他們的社會政治理想，用「辯」去「強說人」，去改造社會。正是爲了指導論辯，墨家才研究並總結了先秦各派學說，從而形成了中國古代第一個邏輯學體系——墨辯。

在古希臘，邏輯同樣產生於論辯，亞里斯多德以前的先賢們已經廣泛地運用了推理和論證。黑格爾指出：「有教養的形式的推理一般屬於智者們，一切從根據出發的抽象推理——對某些特殊觀點加以論證，提出一些正面理由和反面理由來辯難——都是辯術。」〔註1〕亞氏邏輯正是建立在智者們論辯的基礎上的：「特別要依靠演說術的，是提出對一件事的多方面的觀點，

〔註1〕黑格爾：《哲學史講演錄》第二卷，商務印書館，1983年，第20頁。

使人們接受其中與我認爲最有用的東西有關的那些觀點。這一類具體情況是有許多方面的：一個有教養的人要能夠掌握這些不同的觀點；演說術則善於把某一些觀點提到前面，而把其他的觀點擱置於後。亞里斯多德的『正位篇』也涉及到這一點，這書提出了範疇、思想規定，我們必須遵照範疇，才能學習發言。但是最先從事於這些範疇的認識的，卻是智者們。」〔註 2〕不過，智者們並沒人試圖創立邏輯理論，亞里斯多德無疑是西方古典邏輯體系的創始人。

　　與古代中國、希臘相比，印度邏輯與論辯聯繫得更爲緊密，更具有社會性。古代印度盛行論辯之風，不論王宮、寺院還是市井街頭，到處都可以見到論辯的場景。參與者或爲本派基本理論原則而辯，或爲求眞和眞知而辯，或爲某一觀點而辯。玄奘大師對當時印度的論辯風尚曾作了如下描述：「時集講論，考其優劣，彰別善惡，黜陟幽明。其有商榷微言，抑揚妙理，雅辭贍美，妙辯敏捷，於是馭乘寶象，導從如林。至乃義門虛闢，辭鋒挫銳，理寡辭繁，義乖而言順，遂面塗赭堊，身岔塵土，斥之曠野，棄之溝壑。」〔註 3〕玄奘在此說明了論辯活動在印度的重要功用，它能考究一個人的優劣善惡，還能揭幽顯明；而且，論辯的勝負關係到辯者的榮辱生死，有眞知灼見、言辭優美、才思敏捷者將獲得無上的榮耀，而依據旁門左道、強詞奪理、言辭繁雜、思路不暢者則會改身爲奴或被人所棄，甚至自殘或自殺。

　　古印度邏輯學的前身是以論辯爲主題的論究學（Ānvīksikī），它是關於問題和論辯的學科，主要探討兩個基本概念：靈魂和理由。與之對應，論究學於公元前 650 年左右分化爲哲學和邏輯兩個發展方向，前者體現了靈魂本質的某些原則的斷定，後者則給出支持這些斷定的理由。公元前 327 年，孔雀王朝的開國大臣考提利耶（Kautilya）所編的《政事論》末章向世人展示了一種「論辯的科學體制」。那是一張由三十二個專門術語組成的單子，內含一個論辯的系統程式，稱「論究學」是所有科學之明燈，所有行爲之源泉，以及所有美德永恆的庇護所〔註 4〕。對論究學的價值給予了充分的肯定。

　　約成書於公元二世紀的《遮羅迦本集》第三編第八章中專門闡述了論辯的原則。這一原則包含以下 44 目：論議、實、德、業、同、異、和合、宗、

〔註 2〕黑格爾：《哲學史講演錄》第二卷，第 11 頁。
〔註 3〕玄奘：《大唐西域記》卷二，上海人民出版社 1977 年，第 37 頁。
〔註 4〕維迪布薩那：《印度邏輯史》，德裏 1978 年，Shantilal Jait Publishiers，第 24 頁。

立量、反立量、因、喻、合、結、答破、定說、語言、現量、比量、傳承量、譬喻量、疑惑、動機、不確定、欲知、決斷、義準量、隨生量、所難詰、無難詰、詰問、反詰問、語失、語善、詭辯、非因、過時、顯過、反駁、壞宗、認容、異因、異議、負處。這44目除了重點闡明立破的形式與方法之外，非常關注論辯與邏輯的關係，乃至論辯中所常用的語義、語用問題等，爲因明的產生準備了前提條件。

印度思想家大都善辯，有的甚至好辯，但從各個時期學者對論辯會的組織、要求及勝負的各種規定來看，公允合理的論辯精神一直貫徹始終。如約生活於公元前550～500年間的一位女修道者蘇拉巴（Sulabha）提出了一些演說原則，認爲眞正能夠稱作演說的應當是那些分析入微、富於鑒別力、步驟有序地導向一個決定的言辭。一個好的演說應滿足18項要求，它不應該被欲望、憤怒、恐懼、貪婪、悲情、狡詐、羞怯、懦弱及欺騙所左右。《遮羅迦本集》中明確將平靜地進行的論辯和有敵意地進行的論辯區分開來，論辯會也分爲學者參與和無知者參與兩類，其性質還可劃分出友好的、不偏袒和偏袒的三種。在論辯術中除了提供擊敗那些徒有虛名者的技巧外，還特別強調尊敬老者等要求。另一修道者提婆·修利（Deva Suri 1086～1169）被稱爲「最傑出的論戰者」，她對參與論辯會各方（立者、敵者、證義者、出席者）的資格條件都作了比較明確的規定，如要求證義者必須爲論辯雙方接受，在理解雙方的原則上具有良好的記憶，富有學識、智慧，擁有耐心和毅力，對論辯活動的裁決應客觀公正、有權威，能阻止雙方陷入無謂的爭吵等。彌勒在《瑜伽師地論》中則作了更爲詳細的規定，正如窺基《大疏》卷一中云：「其證義者，《瑜伽》等說有六處所：一於王家，二於執理家，三於大眾中，四於賢哲者前，五於善解法義沙門婆羅門前，六於樂法義者前。於此六中，必須證者，善自他宗，心無偏黨，出言有則，能定是非。」〔註5〕

論辯之風的盛行，論究學的發展，公允合理的論辯精神的確立，催發了因明學並一直伴隨其成長。

二、邏輯與學術探究相互促成

學術空氣活躍是因明學產生和發展的另一重要條件。公元前六至四世紀是古代印度的列國時代，學派林立，思想界空前活躍，正是古印度「百家爭

〔註5〕《中國邏輯史資料選》因明卷，第41頁。

鳴」時期。當時比較有影響的有六大派，即數論派（Sankhya，約公元前 350 ～前 250 年）、瑜伽派（Yaga，約公元前 350～前 250 年）、聲論派（Memamsa，約公元前 200～前 50 年）、吠檀多派（Vedanta，約公元前 100 年左右）、勝論派（Vaisesika，約公元前 100～前 50 年）和正理派（Nyaya，約 100～150 年），佛家稱爲「外道六派」。各派各家間展開激烈的論戰，並在論諍中形成了最初的邏輯思想。

數論派的主要經典是《數論頌》，在知識論上主張有三種量：一是證量（即現量），是由意識參與當下感官對於對象的感知而得到的知識；二是比量，即推理知識，是依據證量來推知事物間的相應（繫屬）而非相離的關係；三是聖言（教）量，是前輩尊者所傳承下來的知識。

瑜伽派的主要經典是《瑜伽經》，其宗與數論接近。數論側重於闡發學理，瑜伽則專注於修行方法，瑜伽即指爲了集中心力而實行的種種意念控制的方法。二者的區別僅在於瑜伽派信奉「自在天」，數論派則不承認。自在天是婆羅門教崇奉的神祇之一，是一無貪無明的全智「神我」，其唯一宗旨是指導眾生脫離苦海，而不是像上帝那樣的造物主。

吠檀多派的主要經典是《梵經》，其最根本的教義是「梵我合一」，梵就是梵天。該派認爲，梵是世界的主宰，是世界的本體，是眞如（最終的實體），世間祇是些假象；梵也是人的本質，「我即是梵」，人的眞知不能從現、比諸量獲得，而只能從梵天所「呼吸」出的「吠陀」中「隨聞」。這是一種由神喻來闡釋的知識論。

聲論派又叫彌曼差派，是婆羅門教中的正統派，《彌曼差經》是其主要經典。在知識論上，聲論派持六種量：（1）現量，由根境相緣而起並與主體意識「我」和合，由此排除無意識的感知；（2）比量，是由甲必然推知乙的認識活動及其知識，並區分爲「自悟」和「悟他」，前者是主體內心的推理，後者是用語言表達出來以開悟他人的論式。佛家也沿襲了這種區分；（3）比喻量，是以相似性由已知的未見之物推知現所見之物，如見野牛而想起家牛，知其相似；（4）義準量，是就命題的語境而言的，如已知甲未死，而知其不在家，可推出他一定外出了；（5）聖言量，亦稱爲聲量，是通過祭祀等方法得到的吠陀之言或其他聖賢的教義；（6）無體量，後期的枯瑪裏拉認爲「無有」本身也是一種量，如桌上無瓶，我只見桌未見瓶，從而知道「沒有瓶」。

勝論派的主要經典爲十卷《勝論經》，其基本學說是六句義（或說十句

義）：實，是事物之本體；德，是實體所具有的種種屬性；業，是依存於實體的動作；同與異，是對事物同異差別之相對性的考察；和合，指德、業、實的結合而因緣變異。總之，世界的本質是實，德是實的屬性，業是實（極微）聚合、分離的動力，事物有形成和消失的變化，但無生滅。在知識論上，勝論派只承認現量、比量兩種，而把聖言量、譬喻量、義準量等都歸入比量之中，現量是由境、根、意（意識）和認識主體「我」四者結合的產物；比量是以現量為因推出果，或以現量為果推出因而構成的一種繫屬關係。勝論派的邏輯思想與正理派比較接近，後期更直接地融為一體，故習慣統稱為正理-勝論派。

　　邏輯的主要內容是推理與論證。邏輯法則的研究、邏輯學的建立是否必須呢？這首先要解決一個理論問題，就是人們通過推理論證而得到的知識是否具有某種可靠性？是否具有客觀真實性？在印度邏輯中，感性知覺所得到的知識叫「現量」，通過推論而得到的知識叫「比量」。聲論派認為，在現量和比量之外還有一個聖教量，這種知識反映的是神或先賢的智慧和觀念，是一種常住的永恆的絕對知識，而且是判別其他知識正誤的標準，當人們的現量、比量與聖教量相一致時才是正確的，不一致或相矛盾時則是錯誤的。因此，在聲論派看來，研究邏輯法則是不必要的，只有神的觀念才是正確的。勝論派則根本否定有所謂神喻的聖教量的存在，只承認人們的現量知識和比量知識，從而肯定了邏輯存在的意義。這個觀點為佛家新因明所繼承。

　　印度各派爭論的另一個問題是關於聲音是「常住」還是「無常」的問題。聲論派認為，語言、聲音是由神啟示於人類的，因而語言、聲音是先天的、常住的東西。佛家、數論、勝論、正理派都主張「聲無常論」，並舉出各自的理由來進行論證。這一論題的對諍在因明中是經常被引用的。在這個論諍中，各派幾乎都運用簡明的形式把自己的主張表述出來，將立論的步驟、論證過程明確化並形成固定的格式，於是因明所使用的基本詞項（宗、因、喻、宗有法、同品、異品等）及其所組成的命題被提出來了，因明論式便在結構方面格式化了。

　　因明五支式是由勝論派建立起來的，現存《勝論經》上曾提到「五分論式」這一術語。開始撰述這部著作的是勝論派始祖迦納達，最後編定的時間不晚於公元 50 年至 100 年，就是說，五分論式在這之前就已出現了。在佛教典籍中，最先記載因明五支式的文獻是馬鳴（Aśvaghosa）的《大莊嚴經》。馬

鳴活動的時間約爲公元 50 年至 100 年，他是最初發表大乘思想的人，是佛教中極有影響的雄辯理論家，據說他的論辯才能不僅使聽者莫不開悟，而且連馬匹亦解其音而動容，故名爲馬鳴。他研究了因明學，對五支式的建構和改進應有其一份貢獻。不過，五支式雖已創立，但它在整體上祇是一種概然性的論證形式，論證力是比較弱的，科學的因明學還不能說已產生了。不過，五支式是爾後三支式的先導，勝論派的前驅之功是不可低估的。

三、佛教邏輯的奠基工作

約興起於公元 100 年的正理派對因明學的誕生有著巨大的貢獻。正理派的創始人足目（亦稱喬達摩，Gautama，約 50～150 年）對因明學的功績是大家公認的，他擴展了論究學的邏輯方面，使之逐漸成長爲一門論辯的藝術，它被冠於不同的名稱，如思擇明、論議明、因論、因明等。所以，窺基《大疏》卷一中說：「劫初足目，創標眞似。」〔註6〕所謂眞似，即對因明的概括，因爲因明學講的主要是論式的正確（眞）與錯誤（似）。

正理派的主要經典《正理經》相傳爲足目所著，實際上並非一人一時之作，大概是早期正理派論師的集體成果，由足目作了系統的整理，之後其門徒又不斷補充，遲至公元三世紀才正式完成。有的學者根據書中的內容推定，該經較古部分是在同佛教中觀派創始人龍樹爭論之前就有的，而現存形態是在與龍樹論辯之後才有的〔註7〕，大約在公元 250～350 年前後。另一個有力的佐證是：《正理經》中常常駁斥佛家的《論軌》，而著該書的世親正是公元三至四世紀的著名佛學理論家。

正理派亦稱尼耶也派，「尼耶也」（Nyaya）的梵文本義是「方法」、「引導」，凡是引導到一論題或結論爲一理論就稱爲「尼耶也」。印度人曾把那種用於正確的思維、論辯及探討問題的方法叫「正理論」，可見，正理派是以擅長「論理」而著稱的。

《正理經》分五卷十章，第一卷第一章開宗明義提出了正理派的十六句義，以後各卷章則是對十六句義的具體闡發，也包括與其他教派論諍的內容。十六句義如下：（1）量，即認識方法和知識本身，分爲現量、比量、譬喻量、聲量四種，大致相當於純感覺、推論、同類例證和可信賴的言論；（2）所量，即認識對象，包括我（靈魂）、身、根（感官）、境、覺、意、業（行爲）、失

〔註6〕 《中國邏輯史資料選》因明卷，第 16 頁。
〔註7〕 **沈劍英**：《因明學研究》，東方出版中心 1996 年，第 10 頁。

（貪瞋癡等）、轉生、果（果報）、苦（種種束縛）、出離（解脫）；（3）疑惑，由於疏忽了事物間的差別而產生的不確定性思想；（4）動機；（5）譬喻；（6）宗義，立者的論題；（7）支分，除宗以外之五支論式的其他命題；（8）思擇，相當於選言證法；（9）決定，在兩種對立論點中進行的選擇斷定；（10）論議，以論辯顯明的實理；（11）論諍，欲議論制勝而巧為紛爭；（12）壞義，立難破他而橫相攻詰；（13）似因，有過失的理由，分為不定、相違、相似、未成、過時等五種；（14）曲解，故意歪曲對方的論點；（15）誤難，對無錯的敵者論點強加指責；（16）墮負，造成論辯失敗的原因。

在此十六句義中，量與所量是總綱，其他句義是按照論辯進程而展開的具體闡述：先存在「疑惑」才有探討和論辯的必要，論辯的「目的、動機」是為了釋疑。為此在立論中就要舉出共許的「譬喻」作為例證，建立論式來闡明自己的「宗義」，經過「思擇」而進行「決斷」。若敵者不服，可進行合乎邏輯的「論議」以顯示事理，但不應該用「論諍」、「壞義」、「似因」、「曲解」、「誤難」等來進行詭辯，否則就會使自己處於「墮負」之中而不能自拔。這裡討論的核心問題是「真」與「似」，哪些是正確的因，哪些是不合邏輯的似因，並列舉了 24 種有過錯的「倒難」，從而使《正理經》區別於《奧義書》等一般哲學著作，成為古印度第一部邏輯學經典。

在因明發展史上，古正理派的邏輯思想可以看作佛教因明的直接淵源，尤其到了後期，因明、正理幾乎融為一體，只不過正理派恪守五支論式，有意識地排斥三支作法，這大約是正理與因明的一個重大區別。

公元二世紀，佛教內部對正理採取了兩種不同的態度。大乘中觀派（空宗）創始人龍樹在思想方法上已超過了正理階段，達到了辯證思維範圍，他否定正理派的邏輯學說中關於「量」可以認識一切的觀點，以辯證方法駁斥正理派片面、偏執方面。他所著的《迴諍論》總破正理派的「量」與「所量」，《廣破論》則破斥正理派的十六句義〔註8〕。

小乘「說一切有部」則肯定正理派的邏輯思想，在《大毗婆沙論》中即有佛徒應「能通世俗諸論，所謂記論、因論、王論、諸醫方論、工巧論等。」其中的「因論」又作因明論，有「辯無礙解以習因明論為加行故」之語。西藏學者有說佛家最初的一部因明著作是阿羅漢法救的《論議門論》，此書久已失傳，內容也許與《方便心論》相彷彿。

〔註8〕引自《因明論文集》，甘肅人民出版社 1982 年，第 191 頁。

　　為了論辯的需要，公元四世紀興起的大乘瑜伽行派（有宗）逐漸吸取並發展了正理派的邏輯思想，建立了古因明。《瑜伽師地論》、《顯揚聖教論》、《集論》、《雜集論》等在談因明時，都論述了「七因明」思想：（1）論體性，這是論辯中所運用的語言本性，分為言論、尚論（即大眾或各宗所崇尚的議論）、諍論、毀謗論、順正論（指佛教的弘法）、教導論（指教導修行得到真智的言論）等六種；（2）論處所，指論辯的場所；（3）論所依，這是論辯所依據的論式或論辯的方法，分為立宗、辨因、引喻、同類、異類、現量、比量、正教量八種；（4）論莊嚴，指論辯者應具備的各種條件，有善自他宗（精通雙方的論旨）、言具圓滿、無畏、敦肅（不中途打斷他人的話）、應供（態度和藹，針對對方的觀點來進行論辯）等五種；（5）論墮負，這是論辯中的失誤，有捨言（捨棄自己的論點）、言屈（立者為敵者所屈伏）、言過三類；（6）論出離，指在論辯之前辯者依據論題、論辯對象、自身知識與能力等實際情況來決定是否參與論辯；（7）論多所作法，指參辯者的素質、資格條件，有善自他宗、勇猛無畏、辯才無竭等三種。可見，「七因明」是佛家的一個論辯體系，它包含了邏輯學、知識論、論辯學等方面的內容。最初的古代邏輯總是隨著論辯的需要而形成，又總是隱藏在辯學的形式之中，這在古代的中國、印度和希臘都有類似的地方。

　　彌勒《瑜伽師地論》首次用「因明」來代替尼耶也，它在第十五卷上說：「云何因明處？謂於觀察義中諸所有事」。「觀察義」是所立法，如立聲是無常或聲是常，這是立敵爭論的焦點之所在；「諸所有事」是能立法，前者是宗（論題），後者是因、喻、合、結（論據）。自此以後，因明這一名稱就確定下來了。由此也可以看出，七因明的核心部分是因明論式（論所依），邏輯學方面的內容具有決定性的意義。因明學是從單純的論辯術到邏輯的逐步發展的過程，彌勒所論的七因明，正是古印度因明學中論辯術部分的概括和總結，也是佛教邏輯的一個極為重要的里程碑。

第二節　佛教邏輯的歷史發展

　　因明是邏輯學、知識論和論辯學的共生體，其中最有學術價值的是邏輯學，故被推崇為世界三大邏輯起源之一。因明源於印度，七世紀後在本土日漸式微而傳盛於中國，形成了別具特色的漢傳因明和藏傳因明，並東漸日本、朝鮮、蒙古、俄羅斯諸國，綿延千年而不衰，近代以來，更是成為一門世界

性的學術。

我們從因明發展的不同歷史階段的具體形態入手，分析它們各自的特點及貢獻，並側重於對經典邏輯思想的挖掘和闡發。

一、古因明到新因明的邏輯飛躍

印度的因明以陳那為分界線，陳那之前是古因明，以類比推理和五支論式為特徵；從陳那開始則上陞為演繹推理和具有邏輯必然性的三支論式，基本完成了從古因明到新因明的邏輯飛躍，而法稱和寶積靜等人則做了進一步完善的工作。

中古印度，最早流行的是類比推理和五支論式。公元二世紀的《遮羅迦本集》本是一部醫書，其觀點傾向於數論派，其中第三篇第八章專門論述了辯論的有關規則，其中的「8、宗」、「11、因」、「12、喻」、「13、合」、「14、結」，五支論式已具備。「所謂宗就是以言辭來表述所立」，也就是論辯中各派的所宗、論題。「因就是獲得覺知的原因」，喻就是以實例做譬喻。至於合與結，《遮羅迦本集》未有說明，而在稍後的《正理經》中有釋：「合就是譬喻說它是這樣的或不是這樣的，再次成立宗。」「結就是根據所述的理由將宗重述一遍。」〔註9〕此外，在無著的《大乘阿毗達摩集論》、世親的《論式》和《如實論》中都敘述了五支論式。

五支作法的實例如下：

宗：聲是無常；

因：所作性故；

喻：如瓶；

合：於瓶中見是所作與無常，聲亦如是，是所作性；

結：故聲是無常。

這一論辯式是以如下的推理式為基礎的：

瓶是所作且無常；

聲亦是所作；

故聲亦是無常。

這是一個類比推理式，是根據兩個對象在某些屬性上相同而推斷出它們

〔註9〕引自**沈劍英**《因明學研究》，第258頁。

在另外的屬性上也相同的推理。然而，類比推理是一種概然性推理，即使其前提爲眞，結論也未必可靠，這是人類早期較低水準的邏輯思維方式。五支論式在古印度是各派所公用的論辯式，並非爲佛家所獨有。

中古邏輯之父陳那則把五支論式改造爲三支論式。例如：

宗：聲是無常；

因：所作性故；

同喻：若是所作見彼無常，如瓶；

異喻：若是其常見非所作，如空。

這是一個省略「合」與「結」的三支式，而更爲重要的是改造了喻支，增加全稱命題作爲喻體，使之躍升爲具有邏輯必然性的論證式。這一辯論式是以如下的演繹推理爲根基的：

凡所作皆無常；　　　　凡常住皆非所作；

聲是所作；　　　　　　聲不是非所作；

故聲是無常。　　　　　故聲不是常住。

這分別是三段論的 AAA 式和 AEE 式，是命題邏輯中典型的演繹推理，使得新因明的三支論式具有非常強的論證性，體現了中古印度的邏輯進步。同時，三支論式中除了運用演繹推理之外，還運用了類比推理。即：

瓶具有所作性和無常性；　　空具有常住性和非所作性；

聲具有所作性；　　　　　　聲不具有非所作性；

故聲也具有無常性。　　　　故聲不具有常住性。

一般地，論證是各種推理形式的綜合運用，在一個具體的論證中通常要使用多種推理形式。三支論式中使用演繹推理和類比推理，一方面是保證論式本身具有強論證性，另一方面是避免循環論證的謬誤。

陳那的再傳弟子法稱對論式作了一些改變，把宗、因支與同、異喻分別列式，在省略喻依的情況下，將宗、因、喻的順序顛倒過來，明確列舉了演繹推理。寶積靜提出「內遍滿論」，在理論上確立了演繹推理在邏輯體系之中的地位，並闡述了演繹推理在實際論辯活動中的作用。

傳統邏輯的三段論是以曲全公理爲依據的，它規定了大詞、小詞和中詞三者的外延關係。而因明則以因三相（尤其是因的第一相）作爲基石和公理，同樣規定了宗法、因法、宗有法以及同品和異品之間的外延關係，我們分別

用字母 P、M、S 及 S´、¬S 來表示這幾個概念。宗法（P）是因明的最大類概念，因法（M）次之，宗有法（S）是最小類的具體概念，同品（S´）是與宗有法同級的概念，是指具有與宗有法相同性質的事物；異品（¬S）是指具有與宗有法相異的具體事物，因此也是與宗有法同級的概念。不過在數量上，宗有法祇是單個事物，而同品和異品則往往包含多個事物。如在前面的例子中，「無常性」是宗法，「所作性」是因法，「聲」是宗有法，「瓶」是同品，「空」是異品。在三支因明中，它們之間的關係是用因三相來揭示的，可以用歐拉圖表示如下：

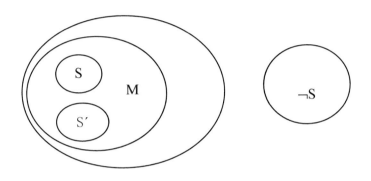

　　因三相原爲外道所持，最早爲正理須摩或正理修摩所提出，其名稱初見於《順中論》中：「一、朋中之法；二、相對朋無；三、復自朋成。」〔註10〕陳那把因三相（但與正理派所說的涵義很不相同）引入佛家因明，並使其成爲三支論式和其他因明理論的基石和公理。第一相是「遍是宗法性」，指凡因法都具有宗法性，即因宗不相離性，因法被包含在宗法的外延之中，這是三支因明的根本性原理，也是新因明區別於古因明的關鍵所在。第二相是「同品定有性」，指同品一定具有因法的性質，即同品包含在因法的外延之中。第三相是「異品遍無性」，指凡異品都不具有因法的性質，一般地，異品也不具有宗法的性質，即異品不在因宗的外延之內。法稱《釋量論》把因三相概括地表述爲「宗法、彼分遍」，「宗法」指第一相，「彼分遍」合指後二相。而且正因又有自性因、果性因和不可得因三種差別相。

　　九句因主要是對同品、異品與因法外延關係的考察，它實際上列舉了同品、異品與因法之間所有可能的組合情況，是就因法屬性在同品、異品上是否具有來編排的。根據因法的屬性在同品、異品上有（外延上全有）、有非有

〔註10〕引自**沈**劍英《因明學研究》，第57頁。

（外延部分重合）、無（外延上全異），其所有可能的組合情形共有九種（3×3=9），所以稱為九句因。

第一句因	第二句因	第三句因
同品有、異品有	同品有、異品無	同品有、異品有非有
第四句因	第五句因	第六句因
同品無、異品有	同品無、異品無	同品無、異品有非有
第七句因	第八句因	第九句因
同品有非有、異品有	同品有非有、異品無	同品有非有、異品有非有

上表九句因中有正因與似因（誤因）之分，似因中還有相違因與不定因之別，這都是依據因三相來判別的。據此，只有第二句因是正因，第四、六、八句因是相違因，其餘的是不定因。近代以來學術界一度誤以為足目提出九句因，後經呂澂考證，證明係陳那首創，陳那因明八論中《因輪抉擇論》即是專門論述九句因的，在《理門論》和《集量論》中也進行了討論。

在對印度古、新因明的研究中，我們可以發現它具有如下一些特點：

1、邏輯學與認知理論融為一體

作為世界三大邏輯源頭之一的因明學，始終沒有與認知理論分離開來。為了確證內在思維的獨立性，佛教因明學家對人的認知原理進行了深入研究，發現人有兩套心理認知系統，一是內外相關的覺知系統，二是內在自緣的覺知系統。他們把重點放在內在覺知系統上，立「唯識無境」義以區分兩套認知系統，彰明自宗旨意。陳那在心分上持「三分說」，認為心識上包含認識的相分（認識對象）、見分（認識主體的能力）和一個作為心識自體的自證分，自證分的作用是維繫見相二分，在後二者的交涉過程中瞭解並證實對相分把握的正確性。由於認識對象有自相和共相之分，因此，人們相應用現量和比量去加以認知，陳那把聲量、比喻量歸入比量。真現量有五識現量、意識現量、自證分現量和瑜伽現量；七種似現量為憶念、希求、疑智、惑亂智、世俗智、比度、似有膜翳；量果有證境量果、自證量果、了知量果。比量有為自比量和為他比量。其中每一部分還分列為「正說」（建立和闡發自宗的觀點）和「破異執」（破斥其他教派對現量、比量的界說）。

2、從簡單的類比進展到嚴格的演繹

「類」範疇是人類認識發展史上的一個重要環節，對類的把握體現了認

識從具體上陞到抽象、從個別上陞到一般。以類為原則的推演是古典邏輯的一般基礎。人類早期的思維是以形象直觀進行類比的，這在東方邏輯（中國和印度）中表現得尤為明顯。《易經》的認識是「遠取諸物」、「近取諸身」，是一種天人類比。《墨經》強調「以類予」、「以類取」，從而上陞到類演算體系。而將類比提升到演繹這一思維進步的過程表達最為明確的是印度因明，它從「外遍滿」上陞到「內遍滿」，從五支論式進展到三支論式，使因明論式臻於定型和完善。

3、內涵性的邏輯轉化為外延性的邏輯

以亞氏邏輯為代表和源頭的西方邏輯是一種外延性的邏輯，如三段論曲全公理對大詞、中詞、小詞外延關係的明確界定，並以此作為推理的基礎。而中國古代的名辯邏輯則主要是一種內涵性的邏輯，尚沒有如此明確的公理及規則。但印度邏輯，特別是陳那以後的新因明，它把因三相作為其比量（推理和論證）的邏輯公理，在表述上是內涵性的，即「某物」是否具有因法或宗法屬性等，這些表述可以轉換成詞項間的包含或非包含關係，使其成為推理論證的邏輯基礎。而且，新因明對論式的結構作了許多具體明確的規定，可以轉換成符號運算式。

4、能夠處理主詞不存在的命題

作為一種論辯邏輯，在因明中要求立敵雙方對所涉及的詞項和因支、喻支都要「共許極成」，這也是論辯中所必須遵守的同一律或「共許律」。而如果某一詞項、命題為立敵雙方或一方不認同，就稱之為「無體」，從特定的論域來說也就是這一命題的主詞或賓詞「不存在」。據此，已故的巫壽康博士認為因明能夠處理主詞不存在的命題，這已打破傳統形式邏輯的局限〔註11〕。

5、不同階段上的側重點有所變化

因明是辯學、邏輯、知識論的共生體，而最初首先是辯學，《遮羅迦本集》第八章的大標題就是「論議的原則」，小乘的《方便心論》中的「方便」指的是論辯的方法、技巧，無著的《阿毗達摩集論》又稱為《對法論》，「對法」即論辯，世親有《論軌》、《論式》等因明專著，可以說最初的古因明就是論辯學。從陳那《正理門論》、《因輪抉擇論》開始，更注重於立破中的邏輯義理，有因三相、九句因、三支論式及其諸多邏輯過失論方面的闡述。天主繼

〔註11〕巫壽康：《因明正理門論研究》，北京三聯書店 1994 年，第 38～45 頁。

承了這方面的傳統，在其《入論》中構建了「八門二悟」的論辯邏輯系統。但在因明的進一步發展中形成了一個佛理化的傾向，因明從各家各派的通用論辯工具演變成爲佛家的「五明」之一，更側重於因明的知識論內容，也就是「量論」。陳那後期有《集量論》，法稱再作《釋量論》，法稱後學中有專從教義上闡發的「莊嚴派」，至此因明完成了它的佛理化。如果說，在中世紀經院哲學中，聖奧古斯丁實現了對神學的邏輯論證，那麼，法稱則是把因明發揮成爲大乘佛教知識論的集大成者。

6、因明教理背景的演變

古師因明主要依據小乘和瑜伽學派，陳那爲大乘的有相唯識學，法稱汲取了部分經部之說（如外境勝義有等）成爲瑜伽經部派。正是這種教理背景的不同，造成了新、古因明，陳那、法稱因明的諸多區別，不聯繫他們的不同教義背景就不能眞正理解印度因明的歷史進程。

二、漢傳因明的論辯邏輯體系

玄奘（600～664）在翻譯印度因明時，不譯陳那最主要的《集量論》，而譯出了側重於邏輯立破的《正理門論》和天主的《入論》，反映了玄奘把知識論與邏輯學區分開來的傾向，而且更注重於因明的邏輯思想，由此開創了別具特色的漢傳因明。此二論在漢傳因明中分別被稱爲「大論」和「小論」，是漢傳因明的主要經典，玄奘本人並沒有因明專著，其因明思想是通過弟子們對經典的注疏而體現出來的。其中最著名的是「百部疏主」窺基，他的弟子慧沼，再傳弟子智周、道邑、道巘，此外還有文軌、神泰等。由於玄奘的大力宣導，唐因明又進一步東漸日本、朝鮮。玄奘門下有日本高僧道昭、智通、智達等，有新羅國（古朝鮮）名僧圓測、元曉、義寂等，他們均進行了眾多的疏解與發揮。

漢傳因明在邏輯方面的主要特徵在於：

1、確立了以立破爲要旨的「八門二悟」體系

天主《入論》首先明確提出了八門二悟的新構架：「能立與能破及似，唯悟他；現量與比量及似，唯自悟。」與之前的古因明相比，刪略了論辯學方面的內容，對現量也祇是作爲「立具」之一來加以簡述，而突出了因明的邏輯部分，形成了一個以立破爲要旨的論辯邏輯體系。天主僅提出了這一框架，對「八門二悟」的內涵及相互關係是由漢傳因明來明確的。《大疏》卷一中道：

「因喻具正，宗義圓成，顯以悟他，故名能立。敵申過量，善斥其非，或妙徵宗，故名能破。三支互闕，多言有過，虛功自陷，故名似立。敵者量圓，妄生彈詰，所申過起，故名似破。」關於立、破與眞、似的關係，窺基再加上是、非，二二組合，形成十六種關係，並作了詳細的分析，說明在一定條件下，立、破與眞、似之間是相互滲透和轉化的，這裡有了一些辯證邏輯中命題發展的意識。窺基分析了對能立的兩種不同的界定，古師僅從立敵對諍的角度把整個因明論式看作能立，陳那則從邏輯論證的新視角把宗作爲所立（論題），而把因、喻作爲能立（論據）。關於現、比二量，《大疏》中說：「行離動搖，明證眾境，親冥自體，故名現量。用已極成，證非先許，共相智起，故名比量。行有籌度，非明證境，妄謂得體，名似現量。妄興由況，謬成邪宗，相違智起，名似比量。」在這八門二悟裡，由於佛教邏輯固有的論辯性特徵，因此「悟他」是更爲重要的方面：「雖自不曉無以悟他，理應頌中後他先自，但以權衡之制，本以利人，故先悟他，後方自悟。」〔註12〕

2、構建以六因說為中心的語言邏輯

把因分爲生因與了因兩種，這是佛家早就有的。在論辯中總有立敵雙方，從立者這一方來說，其旨在於開悟敵者，這就必須援引充足的理由來啓發敵者的智慧，使之解悟，因此，生因是指能產生他物之因，如種子生芽萌發；從敵者這一方來說，在立者的啓示下，加上敵者的主觀能動作用，終有所解悟，所以，了因是指了知產生他物之因，能顯明生因之果，如燈之照物。陳那將這對範疇引入因明之中，漢傳因明又分別劃分了言、義、智三種，從而超越了形式邏輯把「因」僅作爲論據和推理前提的狹窄範圍，進入了廣義的語言邏輯領域，並形成了一種語用框架，即生因（立者）：言生因、智生因、義生因，了因（敵者）：言了因、智了因、義了因。

言生因是立者建立論式使敵者產生新的解悟，亦即立者通過言論使敵者解悟的原因。智生因是立者建立論式等言語的智慧，因爲要使論敵改變原來的論點主要在於立者的言論，而立者的言論則起源於立者的智慧，因此智生因亦稱爲「言生因因」。義生因是指立者之言所表達的涵義及其能啓發敵者智慧的事實或境界。這三種生因是相互聯繫的，因爲智慧決定言論，而任何言論要使聽者有所收益，就須有充實的義理。

言了因是指通過立者的因、喻（能立）而使敵者和證義者瞭解立者的宗

〔註12〕《中國邏輯史資料選》因明卷，第22～26、57頁。

義（所立），因爲按因明規定，立宗雖要「違他順自」，但因喻必須共許極成，以極成之因喻來成立不共許之宗，因此立者所陳說的因喻就成爲敵者和證義者解悟宗之所由立的原因。智了因是敵者和證義者得以瞭解立者的宗旨和理由的智慧。義了因就是立者在論式中所陳述的事實和道理，故《大疏》卷二云：「義了因者，謂立論主能立言下所詮之義，爲境能生他之智了。」②〔註13〕這三種了因都是從敵者和證義者方面來說的，這三者也是不可分割的。

此六因之間具有明確的因果關係，從確定的意義上說，因是因而非果，果是果而非因；而從相對的意義上說，因與果是可以相互滲透和轉化的。《大疏》卷二中言：「智了因唯是生因果，而非生因因；智生因唯是生因因，而非了因果。言義二生因，爲智生因果，爲智了因因；言義二了因，爲智了因因，非爲智了果。得爲智生果，不作智生因。義言望於義，亦成顯了因；以義望於言，亦成顯了果。由此應說唯因不是果，謂智生因，爲果也成因。有唯生因而非了因，謂智生因；有是了因而非生因，謂智了因；有是生因亦是了因，謂言義；有非生因亦非了因，謂所立宗。」不過，生因與了因也可以是互爲因果的。《大疏》中云：「由言生因故，敵者瞭解所宗」，這是說智了因離不開言生因；「由智了明故，立者正理方顯」，這又反過來說言生因亦離不開智了因。「立論雖假言生，方生敵論之智，必資智義始有言生；敵者雖假智了，方解所立之宗，必藉義言方有智了。故雖但標言生、智了，即已兼說二了、二生。攝法已周，略無餘也。」因此，「分別生了，雖成六因，正意唯取言生智了。由言生故，敵證解生；由智了故，隱義今顯。」〔註14〕此六因之間的相互關係可以用下圖來表示：

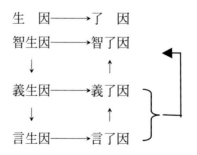

〔註13〕同前註。
〔註14〕《中國邏輯史資料選》因明卷，第18、58頁。

從論辯的連續進行來看，立敵又常常相互轉換，前一階段中的智了因亦會轉化爲後一階段的智生因，而最終一切因果的區分都將被融化在「事物的相互作用」之中。正如恩格斯在《自然辯證法》中所說：「辯證的思維——正因爲它是以概念本性的研究爲前提——只對於人才是可能的，並且只對於較高發展階段上的人（佛教徒和希臘人）才是可能的。」〔註15〕

3、關於「除宗有法」問題

在因明論式中，作爲喻支中一個成分的喻依本來祇是一種例證，爲了防止循環論證，立者自然不會把宗有法作爲同喻依提出來；同理，從立者的角度，宗有法當然也不是異喻依，否則就是自語相違。這些都是不言而喻的普通常識，因此在印度因明中這一問題似乎沒有引起很大爭論。但是，漢傳因明側重於邏輯知識的傳播，三支論式中，喻依又是一個不可缺少的重要組成部分，它體現著因明論證的本質和特徵，如果同喻依使用了宗有法，就必然導致循環論證的錯誤；如果運用宗有法作異喻依，則會產生自相矛盾的錯誤。所以，漢傳因明中對同品和異品須「除宗有法」問題有明確的規定。如玄應《理門疏》中錄有四家的說法：

> 一、莊嚴軌公意除宗以外一切有法俱名義品；二、汴周璧公意謂除宗以外一切差別義；三、有解云除宗以外有法能別與宗所立均等義雙爲同品；四、基法師等意謂除宗以外法與有法不相離性爲宗同品。
>
> （《瑞源記》卷二，頁 2 右）

這裡的「軌公」指唐高僧文軌，基法師即窺基。可以看出，雖然各家對同品、異品的定義不同，但須「除宗有法」卻是大家一致的。對於「除宗有法」在因明邏輯中會引生哪些問題，陳大齊《因明大疏蠡測》有比較全面和深入的論述，之後無有超出其右者。

所謂「除宗有法」是指在論式的喻依中「除」，而不是指在喻體中「除」。《大疏》卷八中道：「立喻本欲成宗，合既不合於宗，立喻何關宗事？故云諸所作者，即合聲上所作皆是無常，即以無常合屬所作，不欲以瓶所作合聲所作，以瓶無常合聲無常。若不無常合屬所作，如何解同喻云說因宗所隨？」因此，「謂於是喻處，若不言諸所作者皆是無常，猶如瓶等，即不證有所作處無常必隨，即所作、無常不相屬者，是無合義。由此無合，縱使聲上見有所作，不能成立聲是無常，故若無合，即是喻過。」而「異喻本欲離彼宗因，

〔註15〕《馬克思恩格斯全集》第 20 卷，人民出版社 1970 年，第 565～566 頁。

顯無宗處因定不有，如何得合？返顯順成諸皆之言，定合聲上所作與彼無常令屬著因。」〔註16〕慧沼《續疏》中亦云：「故云諸所作者，即包瓶等一切所作及聲上所作皆是無常者，即包瓶等一切無常並聲無常。」（卷一，頁11右）

4、似能立過失的分類中的乘法規則

組合論是現代數學中的一個重要分支，其中的排列與組合的方法在中國上古時就有運用，易經中的象數組合就是一例。這種方法也為漢傳因明所吸取，從而形成比印度因明更為嚴密的數理分析方法。例如《大疏》在談宗的九類過失時，對其中每一種又分為全分、一分（對詞項外延全部或一部分之共許極成）各4句，合為8句，然後按乘法規則合為8×9=72種過失。再將它們二二組合起來，「此九過中，頗有現量相違亦比量相違耶，乃至有現量相違亦相符極成耶。如是現量一個有八四句，如是比量一個有七，乃至俱不極成一個有一，合三十六個四句。」〔註17〕即：

如果選出三個的排列是84個四句，四合是56個四句，五合是35個四句，六合是20個四句，七合是10個四句，八合是4個四句，九合是2個四句，合為246個四句，總計有1084種宗過。

$$\frac{9!}{(9-2)!\,2!} = 36。$$

如果再按「自」、「他」、「俱」與「全分」、「一分」的方式組合，則更是一個龐大的數目。按此方法，因過、喻過均能組合出幾千種之多。雖然這種方法十分繁瑣，而且依此組合出來的大部分過失並無實際意義，但它有助於思維的系統性和嚴密性，是人類早期數理與邏輯結合的一個範例。

5、因明外延原則的進展

宗因寬狹問題講的是宗法與因法的外延關係問題，這是新因明所依據的類推演的基礎。陳那在《集量論》中祇是籠統地提到「狹證寬，不能以寬證狹。」漢傳因明中神泰《理門論述記》對此作了進一步的闡發。神泰認為，不定因的過失只在於以寬因去成立狹宗，而寬因可同時通達同品、異品，因此造成了不定的錯誤。正確的宗因結合有如下三種情況：寬因成立寬宗，狹

〔註16〕《中國邏輯史資料選》因明卷，第231～232頁。
〔註17〕《中國邏輯史資料選》因明卷，第150、59、66、86頁。

因成立寬宗，狹因成立狹宗。

　　窺基對宗因寬狹問題又作了補充和發展。《大疏》卷二中云：「因必寬，宗喻性狹，如貫花縷貫二門故。」這裡的「宗喻」指宗有法和同喻依（事實上是同品），因法的外延一定要大於（真包含）宗有法和同品的外延，如此因法才能通達這二處。所以，雖然同品有宗同品和因同品，但實際上同品只取因同品，同品只能用因法來界定，而不能以宗法來定義。《大疏》卷三中道：「然實同品正取因同，因貫宗喻，體性寬遍，有此共許因法之處，不共許法定必隨故。今明一切有宗法處其因定有，故說宗同。不欲以宗成因義，故非正同品。其因於彼宗同品處決定有性，故言同品定有性也。因既決定有，顯宗法必隨。」窺基進一步總結說：「因狹若能成立狹法，其因也能成立寬法。同品之上雖因不遍，於異品中定遍無故。因寬若能成立寬法，此必不能定成狹法，於異品有不定過等，隨此生故。」〔註18〕同品的外延並不等同於因法，而必須小於因法，因為因法之中還包含宗有法，因此說「同品之上因不遍」，但異品中卻遍無因法性，否則會犯不定過；寬因只能證成寬宗，而不能證得狹宗，這是不言而喻的。

　　因明是一種各詞項間的類推演，其推演的基礎是類之間的屬種關係。陳那《集量論》中曾有一個總、別詞項的關係表，實際上是指上位詞項與下位詞項、屬與種的關係。窺基則稱之為共相與自相（自性）的關係，也就是一般與個別的關係，在外延上共相通常包含著自相，但在不同的關係條件下，共相與自相又可以相互轉化，從而詞項的屬種關係就呈現出多層次的邏輯結構。《大疏》卷二中云：「以一切法不可言說為自性，一切可說為共相。如可說中，五蘊等為自，無常等為共；色蘊之中，色處為自，色蘊為共；色處之中，青等為自，色處為共；青等之中，衣華為自，青等為共；衣華之中，極微為自，衣華為共。如是乃至離言為自，極微為共，離言之中，聖智內冥，得本真故名之為自，說為離言名之為共。共相假有，假智變故；自相可真，現量親緣，聖智證故。」〔註19〕這裡事實上已突破了教義中把共相一概看作假立、把自性作為實有的僵化觀點，而體現了對詞項的純邏輯分析，如下圖：

〔註18〕同前註。
〔註19〕《中國邏輯史資料選》因明卷，第44～45、51、46頁。

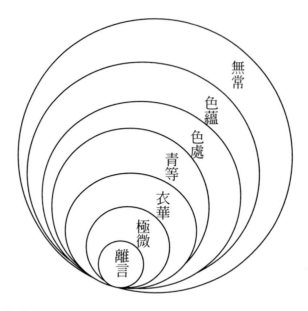

6、主詞與賓詞的互相差別問題

一個命題的主詞、賓詞在因明論式的宗支（論題）中就是宗有法與宗法、前陳與後陳。天主《入論》中說：「此中宗者，謂極成有法，極成能別，差別性故。」窺基《大疏》卷二中解釋道：「差別者，謂以一切有法及法互相差別，性者體也，此取二中互相差別不相離性以爲宗體，如言色蘊無我。色蘊者有法，無我者法也，此之二種，若體若義，互相差別。謂以色蘊簡別無我，色蘊無我，非受無我，及以無我簡別色蘊，無我色蘊，非我色蘊。以此二中互相差別合之一處，不相離性方是其宗，即簡先古諸因明師但說有法爲宗，以法成有法故。」〔註 20〕窺基在這裡指明了差別性的涵義，並闡明宗中主詞與賓詞的互相差別就是其前陳與後陳之間的互相限制，互相規定了論題中詞項的內涵與外延，這就保證了論題的明確性和同一性。窺基在另一處還用所別與能別這對範疇來加以更爲具體地說明：「差別亦名爲能別者。若以後陳別彼前說，前爲所別，後爲能別，如世說言青色蓮華。但言青色不言蓮華，不知何青，爲衣爲樹爲瓶等青？唯言蓮華不言青色，不知何華，爲赤爲白爲紅等華？今言青者，簡赤等華；言蓮華者，簡衣等青。先陳後說，更互有簡，互爲所別，互爲能別，此亦應爾。後陳別前，前陳別後，應互名爲能別所別。」〔註 21〕

〔註 20〕 同前註。
〔註 21〕 同前註。

　　慧沼在《因明入正理論義纂要》中對窺基的思想進行了發揮和解說：「先皆釋云，辯依約對敵，故法爲能別。明宗據體義，即互爲能別。」這是說按照當時的流行說法，作爲立敵對諍「此爭有法上之別法」，所以後陳稱爲能別，前陳爲所別，以「違他順自成宗義故」；但就體義而言，宗前陳爲體，後陳爲義，體爲義之體，義爲體之義，因而是體義互相差別。他還進一步解釋道：「非唯體義互相差別，若望對敵，後同於前；若據體義，前同於後。又解前約增勝，後名能別，此具是明互相差別。」（《續藏經》第一輯第 422 頁右）這是說，從立敵對諍而言，是要證明宗法屬於宗有法（後同於前）；而根據體義方面去討論，則是宗有法具有宗法的屬性（前同於後）。前陳作爲「自性」可以具有多種屬性，而後陳明確其擁有什麼屬性，故稱爲能別，這就是二者間的互相差別。從慧沼的分析來看，「後同於前」是依論辯邏輯角度，「前同於後」則是依語義邏輯角度，二者的區別在於視角不同而已。

　　根據呂澂先生對勘《入論》藏譯本的考證，認爲陳那、天主等大師的觀點祇是由後陳去差別前陳，而不能互相差別。所以，對論題宗主詞與賓詞「互相差別」問題的具體分析確是漢傳因明的創造性發展。

　　其他關於宗、因雙同品雙異品問題，自、他、共比量問題，有體、無體問題等亦包含有豐富的邏輯思想，至於在教理背景上則完全持唯識說，故近代以來的漢傳因明學者都主張「專心研究因明、唯識兩部，期於徹底通達，爲學佛者之　模。」〔註22〕

三、藏傳因明的量學系統

　　著名的前蘇聯佛學家舍爾巴茨基曾指出：「當佛教在印度絕跡之後，西藏本土僧侶們的因明著述發展起來，從而逐步繼續了印度的傳統。最早的西藏因明著作約出現於 12 世紀，正值佛教在北印度的滅絕。」他們「幾乎對於陳那和法稱的所有著作都有注疏。這類因明著作從未中斷，一直繼續到現代。」〔註23〕經過千餘年不斷的傳習研究，藏人自己先後寫出上千部因明論著。

　　因明傳入西藏，最早可追溯到藏王　松德贊（742～797）譯介因明經典的工作。藏王從印度請來瑜伽中觀派的始祖寂護大師，與藏人法光合譯陳那《因輪論》，後來培養出吉祥積、智軍、空護等三大譯師，共譯出陳那、法稱及其後

〔註22〕《楊仁山居士遺著》第九冊之《與桂伯華書二》。
〔註23〕舍爾巴茨基：《佛教邏輯》，商務印書館 1997 年，第 63～64 頁。

學的因明著疏 19 種。藏傳因明的傳係人物常稱爲「瑪、俄、薩」,即瑪善慧、俄‧洛丹喜饒、薩班‧貢噶堅贊,俄‧洛丹喜饒是對印度因明經典譯文成果最多、文字最好的一位學者,一直爲後世所推崇,並以他爲界,之前稱爲「古量論」階段,主要是藏人協同印度僧人一起譯介因明典籍。之後則稱爲「新量論」階段,自十世紀的恰巴曲森開始,創立了「攝類辯論」的形式,並出現了一大批藏人的因明自著,其後又有宗喀巴師徒等,形成了藏傳因明的傳統。藏傳因明以中觀應成說爲主要教義背景,尤重於知識論,所以常被稱爲藏傳量論。與漢傳因明相比,藏傳因明具有以下的顯著特點〔註24〕。

1、師承不同,重點不同,功能不同

漢傳因明主要師承陳那的因明理論,而且特別是以《理門論》和《入論》爲主,以邏輯的立、破爲重點,量論的內容則居於其次。而藏傳量論雖也崇奉《集量論》爲「量經」,但實際上更多地是以法稱及其後學的注疏爲主,不僅翻譯了法稱的所有因明著作,而且將法稱在印度、 加拉、喀什米爾等地的門徒及後學對法稱著作所作的注疏也幾乎全部譯成了藏文,它是知識論、邏輯學、論辯學、語言學四位一體,更側重於知識論(認識論)的研究,由此形成了因明在佛學體系中的不同作用和地位。比如,藏人說到「境」,常引法稱說而不引陳那說,堅持「識外有境」等觀點,他們說:「天下沒有一個人否認外境的實在,堅 的石頭能被你摸著,你能說沒有石頭嗎?」他們關於現量的定義也是在法稱說的基礎上作出的:「離分別不錯亂新生無欺智」,這裡的「離分別」、「不錯亂」、「無欺智」等在陳那和法稱的定義中已明確說明了,唯有「新生」是新加上去的,可以說是一個重要的補充。在三相因的分類方面,藏人不但接受了法稱的三類十三種(即不可得因、自性因、果性因三類,再加上不可得因十三種)說,而且更廣爲發展,把三相因分爲六門,即自性門、宗法門、立相門、宗門、入同品門、兩義門,各門又分爲若干層次和類屬,共四十七種;層次之後的各個種類又伴有實例,內容十分具體,使外境實有的觀念得到了進一步加強。另外,在漢傳佛教中,因明祇是論辯的工具或手段,屬於「小道」;而在藏傳佛教中因明與內明合一,可以通過現、比二量來證成四諦之理,最終達到解脫的目的,量論具備了修道次第的意義。這也是漢地因明中斷了數百年,而藏傳量論卻綿延至今的重要原因之一。

〔註24〕參見姚南強:《因明學說史綱要》,上海三聯書店 2000 年,第 145～148 頁。

2、在教理上以中觀應成派為主導

漢傳因明主要以瑜伽行派的唯識學說為其教理背景，而藏傳因明則以中觀應成派為主導。藏地有「六莊嚴」的尊稱，居首位的是龍樹和提婆，然後才是無著、世親、陳那、法稱。大乘中觀宗在印度的發展大致經歷了三個階段：初期為龍樹、提婆，提出了一切空假而又不著空的中道觀；中期是清辨的中觀自續派和佛護的中觀應成派，自續派不許諸自相勝義有而許為名言中有，中觀應成派在名言上也不許有相續之自性，故在論辯中只強調破斥對方之妄執，而不立自續之因喻；後期，中觀自續派有三大論師，即智藏、寂護和蓮花戒，應成派則由月稱和阿底　所承續。從藏傳佛教來看，初期接受的是寂護和蓮花戒的中觀自續派，而自宗喀巴以後，格魯派則持阿底　的中觀應成說：「西藏初期佛法，可謂順瑜伽行之中觀見，至阿底　尊者時，遂一變為應成派之中觀見。」〔註 25〕但是，藏傳因明又是陳那和法稱因明的承續，因而亦吸取了唯識與經部的一些教義，如在談認識對象時，也承認經部的「極微」說，認可「現量」的重要性，在心、物關係上則強調由「識」而成事，從根本上主張中觀應成派的空假說：「佛說：若觀察外，則認許極微；若觀察名言之實，則認許唯識；若取勝義實境，則離戲論而取。」總之，藏傳因明是以中觀應成派學說為主導，吸取了唯識、經部之精華，構成一個極為精緻的自緣覺知的知識論體系。

3、倚重與闡發應成論式

「應成」一詞在藏文中有兩義：一是「應成為過失」之義，如為破聲常論者云：「聲有法，應成非所作，是常故。」二是「理當如實成為」之義，如正面立論時說：「聲有法，應成無常，所作性故。」因此，應成論式有真、似之分，真應成論式是依據敵者所承許的因能成功地破斥敵宗；似應成論式則是利用敵因卻不能駁倒敵宗。

「應成論式」這種論證形式在佛典中早就出現過，龍樹的《中論頌》中已有不少用例。龍樹後學，特別是佛護、月稱一係常常運用這種只破不立的論證方式來駁斥敵宗，其特點是利用敵方所承許的因把敵宗推到應成過失的境地，從而破壞敵宗，這是與他們的佛學理論一致的，因此該派被稱為中觀應成派。陳那《正理門論》、《集量論》中也多次使用了「反破方便」和「順成方便」的變通論式，但尚未把「應成論式」正式作為一種能破的論證形式。

〔註25〕《法尊法師佛學論文集》，中國佛教文化研究所 1990 年印行，第 136 頁。

法稱《釋量論》的「為他比量品」中反而明文否定應成論式是一種能破的正式論式：「若從事因生，何用輾轉勞？」〔註26〕但在藏傳因明中，尤其在新量論的著述中，逐步把應成論式列為能破的正式論式，甚至專重於闡述應成論式，這顯然是對因明邏輯論式的豐富和發展。

有關應成論式的含義，薩班《正理藏論》是「通過說許立不許」，其意為真應成論式是以敵者所許的因來成立敵者所不許的宗（論題）。這實際上是形式邏輯中的歸謬法，即以子之矛攻子之盾的反駁方式，用敵者的論據去破斥敵者的論題。在藏傳因明的進一步發展中，不但把應成論式分為真、似，而且再分為「破它論式」與「斷諍論式」、「射理由論式」與「不射理由論式」（指是否反駁證據），以及「多重應成論式」等。

4、頗具特色的研習方法和學制

與漢傳佛教不同，在藏傳佛教中，因明不是「小道」，而是一門必修的課程，他們創建一種「堆　」（bsdus-grva）式的研習方法，即「用辯論的方式闡明所包攝的量論中的一些術語」〔註27〕。用辯論的方式逐一明確量論術語是訓練人們清晰敏捷的思維的一個有效途徑，這在佛教因明史上是個創舉。這種方法受到藏僧的喜愛，並收到了一定的效果，於是逐步成為法定的教學方法。以後得到不斷的傳承和發展，到格魯派時代則形成一套寺院教學制度。

在格魯派的寺院中，一名學僧入寺，需循序修習以下五部論著：《釋量論》、《現觀莊嚴論》、《中觀論》、《律戒論》、《俱舍論》。首先是因明論，僅「堆　」就要學習五年，第一年是紅白顯色之辯班，第二年是複雜顯色之辯班，第三年是堆　中級班，第四年是堆　高級班，第五年是因理論班。必須按次第把以上內容學完之後，方可進入量論經典及注疏的學習，少則二年，多則終生，一般是個人或幾人私下拜師受學，學成後才可報考格西（相當於博士）學位，但規定需有七年以上的因明學歷，並且精通其他四部大論。格西學位分為拉讓巴、措讓巴、多讓巴、嶺賽四等，其中一、二等格西要求能立宗答辯，一等格西要求在大昭寺傳昭大會上通過，二等格西要求在小昭寺傳昭大會上通過。考取格西可以授予官　，亦可任　倉的堪布（院長）。現在的十四世達賴也曾考過格西學位，「文革」後的 1986 年和 1988 年度召開過傳昭大會。

〔註26〕《釋量論》，法尊譯，中國佛教協會 1982 年，第 59 頁。
〔註27〕劉宗林：《藏傳佛教因明史略》，民族出版社 1994 年，第 76 頁。

其中作爲量論的基礎課，又需先學二年「攝類辯論」，然後才能讀法稱的原著。前後時間長達 25 年。

　　每個寺都設有多個　倉（佛學院），　倉內分設若干年級，有相應的晉升制度，按照學習成績，可以獲得格西學位，可以升任寺院的洛本、堪布等　，甚至可以成爲活佛的經師。學習方式是班級制，逐年考試升級，學員可以自由拜師。各寺又依據經典，自編教材。在學習中，一般先由導師領誦課文，再由導師提問，並對學生回答問題的內容與方式進行考　。在成績評定和畢業方面，一般只採取口試，一年四季各有一次大辯論，爲時一個月，辯場就設在　倉的露天林場，用碎石鋪地，學僧分班席地而坐，由一班長維持秩序。學員輪流坐在中央，充當答辯者，其他學僧爭先恐後地起立提問，答辯者則端身正坐，頭　黃色　冠形僧　，逐一給予答覆。在答辯中，辯論者往往擊掌頓足，若有答非所問，提問者則用念珠在答辯者頭上繞三圈，念「科爾松」轉三圈，或「擦」（羞）。　倉堪布還定期視察辯論場，逐班檢查學習情況。在大辯論期間，則由堪布親臨指導，並組織班際對辯。平常，每晚學僧都須出舍，按年資排坐在院　內背誦經文，有執事　查。每年有二次堪布面試，分別在夏、　兩季，規定每人背誦貝葉經 50 頁，超過者受獎，不足者受罰。每年　季大辯論時，三大寺各　倉選派學員集中到繞朵寺進行一個半月的大辯論，聲勢極盛，受到各界人士的特別重視。

5、對邏輯義理的闡發獨創新路

　　在邏輯體系上，漢傳因明講「八門二悟」，是以能立、能破爲中心的；藏傳量論卻是以「攝類」範疇爲基本框架的。恰巴曲森提出「攝類」的十八範疇中，在總別關係下構造其邏輯體系。《量理藏論》的第三品是「觀宗與別品」，把總和別對應於共相與自相，並看作是兩種不同的遮詮方法，如聲論立聲常，並以「所聞性」這種同類法爲因來遮遣，這就是「別」，而佛家立聲無常，並以「所作性」等異類法進行遮遣，這就是「總」。宗喀巴《因明七論入門》和普覺·強巴《因明學啓蒙》等著作中又專有「總類」、「總聚」、「總義」、「總聲」等區別。

　　在詞項論上，漢傳因明重視對九句因的闡發，對宗因寬狹有細緻的陳述，對同品、異品、宗有法、宗法、因法等的界說十分明確。而藏傳量論則用「四句料」並以「同、異」，「一、多」，「相違、相屬」等範疇概括詞項間的五種外延關係，對「定義」、「劃分」都有專述。

在命題論上，漢傳因明專題研究了除宗有法問題、有體無體問題、主詞不存在問題、簡別方法（命題的限制）等。而藏傳量論則有「四遍」、「八遍」、「十六遍」的命題學說，實際上涉及到同素材命題間的對當關係；對肯定和否定有獨到的見解，並使用了假言命題、聯言命題、負命題等。

在論式上，漢傳因明主要繼承了陳那的三支論式，形成了正反雙陳的論證邏輯。而藏傳量論基本上是吸取了法稱的論式結構，因此同喻、異喻可以單獨立式。藏傳量論的應成論式就論敵的觀點來加以駁斥的，往往省略了喻支，並分爲「反駁」和「斷諍」兩大類，成爲一種特殊的論證形式。在以三支演繹式爲主體的同時，也相容了古因明的五支論式等，在邏輯規律、過失論方面兩家亦有豐富的闡述。

綜上所述，可以毫不　張地說，因明確實不　爲世界三大邏輯起源之一，是佛門智慧的結晶，也是我們東方傳統文化的絢麗　寶，對人類文明的發展有著重要的借鑒和啓迪意義。

四、佛教邏輯的基本特徵

佛教邏輯的思想綿延數千年，在不同的發展階段各有其不同的研究特點或傾向性。但從總體上看，因明思想仍有一些共同的特點，這主要表現在三個方面，即論辯性、應用性和初級性。

1、論辯性

古印度因明學的前身爲以論辯爲主題的「論究學」，後來邏輯從其中分化出來並不徹底，也未努力朝純粹證明的方向發展，邏輯與論辯的聯繫仍然相當緊密。因明來源於論辯，取材於論辯，並服務於論辯，因此在其專業術語的運用、比量的側重點、論點的闡述、因明論式的根本性質及過失論的研究方面突出地顯現出論辯性特點。

《正理經》可以看作因明的直接源泉或起點，而該書的十六句義的有序排列在很大程度上反映了論辯的進程和階段，尤其是決定、論議、論諍、壞義、曲解、誤難、墮負、倒難等範疇，如今已成爲論辯學研究的基本概念。有的佛家如龍樹針對《正理經》的十六句義而著書立說，而大多數的佛家如無著、世親、彌勒的著述，則完全繼承了《正理經》中的專業術語和邏輯思想，與論辯學有關的內容均佔據其邏輯著作的大量篇幅。即使後來的陳那、法稱、漢傳因明和藏傳因明所使用的詞項，如宗（論題）、因喻（論據），以

及與宗有法並列的同品、異品等，幾乎都是便於論辯或有效地進行論辯而採用的。

新因明諸師將比量分為「為自比量」和「為他比量」兩種，類似於西方邏輯對推理與論證的區分。為自比量相當於推理，它僅存在於大腦思維的過程中，目的在於自悟；為他比量相當於論證，它把大腦中的推理過程或思考成熟的結果用語言表述出來，目的在於悟他，即讓別人瞭解和接受。因明並沒有把重點放在為自比量上來研究推理，而是放在為他比量上來考察論證，分析獲得有效知識的途徑和方法。尤其是對三支論式組成和建立的研究，運用「自許」、「汝執」、「共許」、「極成」、「眞性」、「眞故」、「勝義」、「不成」等論辯性的簡別術語詳細地討論了其中所涉及的詞項和命題，並將它們融入邏輯規則之中。這表明因明是一種說服性、悟他性、論辯性的邏輯。

因明對其專業術語內涵的界定往往是通過一種論辯式的過程來完成的。陳那《理門論》中先給出各個術語的定義及其解釋，然後對其他不同觀點進行分析，指出其缺陷以佐證自己的見解。如該著對同品、異品的定義：「此中若品與所立法臨近均等說名同品，以一切義皆名品故；若所立無說名異品。」接著解釋道：「非與同品相違或異，若相違者，應唯簡別；若別異者，應無有因。由此道理，所作性故能成無常及無我等，不相違故。」然後分析評論其他的觀點：「若法能成相違所立，是相違過，即名似因。如無違法，相違亦爾，所成法無，定無有故，非如瓶等，因成猶疑，於彼輾轉，無中有故，以所作性現見離瓶於衣等有，非離無常於無我等，此因有故。」〔註28〕窺基《大疏》對因明各專業術語的論說也大約如此，而且盡可能地旁徵博引。

因明對其理論觀點的闡述也常常採取論辯的方式進行。《理門論》中總是先陳述自己的觀點，後以「立敵對揚」的形式分析敵者觀點的失誤所在，從而進一步顯明立者的看法。如陳那云：「為於所比顯宗法性，故說因言；為顯於此不相離性，故說喻言；為顯所比，故說宗言。於所比中除此更無其餘支分，由是遮遣餘審察等及與合、結。」然後他描 了與敵者論辯的實際過程：「（敵者）若爾，喻言應非異分，顯因義故。（立者）事雖實爾，然此因言唯為顯了是宗法性，非為顯了同品、異品、有性、無性，故須別說同、異喻言。（敵者）若唯因言所詮表義說名為因，斯有何失？復有何德？（立者）別說異分，是名為德！應如世間所說方便，與其因義都不相應。（敵者）

〔註28〕引自鄭偉宏：《因明正理門論直解》，復旦大學出版社 1999 年，第 49～54 頁。

若爾何失？（立者）此說但應類所立義，無有功能，非能立義。由彼但說『所作性故』所類同法，不說能立所成立義。又因、喻別，此有所立同法、異法，終不能顯因與所立不相離性，是故但有類所立義，然無功能。（敵者）何故無能？（立者）以同喻中不必宗法、宗義相類，此復餘譬所成立故，應成無窮。又不必定有諸品類，非異品中不顯無性有所簡別能爲譬喻。」（同上，104～111頁）

不僅因明對其專業術語和理論觀點的討論常用論辯的形式，而且一些因明著作全都以論辯的方式寫成。如普覺・強巴的《因明學啓蒙》，全書分爲五卷三大部分，該著的每一章節、每一論點的敘述都採用駁他宗、立自宗到斷除諍論的論說方法，即先陳述敵者的觀點，然後運用因明學原理、論式規則和實例加以反駁，由此建立自宗，闡明自己的觀點，最後消除紛爭，達到因明悟他的目的。這是藏傳因明應成論式的典型運用，論式的作法是貫穿全書的。這些著述可以看成作者與他人論辯的實錄。

對論式的探討是因明學的中心內容。因明論式實際上是針對某一論題所展開的論辯過程，其中立者先對自己的論題給予說明、解釋，而後提出因、喻等論據加以論證，同時對反論題進行分析、質疑，這就是所謂的正反雙陳、同喻與異喻並舉，其論辯特徵相當明顯。在因明發展史上，各個階段採用不同的論證形式，古因明以五支論式爲主，陳那的新因明以三支論式作爲基本的論證工具，藏傳因明則以應成論式爲其主要的論辯手段。

五支論式分爲宗、因、喻、合、結，這五支構成分別基於證言的論題、基於比量的因、基於現量的喻、基於譬喻量的合以及基於前四量的結。把喻、合、結作爲論式的必要組成部分，更多的是出於一種說服、悟他的考慮，「喻」來源於現量，它們可以幫助敵者和證義者增進對立者論題宗的理解，瞭解其理論的宗旨；「合」顯示了包含在喻中的帶有普遍性傾向的原則力量，使其具有更強的論證性；「結」是爲了消除對來自證言的宗的存疑、曲解，進一步強調所立宗義的正確性。可以說，古因明對五支論式的堅持和使用，根本原因在於其理論本身的論辯性。

三支論式相對於「五支論式」來說，其論辯性和說服力不僅沒有減弱，反而大大增強。由於佛教不承認吠陀權威，與證言相關的「結」被刪除，因爲「合」已包含在喻之中，屬於不必要的重複，因此因明論式變爲宗、因、喻三支。陳那的這一改造是從古因明轉向新因明的關鍵，在因明發展史上具

有劃時代的意義，因爲在喻中包含著普遍性的命題，這樣就避免了運用五支論式時所陷入的「無窮論證」的錯誤，而具有了邏輯必然性和充足論證性。正如窺基《大疏》卷四中所說：「既汝不言諸所作者皆是無常，故彼同喻不必以宗法及無常宗義相類，但云如瓶。他若有問，瓶復如何無常？復言如燈。如是輾轉，應成無窮，是無能義。我若喻言，諸所作者皆是無常，譬如瓶等。既以宗法宗義相類，總遍一切瓶、燈等盡，故非無窮，成有能也。」〔註29〕三支論式的喻由兩部分組成：一是喻體，是具有普遍原則的一般性命題，是爲了保證宗法宗義能夠包含同類的一切事物；二是喻依，是有關喻體原則的個別例證，屬於具體的特殊性命題，目的是讓敵者和證義者更容易解悟。在一般性原理之下舉例說明特殊性的具體事實，更使人感到印象深刻，同時也具有更強的論辯性。

應成論式是大乘佛教中觀應成派用來駁斥他人主張、維護自身義理的一種特殊的論證格式。這種格式源於印度，而傳入藏區之後則被藏傳因明學家廣泛應用並得到充分發展，占著舉足輕重的地位，一切藏傳佛教的高僧大德都以大乘佛教中觀應成派的傳人而自居。「應成」在字面上來說是「應該成爲」的意思。應成論式就是指立者所立之宗被敵者所反對，因與實遍（因宗不相離性）被敵者所認可或由量識成立，而共許的因與實遍卻能得出所立之宗，從而迫使敵者放棄原來的觀點、接受立者主張的一種反駁論證方式。換言之，應成論式是以敵者所許之因來成立敵者不許之宗，是一種以子之矛攻子之盾的反駁論式。例如，針對「聲音是常住」這一觀點，可以建立如下論式：「有法聲音，應成無常，所作性故。」論式以敵者認許的「聲音是所作性」（因成立）和「若是所作見彼無常」（實遍成立）這兩個論據來論證「聲是無常」這一敵者所不承認的論題。可以說，應成論式的運用及其在藏傳因明中的特殊地位，完全是由於論辯實踐的需要，是藏區佛子們日常辯駁中所使用的主要工具，其論辯的特質更爲明顯。

因明特別關注過失論（或稱謬誤論）研究。日本的末木剛博認爲，因明的任務在於排除妄分別（謬誤判斷），因而過失論成爲因明的主題。從現存的文獻來看，因明的文獻大部分是謬誤論的，如世親《如實論》、小乘論師《方便心論》、陳那《理門論》、天主《入論》等。這與西方邏輯文獻相比有明顯的不同，西方邏輯中的謬誤論只占很少的一部分，是附帶性的，一些現代邏

<hr />

〔註29〕《中國邏輯史資料選》因明卷，第93頁。

輯經典甚至完全沒有謬誤論，而其主要任務是探究一切合理認識的基本法則，是一種獲取正確知識的積極性工作，因明則是一種排除謬誤的消極性工作﹝註30﹞。與中國邏輯相比略有不同，墨辯雖然涉及到悖、謬、妄、亂、過、狂舉等邏輯錯誤，卻沒有專門論述謬誤的篇章，並且有關謬誤的討論在《墨經》中也只占很少的部分，其目的在於「明是非之分，審治亂之紀，明同異之處，察名實之理，處利害，決嫌疑。」（《小取》）但是，墨辯與因明一樣，也是一種論辯性很強的邏輯，它似乎更為兼顧邏輯的「積極性工作」和「消極性工作」。

在《理門論》中，除了前面各章分別列舉了似宗、似因、似喻的二十九過之外，還在末章「似能破」裏列出了十四過類，這與亞里斯多德的《工具論》末章論謬誤的編排似有某些巧合。但是，過失論在《理門論》中所佔的比重遠遠大於亞氏謬誤論在《工具論》中所佔的比重，而在現代西方邏輯中已根本沒有謬誤論的章節。從本質上講，因明是一種論辯性的邏輯，因此在論辯過程中揭示敵者的過失，比正面論證立者自己的觀點，更能起到打擊對方的效果，也更有效地開悟敵者和證義者。「能破」是用言辭直接破斥敵方的過失，或者建立論式揭示敵方的過失，也就是反駁。「似能破」是破者對本來無錯的能立而橫加責難，或者所破之處並不是對方的過失，換言之，這是有過失的反駁。因此，所謂「過類」，就是與能破同類而實有過誤的反駁，也是基於論辯而對有謬誤的反駁所作的分類。

2、應用性

佛教邏輯的應用性，相對於研究純推論的理論邏輯而言，主要表現為現量研究、哲學認識論、學科論證工具和宗教目的論。

現量是通過感官和心靈與事物接觸所獲得的直接知識。因明在其發展的各個階段都承認它是一種獨立的正確知識來源，並對現量進行了界定和分類。

一般可將現量歸於人的實踐經驗，主要是經驗某一事實的真假。無著在《對法論》中說：「現量者，為自證、明瞭、無迷亂。」這裡的「自證」是自己當下的親身體驗和直接感知；「明瞭」是排除了種種障礙而對事物的確切認知；「無迷亂」是無錯亂。這與陳那、法稱後來所強調的無分別、不錯亂在本質上是一致的。陳那在《理門論》中曰：「此中現量除分別者，謂若有智於色等境，遠離一切種類名言假立無異諸門分別，由不共緣，現現別轉，故名現

﹝註30﹞引自《因明新探》，甘肅人民出版社 1989 年，第 289 頁。

量。」〔註 31〕這是說，現量是以無迷亂的正智去認知色、聲、香、味等境義之自相，並不介入一切種類名言等主觀上的區分，而且五識的「見分」與認識對象的「相分」之間的「緣」是各別進行的，互不相雜，各自獨立。天主在《入論》中亦道：「此中現量，謂無分別，若有正智於色等義，離名種等所有分別，現現別轉，故名現量。」〔註 32〕法稱在《正理滴論》中進一步指出：「現量者，謂離分別，不錯亂。」陳那從徹底的唯識論出發，主張「唯識無境」，認爲錯亂不過是識的主觀虛妄分別。法稱則採用經部關於外境實在的教義，而作爲外境反映的現量不僅有一個是否主觀上作分別的問題，而且有一個主觀與客觀是否一致、有無錯亂的問題。儘管主體未作分別，但由於主體感官疾病等原因，仍可能形成錯亂，如黃　病人見一切皆黃。概括地說，現量具有以下的特徵：（1）離分別，即不加入思維活動、不能用名言來表述；（2）不迷亂，即感覺不發生錯亂，不能把旋轉的火焰誤以爲輪等；（3）各自緣相，即對認識對象的感知具有確定性。

　　至於現量的分類，《瑜伽師地論》中分爲三類十三種：第一類是「非不現見現量」，是五種感官各自分別去「照明」外境而得到的感覺；第二類是「非已思應思現量」，是感官接觸對象的剎那的感覺，排除「思」的干擾；第三類是「非錯亂境界現量」，如鹿見陽焰以爲是水，於一月處見多月等等。《理門論》去繁就簡，歸結爲四類：一是五識現量，這是由感官「五根」緣見外境的自相而形成的純感覺；二是五俱意現量，是由意識參與五識的緣慮而產生的感性認識；三是自證分現量，儘管見分緣慮相分時由於陷入貪毒等而起分別心，但是作爲心識主體的自證分（即瞭解並證實見分對相分的把握）是緣見分之自相，故仍是現量；四是定心現量或瑜伽現量，是修習者用禪定的智慧來緣慮自相所得到的知識，它排除了一切外部的見聞、思想對教義的分別，是一種直覺意義上的「悟」，故仍爲現量。法稱對現量的分類與陳那基本一致，所不同的是對「意現量」的解釋。陳那認爲，「五俱意現量」是五種根識的見分去認識對象時，第六意識中的一部分與根識俱起緣境而成。法稱則認爲，意現量是以五根現量所得到的事物「行相」之認識爲因，進一步去緣取五根所未緣到的「餘境」，從而形成意現量。根現量與意現量的形成是一個前後相續的「等無間緣」，但不是同時的，而是繼起的，根現量爲第一剎那，意現量

〔註31〕引自鄭偉宏：《因明正理門論直解》，第 120 頁。
〔註32〕《中國邏輯史資料選》因明卷，第 242～245 頁。

爲第二剎那，因此法稱不許有「俱意現量」的提法。陳那把似現量分爲七種，法稱《釋量論》中則歸爲四種：「似現量四種，三種分別識，從壞所依起，無分別一種」。三種分別識是錯亂識、世俗智、比量等。無分別現量是「彼說從患生，彼唯說眩翳，是表有患者。」〔註33〕這是由主體感官疾病所造成的錯亂，即便是無分別，依然是似現量。

嚴格地說，現量不屬於純邏輯研究的範圍，而在因明的邏輯著作中，對現量的研究與考察卻佔據了相當的篇幅。重視現量的研究，與在因明論式中重視喻的作用是分不開的，因爲喻尤其是喻依是以現量爲前提的，它能使論式在經驗事實上得到進一步的支持和確證，並有助於論辯各方的理解與接受。

日本的梶山雄一教授指出，在早期印度邏輯中，只有人們能夠具體經驗到的事實才能進行推理〔註34〕。由於重視現量的研究，因明中純邏輯的推演性明顯不足，絕大部分的比量均以論斷的方式出現，亦即事實如此如此，然後事實如此；而不是，如果「事實如此如此」，那麼「事實如此如此」。關於比量的成因，一個人只要一聽到此處有煙就可以推斷出此處有火，儘管他並未實際感知到煙。因此比量的形成並不總是對煙的實際感知，而主要是關於因的知識，即煙與火之間具有不變伴隨的關係。

因明並非單純的邏輯理論，它還包括對認識的起源、手段、知識的內容和結構的研究。量論是以知識論爲主體的，實際上就是佛家的認識論和關於正確知識的方法論。「量」作爲一種行爲就是指認識活動，作爲一種認識結果也就是知識。量論就是要回答什麼是知識，知識由哪些種類以及如何獲得知識等問題。從《瑜伽師地論》到《入論》，從《方便心論》到《量釋評論》，所有因明思想都圍繞著正確知識和有效知識的來源，以及獲得方法而展開。同時，邏輯研究又直接服務於本派的哲學認識論觀點，換言之，正因爲哲學認識論上理論觀點的分歧，才有因明思想的研究。正理派哲學以承認並解釋吠陀權威爲要旨，因而證言遂成爲一種獨立的有效知識的來源；佛教哲學以否定並駁斥吠陀權威爲旨趣，故否認證言作爲一種獨立的有效知識的來源。

陳那改造佛教認識論的關鍵在於明確劃分了現量和比量，《集量論》開宗明義就說：「現及比爲量，二相所量故，合說無餘量。」之所以區分出現量和比量兩種認識手段，是由它們的認識對象自相和共相所規定的。佛教認爲只

〔註33〕法尊譯《釋量論・釋量論釋》，中國佛協1982年印，第219、220頁。
〔註34〕梶山雄一：《印度邏輯的基本性質》，商務印書館1980年，第7頁。

有兩種對象，一是作為世界的真實基礎的剎那生滅單元的自相；二是世俗執有的共相，它是思想的構造物。自相是僅憑名言一類的範疇概念無法揭示的純個體存在，只有感性直觀才能與之當下契合，它是我們表象活動的原因，因而是我們經驗知識的基礎，是「因緣有」和「依他起」的根據。共相所以能有經驗意義的真實，正因為作為一般觀念，其深層隱藏了最初的感性直觀所得，即共相依自相而立。認識對象既有本質不同的兩種，相應就有兩種完全不同的知識來源，這就是陳那說的「所量唯有自相、共相，更無其餘，當知以自相為境者是現，共相為境者是比。」〔註35〕

在因明中，現量是指最初階段的感性認識（感覺），是擺脫一切種類名言形式的當下而直接的認識。與此相對，也有一種知性的概念活動，正好與「名言種類假立無異諸門分別」有關。共相具有假施設的穩定性，是某種程度的剎那相續，名言也有相對穩定性，因此名言概念是比量活動的形式。現量雖然是認識的基礎，但它對自相的認識是消極被動的反射，如鏡子之反射境象，不提供任何形式使感受固定下來。只有作概念活動的比量才是主動的，是一種界說性的注釋式反映，即以主觀構造的表象去描述對象。自然，明確的概念表象是在一個過程中獲得的，這便是現量向比量的轉化。陳那說：「若以所謂無常等象取色等境，或非一時所取，此復云何？雖有其義，亦由所量相合。合說無餘量，謂先未設假名，但取色等境已。次由共相分別無常，如是由意結合無常色等，是故非餘量。」（同上）這一過程實際上是對感性材料的加工過程，這種加工借助空間、時間與諸屬性，本來這些是虛幻的，以它們來說明自相實在，正好解釋經驗事物的假有非真。另一方面，經驗事物又只能處在時空中並具有一定屬性，這只有依靠名言分別來標誌，成為比量認識的原因。陳那強調對世界真實基礎的認識只能是現量，共相是無法感知的，就是說，「依他而有」的共相事物具備種種體性，並非自我規定的實在（體相非一），或是「多種極微體性之有法」，或是「色香味觸多塵之法」，因而不能成為感覺之純對象，眼耳鼻舌身五根「各各明照自境」，眼不緣聲，耳不如色，「根識瞭解之境象，非名言所能顯示宣說，根識之境即諸處離言說分別之自相體性。」〔註36〕簡言之，陳那認為知識應有兩部分：一是五根所取的純實在自相，二是表象概念等虛妄分別的思維形式詮釋的共相。

〔註35〕見《集量論略抄・現量品》，呂澂譯。

〔註36〕陳那：《集量論略解》，法尊譯，中國社科出版社1982年，第4頁。

　　認識論所解決的問題實質上是客體與主體在認識過程中如何同一的問題，首先是主體如何內在地把握客體？因明家的答覆是帶相說；其次是我們何以知道自己把握了認識對象？因明家以自證理論來解答。一般說來，因明家並不否定認識中的能量所量兩者，但他們主張直接的所量（認識對象）只能是影相，只有識中變現的影相即境色之相才給認識提供了可能。他們認為，除了在成佛階段正智證眞如時才會有對無相之相的認識，日常生活中絕無無相之相。因明家與正理派和彌曼差派等爭論時，主要觀點是帶相說。事實上，不僅佛教與諸正統哲學之間，就是在佛教內部，客體如何轉化爲主體認識的內容，其說法都有很大的差異。例如，正量派主張認識主體之心可直接緣取外境，如手探物，如日舒光。經量部則主張外境色於心上生出影相，然後才有對此影相的了別，換言之，認識主體是經由認識生起時變現的對象之影相而與對象發生關係，離此影相則無法把握對象或客體。

　　陳那無疑是以經量部這一認識論基本原理爲基礎的，他把經量部的帶相說引入瑜伽行哲學中時進行了改造，主張認識中所帶之相已經不是經部所執的境色之相了，因爲心識已包含了認識的對象（相分）與主體（見分），以及一個作爲心識自體的自證分。自證分的作用是維繫見相二分，在後二者的交涉過程中瞭解並證實見分對相分的把握。見相二分爲能緣所緣的關係，認識生起時見分帶有相分的影像，稱見分行相，雖然從時間序列上先有根境相接（境即識中相分），而後才有了別（認識）生起。陳那在《觀所緣緣論》中云：「所緣緣者，謂能緣識帶彼相起，及有實體，令能緣識託彼而生」，他對所緣緣重新作了規定：（1）它必須是實有的，是實體，才能作用於心識產生了別；（2）能緣心識對所緣緣的了別依據自身所帶之影相，所謂似境之行相。這些規定旨在排除境在識外的可能，強調唯識無境的立場。他明確指出：「內色如外觀，爲識所緣緣，許彼相在識，及能生識故。」〔註 37〕這是說，認識對象不過是包含在認識之內的相分，此相分彷彿是外部實在，其實仍不離於內識。與此旨趣完全一致的是世親的《二十唯識論》，世親也批判了勝論的外境爲極微所成，批評了有部的外境爲極微合集，甚而經部的極微和合的說法，《現所緣論》上來三頌就是破斥勝論、經部和有部的。

　　此外，以往經量部將所緣境歸入因法，因法一律在過去，那麼果就成了後時方起了，如此則因果異時。現在陳那卻以爲所緣境與能緣識都預先包含

〔註 37〕《大正藏》第 31 卷，第 888～889、889 頁。

於識中，便不存在由境而識、先境後識的順序，因果成了同時性的，這似乎有些悖理。陳那自己答道：「決定相隨故，俱明亦作緣，或前為後緣，引彼功能故。」〔註 38〕境色與識並非時間順序的先後，而僅僅是邏輯關係的先後，有內境色自能有認識，有相分便能於見分上引出行相，因而並沒有什麼矛盾。

　　法稱承襲陳那關於根、境、識三者融合於一個「識」中、再經分別執著而分裂為見相二分的說法，不過其對象確實存在於意識之外，並由於認識活動發生的物理變化影響到外境對象的影相在主體意識中的清晰程度。《正理滴論》中說：「現量之境，名為自相；言自相者，謂若由其境之遠近，識中影相現差異者。」他認為境色（對象）與心識（主體）在時間系列上的表現如下：

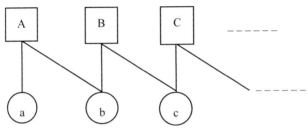

　　這是境與識的兩個系列，其中 A、B、C 與 a、b、c 都是色法與心法的剎那之點，A 是 a 的所緣境又是 B 的基礎，時間上 A 在 a 之先；B 是 b 的所緣境，它與 a 俱時而先於 b，同時成為 C 的基礎；C 之後以此類推而生成的諸剎那所構造出來的表象，代表了隨順世間的對象之境的存在。a 是 A 引生的又是 b 的等無間緣（即 a 與 b 性質相同，b 隨 a 無間而生，a 隨滅則 b 隨生），時間上 a 逐 A 而起；b 由 B 引生但又須 a 的配合。就 b 之剎那而言，它不包含表象的構造成分，因此不存在迷亂。至於 c 之後的剎那諸點則代表了心識的不斷相續過程。由於 a 與 b 都不包含構造成分，因此是無分別的現量，而 c 則代表了混進概念內容的感覺判斷活動，即有分別的現量。A 理所當然也包含了境色生起的影相，它便是識中所帶之相。

　　可以看出，如果不考慮作為境色的 A（自相）是在識內或在識外的話，那麼法稱的認識系列是與陳那一致的。帶相說到了法稱那裡進展為成熟的認識理論，並為以後的因明家所繼承。佛教在印度衰亡之後，它又作為量論的基本內容保存在中國的藏蒙佛教的寺院中。然而，因明家的認識論並非總是合理的，如認識之先，他們就劃定個別自相必須真實，共相一般必然虛假。

〔註 38〕同上註。

自相一方面是現象世界的本體，另一方面又通向無相之相——真如實相，從而連接宗教哲學的本體界。這裡真實虛妄的區分是十分武斷的，現量論的出發點就是彌補這種由本體到現象、由真到妄的過程，由無分別現量到有分別現量的認識以及帶相說都服務於這個目的，前者近似於人類認識從感性向理性的過渡，後者也具有反映論的色彩。這些事實驚人地反映了印度遠在 6～7 世紀就達到的深刻思維水準，將它視作人類思想認識發展史上的一個里程碑，而且至今仍有其現實意義。

一般來說，人類認識、表達、交流和論證思想都要借助邏輯，以邏輯為必要工具。因明也不例外，它也是人們思維、認識、論辯、構造理論體系的工具，這主要表現在劉勰《文心雕龍》的論證結構和方法上。

劉勰十四歲即投奔定林寺，後師從於佛學大師僧祐，在寺中整理研習佛典十餘年，後削髮為僧，法名慧地，他在研讀佛典中自然接觸到因明。《文心雕龍》在整體的論證結構和章節的敘述體例上是先立「宗」，後引「因」、「喻」加以論證，最後是「合」、「結」，與因明五支論式的架構比較接近，同時也融入了三支式的喻體，使該著更具有邏輯必然性、更強的論證性和說服力，成為一部劃時代的文論著作。而且，《文心雕龍》使用的「原始要終」、「貫一」、「會通」、同類、異類等方法，與因明的同品、異品及同一律、不矛盾律的邏輯思想在本質上是一致的。此外，亦有古因明論辯規則的運用，如「剪裁浮詞謂之裁」，「一意兩出，義之駢枝也；同辭重句，文之疣贅也」，這些與《方便心論》中的「言失」、「語多」、「義重」如出一轍。《文心雕龍》中也出現了「般若」、「正理」等名詞，前者是佛學術語，後者則是因明術語。可以說，《文心雕龍》是運用因明的一種典範。

佛教邏輯不僅僅是為了滿足人們天生的抽象思維要求而興起的，也不僅僅是服務於論辯等現實需要，而是由於追求實現宗教生活的深刻願望。在《箭喻經》中，佛陀對弟子尊者鬘童子（Mālunkyāputta）所問：「世間有常？世無有常？世有底？世無底？」等十個「不決問題」，態度非常清晰，佛說：「我不一向說此，此非義相應，非法相應，非梵行本，不趣智，不趣覺，不趣涅槃。」可見，佛徒的首要任務就是要完成解脫涅槃，而完成了解脫涅槃，自然會雲開霧散而真相大白。因此，因明便成為佛教哲學的工具，成為一種人們獲得佛教生活要旨的主要手段，佛家所作的理論分析乃至邏輯論證都是為了能指導佛教徒的宗教實踐，為其修持活動提供理論依據和實踐方法。佛教

認爲，人們的世俗生活是一種受苦，人們必須力行佛教道德實踐才能最終達到解脫，所以解除痛苦就是人生的根本目的。與之相應，消除謬誤就是獲得眞知的基本要義。因明學中的眞知似乎不可理解爲一般的客觀眞理，而應理解爲在一定佛教哲學體系中的眞知，佛教邏輯的應用性在此表現得尤爲明顯和突出。

佛教的根本教義旨在脫離和超越現實生活規範而求得解脫，因而始終尋求人生乃至宇宙萬象的眞實本質，爲解脫作論證。「眞實」佛教亦稱「眞性」、「眞實性」，是佛教哲學對象的中心範疇。爲了追求這種「眞實」，佛教經歷了內容由簡到繁、範圍由小到大、程度由淺到深的思想歷程，起先著重考察人生問題，隨之探索人與宇宙交涉問題，最後擴展、深入到全體人生和整個宇宙，著力探求人生的眞義、宇宙的實相。

佛教探尋人生「眞實」是著重對人生做出價值判斷，以爲人生即苦，人生的理想在於斷除現實生活所帶來的種種痛苦，並求得解脫。在佛教看來，人生「眞實」就是善、淨，其反面是「虛妄」，即惡、染污，眾生去惡從善、由染轉淨、從假返眞的過程和結果就是解脫，就是成佛。宇宙的「眞實」是「性空」，是相對於「境」即認識對象而言的。佛教從緣起論出發，認爲一切事象都是因緣和合而起的，沒有自我主宰、永恆不變的實體，人生和宇宙萬物都是「無我」的，即所謂「人無我」、「法無我」。

佛教尋求人生和宇宙的「眞實」，還涉及到主體的認識活動、對象、內容、形式、方法和標準等問題，認爲對「眞實」的認識並不是一般的思維活動所能達到的，不是平常人的智慧所能獲得的，只有佛教的智慧（「般若」）才能眞正體認「眞實」。人們如何把握、體認人生和宇宙的眞實，有的佛家主張「漸悟」，認爲以個人的煩惱、障礙很多，必須經過逐漸的甚至累世的修行才能證悟；有的佛家則主張「頓悟」，認爲對眞理是頓然覺悟的，悟是一切悟。

佛教探求人生和宇宙「眞實」，目的是爲了說明人何以成佛和如何成佛的問題，這就歸結到人有沒有成佛的內在根據（「佛性」），人的本性之善惡等問題。佛家普遍認爲，人的心性是寂靜的（「心性本寂」），強調人有成佛的內在可能性，大乘主張人人都能成佛。因爲「心性本覺」，人們只要向內心追求，顯示固有的覺悟，就能轉識成智、成就爲佛。可見，佛教的認識論和宇宙觀包容於其人生觀和倫理學之中，歸根到底都是爲其解脫論提供論據的。

3、初級性

佛教邏輯的初級性主要是相對於西方系統化的形式邏輯而言，這集中表現在因明的內涵性、所包含的心理因素、推論的邏輯性質以及邏輯基本規律的認識。

從總體上看，佛教邏輯是一種內涵性的邏輯，由於其研究語言的民族性，它缺乏對變項的探討，重視概念（詞項）分析而忽視命題推演，推理論證過程中帶有明顯的心理因素。

絕大部分的因明著作在印度本土都用梵語寫成，邏輯家並沒有創立一套符號化的人工語言，也從未使用變元，沒有通常所說的合式公式、推演規則和變形規則，所有比量與論式都是一個個具體的推理論證實例。邏輯研究受限於自然語言的表述。

佛教邏輯以概念或詞項間類關係的分析為主。例如，龍樹針對正理派的十六句義而提出他自己的十六句義：量、所量、疑惑、用、譬喻、宗、分、乾慧、永定、爭、說、妄批、如因顯、失言、斷後（類推）、斷處（負處）。《方便心論》的「能立八義」：譬喻、隨所執、語善、言失、知因、應時語、似因、隨語難；以及「二十過類」：增多、損減、同異、問多答少、問少答多、因同、果同、遍同、不遍同、時同、不到、到、相違、不相違、疑、不疑、喻破、聞同、聞異、不生。《瑜伽師地論》中的「七因明」：論體性、論處所、論所依、論莊嚴、論墮負、論出離、論多所作法。《理門論》中的論式「二十九過」和似能破的「十四過類」等等。對它們的界定、劃分構成了佛教邏輯思想的主要內容。因明並沒有完整的命題理論，比量（推理）過程僅是概念事實關係的體現，而並非命題抽象關係推演的結果。概念內涵的分析性方法成為佛教邏輯的基本方法，儘管他們並未認真考察什麼是概念、命題的定義等邏輯學理論問題。

佛教邏輯的論辯性、應用性特徵使它不可避免地包含了許多心理因素。梶山雄一教授認為，正理派的邏輯基本性質不是推理而是實踐的論證，不可能把所有的心理要素都排除掉。因之，把正理派的邏輯思想作為直接根源的因明學同樣不可能排除所有的心理因素，尤其是在因明論式的運用上，一論證式不能停留在單純的推斷之上，論證中的心理機能是不可缺少的要素。古因明的「合」、「結」作為五支論式的必要組成部分在很大程度上是出於說服他人的心理上的考慮。有人將宗、因、喻、合與四種認識方法一一對應：宗

——聖言，因——推論，喻——感知，合——譬喻，這使得五支式的心理因素更爲濃重〔註39〕。這種論式不是靠邏輯的必然性從論據中得出論題宗，而是靠「次序井然」的心理過程。即使是新因明的三支論式也沒有完全擺脫心理因素的影響，本來喻體中已經包含了一類事物的全部對象，另外再列出喻依作爲該「遍充」命題的例證，除了論證本身的邏輯要求之外，在論辯過程中還應當有心理等非邏輯因素在起作用；再者，三支式的論證要求同異喻並舉、正反雙陳，在一定程度上也基於心理方面的考量。漢傳因明所總結發展起來的「八門二悟」體系，以六因說爲核心的語言邏輯系統，以及前陳與後陳之相互差別問題，更是未能脫去沿襲下來的心理因素的外衣，尤其六因說基本上是以論辯雙方的心理交涉過程作爲基礎的。藏傳因明所尊崇和倚重的應成論式，也是深深打上了心理因素的印記。

因明在分析各類謬誤時，也涉及到許多心理因素。在天主總結的有關論式的三十三過中，如宗的「四不極成過」，因的「四不成過」和「五相違過」，以及喻的「三不成過」等，都或多或少地與人們的心理因素有關。陳那的「十四過類」更明顯地表現出心理方面的特徵。

從本質上講，與認識論有一定聯繫的自然語言邏輯是很難完全剔除心理因素的（中國的墨辯邏輯事實上也如此），加之佛教邏輯一直未引入變元，是它與形式化有相當大距離的重要原因。「喻」即便到了法稱那裡被判爲論式非必要組成部分後，仍被肯定有其在心理方面的價值。

其實，在西方邏輯中，心理因素「侵入」邏輯領地也是常有之事。例如，斯多葛學派認爲，語言能力和理性都是人「心」的組成部分，他們根據心理活動定義一些命題：「快樂和悲痛是對當下的錯誤判斷；恐怖和不合理的欲望是對未來的錯誤判斷。」中世紀邏輯家對「共相」的解釋頗具心理主義的色彩，譬如認爲共相作爲上帝的理念先於事物，作爲許多事物的本質存在於事物中，作爲個別事物抽象所得的概念則在「人心之中」。到了近現代，心理主義邏輯的趨勢影響了不少的邏輯學家、哲學家。例如，洛克認爲概念（觀念）是心靈反省自身，是由內部心理活動得到的。霍布斯則認爲一切推理都包含在心靈的兩種活動即加、減裏面。彌爾在聯想主義基礎上建立了他的邏輯體系。有的心理學家認爲邏輯是「應用心理學」，是「心理學的一個分支」。弗雷格、羅素等則認爲心理主義邏輯是邏輯上的倒退。

〔註39〕引自《因明研究》，吉林教育出版社 1994 年，第 89 頁。

　　邏輯推理根據其思維進程的方向可以劃分為三類：一是從一般到特殊的演繹推理；二是從特殊到一般的歸納推理；三是從特殊（個別）到特殊（個別）的類比推理。演繹推理是必然性推理，歸納推理和類比推理通常是概然性推理。其中推理的演繹化代表著的形式邏輯的發展方向，是純邏輯研究的理論重點。

　　佛教邏輯的論式先從外道的十支減到五支，再由五支減到三支，逐步趨向演繹化。就五支論式而言，通過基於現量的喻呈現出因與宗的聯繫，其類比性質較為明顯。三支論式依據「內遍滿論」和因三相理論，達到了基於概念包攝關係的演繹性質，喻體是在「遍充」關係下建立起來的，它表明因與宗之間的普遍聯繫，即因宗不相離性，並通過喻依的證實而加以確認。不過，因明論式都是用自然語言來表達的，都是通過具體的例證來顯明的，而且這個論式也不是純演繹的，其中還包含歸納、類比甚至心理因素的成分，它沒有也不可能抽象地討論詞項、命題之間的邏輯關係，更不可能建立像現代西方邏輯那樣的符號化、形式化的純邏輯系統。這既是受到其自然語言表述的限制，同時也是與佛教邏輯的論辯性、應用性的現實需要和邏輯要求相一致的。

　　在形式邏輯中，邏輯基本規律一般包括同一律、矛盾律和排中律。佛教邏輯中雖然沒有對這些規律進行明確的理論闡述，但在其邏輯思想中卻有相當的篇幅論及邏輯基本規律的初步認識，在因明論式的過失論、因三相和九句因中，佛教邏輯用元語言的方式表述了邏輯規律的主要思想。

　　總之，佛教邏輯與形式化的西方邏輯相比，仍處於邏輯理論發展的初級階段。儘管因明-正理在印度學校和大學中一直被作為一種開發智力的課程在講授，印度前總理尼赫魯也曾指出，佛教邏輯在舊印度教育中起著亞里斯多德邏輯在歐洲教育中的相似作用。但是，自從西方學術侵入印度之後，上述三大特徵已日益制約著因明學邏輯思想的現代傳播與發展，因明學研究逐漸變得僅有其學術探討的意義，西方邏輯相對較為科學的理論體系正在得到迅速普及與廣泛運用。這就需要我們站在現代邏輯的高度，使用現代邏輯工具和語言，進一步挖掘和整理佛教邏輯寶庫，使其在新的歷史條件下更加發揚光大，對邏輯學的發展發揮更為重大的作用。

第三節 佛教邏輯的研究方法

關於佛教邏輯的研究方法應當是很多的，或許每一個研究者都有自己的一些研究方法。但在這裡我們只強調兩種，一是實事求是研究法；二是比較研究法。

一、實事求是研究法

研究古人，討論古人的著述，探索歷史發展的進程，都需要堅持實事求是的研究態度，這是理論研究的通則。實事求是地研究佛教邏輯，一是要按照因明的本來面目去陳述，去翻譯，去闡發，去評價，不要摻雜我們研究者的主觀看法和意願，以免造成先入為主的主客混淆，使得佛教邏輯面目全非；二是以邏輯和歷史相統一的方法去討論某因明家的邏輯思想，從他的理論體系之中去理解他的某些論斷，從歷史發展的角度去審視、評價他的某些觀點，從整體上去把握他的理論貢獻和邏輯思維水準，而不要斷章取義，以我為主去任意剪裁、評判古人。所以，我們必須堅持歷史分析方法，既要避免任意拔高古人的成就，也要防止以今人的眼光去苛求古人，尤其不應當用現代邏輯的標準來貶低甚至否定佛教邏輯。

但是，在當今的因明研究中卻存在著嚴重的不實事求是的傾向。許多研究者為了符順、滿足自己的論證設想，通過混淆種概念與屬概念、內涵與外延、概念與命題、推理與論證、邏輯公理與邏輯規則等之間的區別來研究因明，造成了諸多的曲解和混亂，或者貶低古人，或者抬高古人。

鄭偉宏說：「從同、異品除宗有法出發，同、異喻體也成了除外命題，而不是全稱命題」，「因此，陳那三支因明所運用的推理不是必然性推理，而是除宗以外最大限度的類比推理。按照因三相規則建立起來的因明三支沒有必然聯繫，由因喻不能必然推出宗。」其結論是：由古因明到新因明「祇是量的變化，還沒有達到質的突破」。（下稱鄭文﹝註40﹞）

首先，讓我們考察一下同品、異品表達的究竟是什麼概念。陳那《理門論》中說：「此中若品與所立法鄰近均等，說名同品，以一切義皆名品故；若所立無，說名異品。」《集量論》卷三中釋曰：「如聲無常，瓶等亦無常，即聲無常之同品。」「虛空是常，即聲無常之異品。」

天主《入論》中亦云：「謂所立法均等義品說名同品，如立無常，瓶等無

﹝註40﹞引自《因明研究》，第30～45頁；《因明正理門論直解》，第221～282頁。

常，是名同品；異品者謂於是處無其所立，若有是常見非所作，如虛空等。」他明確指出，若立「非勤勇無間所發宗，以電、空等爲其同品以瓶等爲異品」；反之，若立「勤勇無間所發宗，以瓶等爲同品，以電、空等爲異品。」窺基《大疏》卷三中道：「如立宗中無常法聚名宗者，瓶等之上亦有無常，故瓶等聚名爲同品，此中但取因成法聚名爲同品，若有處所是常法聚見非是所作，如虛空等說名異品。」

可見，陳那等都是把同品、異品分別看作如瓶、虛空等這樣一些表達具體事物的種概念的，而絕不是將它們與屬性概念相混淆。窺基非常清楚地認識到，若立聲是無常宗，那麼，同品不過是如瓶這樣一類具體事物的集合，異品也衹是如虛空這樣一類事物的集合，它們與屬性概念如無常性、常住性等有著本質的區別。既然同品和異品都是表達具體事物的概念，它們當然是除宗有法的，因爲宗有法也表達的是具體事物的概念如聲，各個具體事物之間在外延上自然是全異的。

其次，考量同、異喻體是什麼命題。一般來說，一個命題全稱與否是依據其主項外延是否被全部斷定來判別的。先看同喻體，如「諸所作者見彼無常」。它表明，無論是有法聲還是同品瓶盆等都屬於所作物，因而都具有無常的性質，可見，命題主項「諸所作者」的外延是被全部斷定了的，它毫無例外地斷定了這樣一個全稱命題：凡是所作之物都具有無常性。鄭文「除聲以外，諸所作者見彼無常」，似乎有法聲可以被排斥在所作物的外延之外，這顯然是十分荒謬的，也是違反論式中因支所述的顯而易見的經驗事實的。況且，鄭文混淆同品與宗法的情況只觸及命題謂項，而與其主項無涉，從而他無論如何都無法證明同喻體爲除外命題。

再看異喻體，如「諸是其常見非所作」。作爲命題主項的「常住物」不僅排除了有法聲，而且也排除了所有同品瓶盆等，也就是說，有法聲和同品瓶盆等都不能作爲常住物的成分而具有非所作性，因此，異喻體無疑斷定了這樣一個沒有例外的全稱命題：凡是常住物都具有非所作性。鄭文「除聲以外，諸是其常見非所作」，彷彿有法聲可以作爲常住物的一分子而具有非所作性似的，這同樣荒誕不經。鄭文混淆了異品與宗法這兩個不同類型的概念，以爲異品除宗有法就能說明異喻體是除外命題。其實，異品及其宗法「常住物」正是因爲排除了宗有法聲，才使異喻體成爲全稱命題，才能讓異喻依爲人們所理解和接受。

　　至此可知，鄭文混淆種概念與屬概念，否定同、異喻體爲全稱命題，並以此來說明陳那三支論式不能必然成宗，把三支因明降低到類比推理的水準，認爲古因明到新因明沒有達到質的突破，這些看法都是不能成立的，也是不符合歷史事實的。

　　更有甚者，有人用心理猜測的方法來取代嚴格的邏輯探討，使因明研究步入歧途。徐東來認爲，喻支中的「同喻說凡有因法者皆有宗法（其中不含有法 S）」，而「異喻要找到具有中介作用的 M 必須變換形式，但無論怎樣變，其中的 P 都是不含 S（有法）在內的。否則，喻支就有不極成的過失。」（下稱徐文〔註 41〕）就是說，不論是同喻還是異喻，在其因法和宗法的範圍內都是排除了有法 S 的。但是，這樣一來，徐文怎麼可能去證宗呢？要知道，宗支是由有法和宗法這兩個宗依組成的命題，新因明建立三支論式的中心任務和最終目的就是要通過喻支和因支的媒介，讓有法和宗法連結起來以證宗，從而達到「悟他」的論證目的。而徐文在喻支中卻毫無保留地將有法擯棄出因法和宗法的外延，他又如何在論式中最終將有法與宗法貫通起來以成宗的呢？徐文說：「因明論式確實具有一種通過論證達到使人信服的魔力，這種魔力是從哪裏來的呢？我認爲是從同喻及異喻的並舉產生的它必須同異二支並舉，正反雙陳，通過『比度』來得出結論。這『比度』的過程是很複雜的，它含有心理、論辯等因素在內。」

　　從邏輯上來看，被徐文排斥在喻支之外的有法，無論他怎樣努力地同喻及異喻並舉和正反雙陳，都不可能將有法再納入因法和宗法之中來比度出結論。邏輯之路行不通，徐文只好求助於神祕的心理魔力，「單獨由同喻或異喻跟因的結合是不能證成宗的，它必須由異喻『無有宗處無因』來『更求決定』才能得出。異喻在此是具有反證僞的止濫功用的。由於它，才使得對同喻的證僞成爲不可能。」但是，這裡存在著一個明顯的自相矛盾，因爲在徐文看來，同喻中是不包含有法的，而異喻的運用又再一次肯定了這一點，這就否定了他先前所說的用異喻的「更求決定」使有法納入宗法之中來證成宗的觀點。不管他這個「在形式上看類似於穆勒五法中的契差法」的比度過程有多麼複雜，從邏輯上都不可能消除這一矛盾，從而其證宗過程便無法讓人信服，看來徐文不過是用心理因素去進行揣測而已。

〔註41〕徐東來：《也談因三相》，《南亞研究》，1992 年第 2 期。《論因明的爲他、爲自》，
　　　　《華東師大學報》，1994 年第 6 期。

　　徐文之所以陷入不可自拔的自相矛盾之中，其實根源於他混淆了種概念與屬概念以及論證與推理。由於同品除宗有法是眾所周知的事實，因此徐文將同品混同於宗法來詮解三支論式時便處處顯現出自相矛盾的狀態：一是他說「因支中的 M 與喻支中的 M 不是同一的」。因為「對第二支因支來說，SAM 即是 S∩M=S」，就是說因支中的 M 是包含有法 S 在內的；「而喻中的 M 是不包含有法 S 在內的」，理由是「同品 P 不包含有法 S，根據『宗無因不有』的原則，可得 M 也一定不包含有法 S。」這不免讓人納悶：既然這個前後不一的「M 不能充當具有媒介作用的中詞」，那麼論式又是如何通過它來證成宗的呢？難道因支與同、異喻並舉就能必然推出宗嗎？要知道異喻中的因法在他看來也是不包含有法 S 在內的。二是他首先斷言在同喻和異喻中是排除了宗有法的，然後他又認為「由二喻共同作用所得的」大前提「凡是因法者皆有宗法」是「包含宗有法在內的」。他為了自圓其說，曲解陳那「由合及離比度義」，說這個「『義』即是此同品含有法在內的大前提之義」。誠如前述，陳那並沒有混淆宗法與同品，宗法確實是包含宗有法在內的，但同品如瓶等卻不可能包容有法聲。讓我們頗感費解的是：本來在徐文的同喻和異喻中毫無蹤影的宗有法又如何通過這二喻的共同作用進入由此形成的大前提的呢？從邏輯的角度來看，我們當然理解不了他的這個「關鍵所在」。事實上，這個大前提與其排除了有法的同喻體是完全相同的。三是他在前提中明明規定同品是不包含有法的，但是他所推出來的必然結論卻是：有法是同品。原本是全異關係的同品與有法怎麼可能必然推出它們又是完全相容的呢？

　　至於三支論式的邏輯性質，徐文說：「從方法上來講，這種成宗方法可以說是一種歸納方法。但這種歸納方法與形式邏輯所講的一般歸納法不同」。這種不同在他看來主要有三個方面：（1）後者的推論是直接的和單向的，而前者必須是同異並舉、正反雙陳；（2）後者是邏輯的，而前者則包含心理、論辯等許多複雜因素在內；（3）後者得出的結論是偶然的，而前者得出的結論則是必然的。徐文在此混淆論證與推理，他的這個「因明推論」既可以是比度即類比的，又可以是歸納的，也可以是歸納與演繹相結合的，如此絕無僅有的規定，我們不知其形式結構是怎樣的，又如何能夠成立；其歸納方法可以雙向（從一般到特殊和從特殊到一般）進行，其中包含諸多複雜的心理、論辯等因素，而且能夠得出必然結論，這也是我們無法想像的；由於同喻中不含有法 S，他於是認為同喻體為準全稱肯定命題，也就是特稱肯定命題，因

此得不出全稱肯定命題的結論，它需要異喻體的「更求決定」才能得出。他似乎忘記了，在異喻中同樣是不含有法 S 的，因此按他的規定異喻體一樣是特稱命題。我們知道，兩個特稱命題作前提無論如何是得不出全稱肯定命題的，相反地，根據邏輯規則它們根本就不能得出結論，徐文聲稱由這樣的同異二支並舉可以必然得出全稱結論，這純粹是不可思議的事情。

然而，徐文所得到的三支論式結論「有法是同品」是十分錯誤的。錯誤的根源除了混淆種概念與屬概念之外，他還將「同類」一詞誤解爲「等同」。一般來說，同類是指某些事物由於其根本性質相同或本質特徵相似而屬於同一類別，但是彼此之間並不等同。比如「張三與李四同類」，是因爲張三和李四都具有作爲「人」的根本屬性，所以同屬於「人」這一族類，然而並不意味著張三等同於李四，這是再也明顯不過的事實。同理，由於有法與同品都具有所作性和無常性，因而它們屬於同類事物，但是卻不能直接將有法歸結爲同品。徐文認爲三支論式裏作爲立敵雙方爭論的焦點的宗是「有法是否爲同品之類」，這顯然犯了鄭文同樣的錯誤，不過他將有法嵌入同品的「成宗」過程還進一步找到了心理方面的「依據」：「這是個相當複雜的過程，它包含有論辯及心理等諸多的非邏輯因素。」本來應當進行嚴格周詳的邏輯分析的，徐文卻一再指望其心理魔力來幫助他解決問題。當然，把有法歸結爲同品，在邏輯上是不能成立的，在現實中也是無法實現的或是直接違背客觀情況的，那他不指望心理猜測來解決問題還能指望得到其他什麼幫助呢？

我們發現，在徐文的因明研究中，那些一般人難以理解卻神通廣大的諸多非邏輯因素始終占居著主導地位，而眞正的邏輯探討不過是其陪襯而已。例如，他把因明學中的許多重要概念區分出爲自與爲他且以此爲題作論就主要是從心理方面來考慮的。他認爲，「同品須除宗有法祇是在對敵論辯具體運用即爲他時所作的要求」，而對爲自的同品來說並不須除宗有法；「爲他比量與爲自比量中的因三相是不同的，最大的差別就在第二相，前者第二相是排除宗有法來講同品的，而後者的同品是包含有法在內的」，因此，自所觀義的爲自比量與說三相言以悟他的爲他比量會出現根本上的差別，亦即頭腦中所考慮的與口中說出來解悟他人的有著天壤之別。可見，同品的外延和內涵在爲自與爲他的情況下竟是不同的，爲自與爲他的因三相也各有著不同的涵義，進而使爲自比量的因三相這個內心比度之義與爲他比量所顯現詮說出來的該自所觀義竟會完全不同，這只有在徐文的心理猜度下才可能出現的情形。

　　某些研究者不僅用心理猜測來詮釋三支論式，而且也用它來理解因三相和九句因。根據研究者對因三相各相的符示（SAM、PIM、$\overline{P}\,A\,\overline{M}$），運用形式邏輯的換質位法是可以由第三相推出第二相的，即$\overline{P}\,A\,\overline{M}\rightarrow\overline{P}\,EM\rightarrow ME\,\overline{P}\rightarrow MAP\rightarrow PIM$。因此有人說：「因的第二相和第三相是同一個邏輯效果僅僅從邏輯上來驗證，因三相的後二相完全可以代替而沒有設立後二相併存的必要。」為什麼陳那的新因明會同時列出後二相呢？這祇是心理因素所致：「雖然這兩者在邏輯上具有同樣的效果，但對敵者的心理狀況來講是不一樣的，所以說因三相不能缺一。」〔註42〕在這裡，不僅混淆了種概念與屬概念，而且也抹殺了因三相與推理之間的本質區別。我們認為，因三相的後二相有著完全不同的涵義和功能，其邏輯效果也根本不同，因此不能由第三相推出第二相，因三相不能缺減是不能歸因於心理因素的。

　　由於研究者把論證混同於推理，因而對論式中出現的「不共不定」似因是不能理解的。不共不定似因是指同品和異品都沒有的因，它對應於九句因中的第五句因，如「聲是無常， 所聞性故」。因為從「諸所聞性皆無常」和「聲是所聞」作為前提，是可以必然推出「聲是無常」這一結論的，所以有些因明研究者認為不共不定似因不存在，在九句因中作為一個似因完全是基於心理方面的緣故：「九句因的第五句因是對不懂聲的性質而持猶疑心理的敵者所論證的一個因是針對當時的敵者的心理來說的。」然而從論證的角度去分析，這個似因的存在與心理因素完全無關。因為所聞性因僅為宗有法聲所獨有，而宗本身不能自己證明自己，否則就會犯循環論證的謬誤，因而它必須能夠舉得出同品才能證宗，既然無同品可證，那麼所聞性因就必然是論式的似因。

　　佛教邏輯理論中確實存在許多心理因素，但是作為一門地地道道的邏輯學的因明，卻不能用心理分析去代替邏輯研究，這應該是不言而喻的。同理，我們也不能越俎代庖，替古人捉刀，按我們的主觀想法把因明改造成為符合自己頭腦的模式。

二、比較研究法

　　一般來說，通過比較研究，才能真正瞭解歷史上某種思想的確切內涵及

〔註42〕阿旺旦增：《關於九句因和因三相的邏輯問題探討》，《西藏大學學報》1998年第 2 期。

其價值所在，才能真正認識其中所包含的長處和短處，從而爲其提供進一步發展的方向、途徑及有益的借鑒。黑格爾說，比較研究的實質在於「能看出異中之同和同中之異。」〔註43〕人們進行比較研究，重要的不在於從極相似的對象之中去求「同」，或在極不相似的對象之中去求「異」。科學的比較研究，必須在極不相似的對象中識「同」，在極相似的對象中辨「異」，前者即稱爲「異中求同」，後者即稱爲「同中求異」。因此，比較研究法就是要在進行比較的諸個對象中，既發現它們的共同性，又考察到它們各自的特殊性，從而得到新的理解和認識。

邏輯比較研究則是對邏輯史上或現代邏輯研究中所出現的各個邏輯學派或邏輯分支或所提出的邏輯問題進行對比分析、比較說明，從而尋求某種新的答案，或者對某些邏輯問題給予深入理解和把握，爲邏輯學的研究和發展提供某種啓示和借鑒。在邏輯比較中，有時重在求「同」，有時重在辨「異」，這取決於具體的研究對象或研究目的。

佛教邏輯能否進行比較研究？也就是，佛教邏輯與其他邏輯系統相比有沒有共同性和特殊性？我們的回答是肯定的。

首先，佛教邏輯具有世界性的意義，與其他邏輯系統有許多共同之處，這是進行比較研究的客觀基礎。

世界上的事物千差萬別，屬性各異，不同的對象之間有的可以比較，有的卻不能比較。例如，路與晝哪個更長？智慧與大樓哪個更高？這是不能進行比較的，因爲從量度方面講，路與晝、智慧與大樓屬於不同的類，《墨經》上云：「異類不比，說在量。」說路「長」，是指物體在空間上的距離；說晝「長」，是指對象在時間的長度，這兩種量度是不同類的，因此不可比較。科學比較的基礎是事物之間的類同性，即事物之間的相關性和相似性。相關性是指事物之間的相互關聯的程度，即事物間所具有同一性、共同的基礎等。相似性是指事物之間在屬性、結構或功能上相同或相似。如果用無關聯的對象進行比較，如以某物的形狀與另一物的顏色對比，或以己之長度他人之短，就出現「比附」的錯誤。現代控制論之所以能以有生命的肌體與無生命的機器作比較，就因爲它撇開了動物和機械的內部結構（「黑箱」），僅僅從數量的關聯性來把握，通過建立數學模型來理解。

西方邏輯自亞里斯多德以來形成了非常完善的邏輯系統，而產生於印度

〔註43〕黑格爾：《小邏輯》，商務印書館1980年，第253頁。

的因明和古代中國的墨辯都曾爲人類的推理論證做出了各自獨特的貢獻。無論是東方還是西方，同樣的人類有同樣的才智，面對同樣的世界，一定會形成同樣的概念，提出同樣的命題，遵循同樣的邏輯。正如楊百順先生所說：「有人說各國都面對同樣的天空，因而有同樣的的天文科學出現。我們可以說，各國邏輯家不僅面對同樣的天空，也面對同樣是指號的、可互譯的語言，同樣在思維，同樣在交際（論辯、辯訟、交往等），又有同樣的或類似的各方面的背景。因此世界三大邏輯除了具有各自側重點及民族習慣用詞及語法特色外，又在主要內容上相通，都研究了（或涉及）概念、判斷、推理（演繹、歸納、類比）、論證及邏輯方法、邏輯規律。」〔註44〕毋庸置疑，語言形式具有民族性，而隱藏在不同語言形式後面的邏輯學的眞理卻具有世界性、全人類性。

佛教邏輯具有世界性和普遍性。李約瑟博士曾把它與古希臘邏輯相提並論〔註45〕。舍爾巴茨基在比較佛教邏輯與西方邏輯之後說：（1）「康德與陳那一樣先肯定了我們知識的兩個且唯一的兩個來源並指出它們的根本區別。清楚明白的認識只與現象有關，而在現象中與感知活動相應的東西構成了一切對象的先驗材料，即物自體。照佛教的說法，我們已經瞭解，物自體是純感覺所認知的。」〔註46〕康德認爲，物自體是不可認識的，我們不能以感覺表象來描述它；佛家認爲，終極的個別也是認識不能達到的。（2）在邏輯體系上古希臘邏輯與佛教邏輯也是很相似的，「人類思維有一個構成其本質的基本程式，希臘人與印度人都致力於追求這一本質，希望對其實質與形式加以明確的分別。這一程式便是比量或三段論。比量過程與一般的思想對佛教說來是一回事，因爲知識的來源只有現量與比量兩者，它們同感覺與知性是相當的。無論在歐洲還是印度，這種探索都受到一般的哲學立場的限制。希臘哲學家們眼中的世界是現實化了的概念的有序體系，諸概念間的全體或部分的聯繫與非聯繫都由三段論式來規定。印度哲學家將世界視爲點刹那的遷流，其中有的點被凝固化的概念加以說明並由造作的人類在其預期性的行動中把握。」（3）關於否定的含義及分類，「如果比較施瓦特與法稱的論述，其中可發現驚人相似之處。佛教哲學家一開始就將認識分爲直接的與間接的，否定

〔註44〕楊百順：《比較邏輯史》，四川人民出版社 1989 年，第 48 頁。
〔註45〕李約瑟：《中國科學技術史》第三卷，科學出版社 1978 年，第 545 頁。
〔註46〕舍爾巴茨基：《佛教邏輯》，商務印書館 1997 年，第 232、365、455、167 頁。

是與間接認識有關的一類，也即他們稱之爲比量的認識。」施瓦特是十九世紀德國的邏輯學家，他認爲否定只存在於想像中，否定判斷關係到某種被想像爲現存的非存在之物，只有在它以一個否定判斷中被排斥的意圖爲先導時才具有完整的意義。如「此無火」或「火並未燃」的命題包含了自身矛盾，如未燃，它如何稱火？如果讓一個人看爐子裏而並未發現他所期望見到的火，因而說「此無火」，確實是指那想像中的火不存在，所以否定指向了假想的火，指向假想的可見性。一般人認爲，「此無瓶」這樣的否定性命題產生於現量，因爲空無的處所確實是從現量（感官）所揭示的，但法稱認爲，否定是一種比量，既然一個被我想像爲現存於某特定處的對象並未實際地被感知，我就可以說：「它不在此」，因而這種對某一假想的現有性的否定是賦予非存在物以現存的比量。(4) 在因的多重性學說和無限性學說「這兩種理論中，存在著佛教的觀點與最近羅素所表達的觀點幾乎是絲絲入扣的吻合。他們在駁斥一些與常識的實在論觀點相聯繫的因果觀時，也有相像之處。」〔註47〕這充分說明「邏輯之名，起於歐洲，而邏輯之理，存乎天壤。」邏輯是全人類的共同財富，印度因明、中國墨辯、西歐邏輯三者互不相謀，而它們的思維形式（概念、命題、推理、論證）以及這些形式發生作用的規律，基本上是一樣的。正如孫中原先生所說：「人類在不同地區各自獨立創建的不同邏輯體系可以互相比較和通譯，這無可辯駁地證明人類思維的形式和規律在本質上是一致的，邏輯乃是一門對全人類都適用的工具性學科。」〔註48〕

其次，佛教邏輯具有鮮明的特點，這是它的價值所在。

科學比較的目的在於，通過比較研究，既觀察到事物之間的共同性，又能抓住事物的差異性，在共性與個性的對立統一中去揭示事物的本質和特點；同時，在具體的分析、比較中形成新的思想，做出科學的有創造性的結論，豐富和發展眞理。比較研究是研究佛家邏輯的一種非常重要的方法，只有通過比較研究，我們才能使人明白，因明究竟是一門什麼學科，達到了思維發展的哪個階段，其意義和價值何在，如何才能進一步發展等等。孫中原先生指出：「通過對因明的比較研究，把因明中的合理因素和科學成分剔抉出來，並以易於通曉的日常用語加以表達，才能使因明這門古老的學問枯木逢春，重新煥發出新的生命力，發揮其前所未有的功能，爲人們的日常思維

〔註47〕同上註。
〔註48〕引自《因明研究》，第 63～64 頁。

服務。」「在印度、中國和希臘這三個古代文明之邦，對思維論辯中不應包含邏輯矛盾的問題，都進行了大致同樣的考察，連三者所列舉的實例和某些分析都顯示出了驚人的相似。這些思考曾經極大地刺激和推動了邏輯理論的產生與發展，這也表明了人類思維規律本質上的一致性。不過，由於各國在社會歷史、民族語言和宗教習俗等各方面都有自己的特點，這就使其邏輯思想呈現出種種特異之處。」（同上第 66 頁）

舍爾巴茨基認為，希臘邏輯與佛教邏輯之間的主要差別在於：（1）希臘邏輯將演繹式規定為三個命題的系列，其中有三個詞項即大項、小項、中項，並隨中項在三個命題中的位置變化而產生十九個有效式；而佛教邏輯則將比量規定為一種認識和把握真實的方法，這種方法經過兩個詞項的必然聯繫（即因宗不相離性）這樣的表層結構而間接認識實在。（2）希臘邏輯重點放在演繹推理中以主謂項可互換的三個命題的充分表達上，把三段論中包含的理性認識的內心過程看作不完善有謬誤的形式；而佛教邏輯的比量式是服從內心的推理過程的，它是一種在命題中規定三項之間相互關係的方法，因此三項在相應命題中各有固定的位置。（3）在希臘邏輯中，以三段論為主的演繹法和歸納法是各自獨立的推理形式，後來三段論的地位有所動搖；而在佛教邏輯中，演繹與歸納不可分離，互相包容，互相證明。演繹之先不可沒有歸納，即令是純演繹科學也有歸納的基礎；另一方面，如果歸納不進而與特殊事例結合運用則毫無意義。（4）在希臘邏輯中，分析性的和因果性的聯繫規律，充足理由律以及分析與綜合命題的結合問題都不在三段論理論中討論，因果性推理式先是混合消失在分析性三段論之中，後來則完全被排除在外；而在佛教邏輯中，這些規律和規則是結合在一起的，主張我們的一切論證及其語言表達（即論式、比量式）都依靠平列並處的因果性與同一性（共同內在性）的根本原則〔註 49〕。（5）西方邏輯對邏輯謬誤的分析是比較缺乏的，即使是亞里斯多德本人，他在分別列舉了十三種不同的謬誤之後，接著證明說，它們都可以歸結為一類謬誤，即盲目的論證，也就是對一個真正的反駁的條件的誤解和忽視，而且一個正當的反三段論規則與正當的三段論規則並無區別。以後西方對謬誤的研究就逐漸減少，現代大多數邏輯學家認為，真實性是自有規範的，而不會有謬誤，謬誤的起源和種類如同生活本身一樣是無窮的，不能用任何內在聯繫的學說來加以安排，因而他們都放棄了對謬誤的討

〔註49〕 **舍**爾巴茨基：《佛教邏輯》，第 365～366 頁。

論。相反，正如前述，由佛教邏輯的性質所決定，從足目、陳那、法稱到漢傳因明家和藏傳因明家，一直都非常重視研究謬誤，在他們的著述中均佔有相當多的篇幅，而且對謬誤的分類日益具體和詳細，內容也越來越深入和豐富。

虞愚認為，由於「三者產生的時代畢竟不同，社會背景也各異，也必然各有各的特點。」例如，在概念問題上，因明主張概念不是從正面表述其涵義，而是從否定性方法即所謂「遮詮」法構成的，如「綠」可表示為非「非綠」，用否定一方（遮）來解釋另一方（詮），這種遮詮法不僅西歐邏輯沒有談到，就是中國名辯也未談及。在推理問題上，因明認為從感覺或推度來考量宗智是遠因，憶因之念才是近因，「決定智」是綜合了「審宗智」和「憶因念」遠近二因所生的，這種分析也是因明獨有的。因明還將推論分為兩種：自己瞭解事物，屬於思維方面，叫「為自比量」；提出論題，後用論據因喻去加以證明，使他人明白，屬於語言表達方面，叫「為他比量」。由於立量主體的主張不同，因明用「自許」、「汝執」、「勝義」等加以言簡。過類有一分過、全分過之分，宗、因、喻析有有體、無體等。這些分析都是西歐邏輯和中國名辯沒有涉及的。因而「因明可以補邏輯或名學所未逮，其值得研究者或在於斯。為推進邏輯科學的研究，在前賢比較研究所獲得成果的基礎上，以邏輯為經，因明、名學為緯，從概念、判斷、推理、演繹、歸納、證明、駁斥各個方面，密密比較，看有哪些相同或相通之處，又有哪些相異之處，這對繼承過去邏輯這門學科的文化遺產，汲取其精華，剔除其糟粕，以促進人們的邏輯思維從而提高理論水準，完全有必要。」〔註50〕

中國的邏輯比較在 19 世紀中葉就已開始，至今經過了一個半世紀的時間。這一研究涉及到佛教邏輯、中國墨辯和西方傳統邏輯，其中學術界關注較多的是墨家邏輯與亞里斯多德邏輯的比較研究，而對墨家邏輯、亞氏邏輯與佛教邏輯之比較卻相對地研究不足、重視不夠，這顯然是邏輯理論研究的一個重大缺憾。下面我們以佛教邏輯與墨家邏輯的比較為例來加以闡示。

1、邏輯起源

古代邏輯最初總是伴隨著論辯的需要而形成，又總是隱藏在辯學的形式之中，雖然佛教邏輯與墨家邏輯起源於不同的國家和民族，有著不同的文化背景，但它們產生的時間卻很相近，產生和發展也都受到論辯之風的影響，

〔註50〕引自《因明新探》，甘肅人民出版社 1989 年，第 35 頁。

帶有強烈的論辯色彩並具有豐富的論辯理論。

先秦時期是中國邏輯萌生的春天，激烈的論戰成了邏輯的催生婆。儘管諸子百家都在辯論，都是雄辯家，但只有墨家才首次把論辯作為一門獨立的學科加以研究和系統闡發。墨辯在整體上就是研究論辯的形式、規律和方法，一開始就是以論辯工具出現的。墨家非常重視論辯的理論研究，也重視論辯的實踐活動，論辯是墨家宣傳自家主張、干預時政的基本手段。《公輸》篇記載的墨家創始人墨翟與公輸般的論辯就是典型一例。他教育弟子專設「談辯」一科，希望弟子們「能談辯者談辯，能說書者說書，能從事者從事」(《耕柱》)，要求他們都能「辯乎言談，博乎道術」，而「遍物不博，辯是非不察者，不足與遊」(《修身》)。墨家主張「賢良之士，厚乎德行，辯乎言談」(《尚賢上》)，積極用「辯」宣傳他們的社會政治理想，用「辯」去強說人，去改造社會。說明辯是一種克敵制勝的理論工具和思想武器，不但允許辯，而且需要辯，辯就需要邏輯。《尚賢》至《非命》各篇論證墨翟提出的十個論題，基本上是用論辯的文體寫出來的，甚至可以說是論辯的記錄。據說，《墨子》中原有《三辯》篇，是專門論述論辯形式的，可惜現已失傳。《經》、《經說》、《大取》、《小取》等篇是理論總結，由此形成了論辯邏輯體系。

在中國先秦百家爭鳴的時代，印度的論辯之風也盛極一時，到處都可以見到論辯的場景。參與者或為本派基本理論原則而辯，或為求真和真知而辯，或為某一觀點而辯，他們一般都注意論辯理論研究，這些研究成果就是早期的因明學。因明學的前身就是以論辯為主題的論究學，它是關於問題和論辯的學科。公元前 327 年，第一部名著《政事論》末章向世人展示了一個「論辯的科學體制」，講的就是論辯的系統程式，其中有議題、準備、類推、舉例、取捨、抉擇等三十二種論辯術。古因明的代表作《正理經》，第一卷講的十六範疇如宗義、譬喻、論議、論諍、壞義、曲解、決定、誤難、墮負等都是有關論辯的，第五卷中也講了論辯技巧。約成書於公元二世紀的《遮羅迦本集》第三編第八章中專門闡述了包括 44 目的論辯原則，除了重點闡明立破的形式與方法之外，非常關注論辯與邏輯的關係，以及論辯中所常用的語義、語用問題等。新因明主要是對古因明的論式進行改進，其中仍有豐富的論辯理論。由唐玄奘翻譯的《因明正理門論》第一句就是：「為欲簡持能立能破義中真實，故造斯論。」能立就是證明，能破就是反駁，論辯就是證明自己的觀點、反駁別人的觀點，從而形成了以三支論式為核心的論辯邏輯系統。

2、邏輯特徵

墨家邏輯與佛教邏輯的邏輯特徵既有同亦有異。

先秦是中國邏輯的開端，而墨家邏輯與以後的中國邏輯比較起來，可以看出它是中國古代邏輯史上的高峰。雖然秦以後出現了魏晉魯勝和清末考據學對古代邏輯的復興，但僅止於整理、注疏墨辯古籍，揭舉其中的邏輯精華而已，並沒有多少創新和發展，因此猶如歐洲人不斷回顧古希臘一樣，中國人也總是回顧先秦。墨子的邏輯旨在論證非攻、兼愛的主張，後期墨家在邏輯上取得了驚人的成就，但同時聲明墨辯的根本任務之一是「審治亂之紀」，「處利害、決嫌疑」，這就使它總是與具體的政治倫理捆在一起，與社會治亂問題難解難分，思維形式與思維內容難以分開，更沒能引入變項進行獨立學科式的探討。可見，在總體上墨家邏輯處於一個不成熟、邏輯水準不高的階段，具有論辯性、初級性、應用性和非形式的特徵。

正如前述，佛教邏輯的思想綿延數千年，雖然在不同的發展階段各有其不同的研究特點或傾向性，但其主要特點是與墨辯相同的，即表現為論辯性、應用性、初級性和非形式的特徵。古印度因明的前身為以論辯為主題的「論究學」，後來邏輯從其中分化出來並不徹底，也未努力朝純粹證明的方向發展，邏輯與論辯的聯繫仍然相當緊密。因明來源於論辯，取材於論辯，並服務於論辯，因此在其專業術語的運用、比量的側重點、論點的闡述、因明論式的根本性質及過失論的研究方面突出地顯現出論辯性特點。因明的應用性，相對於研究純推論的理論邏輯而言，主要表現為現量研究、哲學認識論、學科論證工具和宗教目的論。因明學的初級性，主要是相對於西方系統化的形式邏輯而言，這集中表現在因明的內涵性、所包含的心理因素、推論的邏輯性質以及邏輯基本規律的認識。從總體上看，佛教邏輯是一種內涵性邏輯，缺乏對變項的探討，重視概念（詞項）分析而忽視命題推演，推理論證過程中帶有明顯的心理因素。而且，絕大部分的因明著作在印度本土都用梵語寫成，邏輯家並沒有創立一套符號化的人工語言，也從未使用變元，沒有通常所說的合式公式、推演規則和變形規則，所有比量與論式都是一個個具體的推理論證實例，使得因明學也具有明顯的非形式特徵。

兩家邏輯特徵的不同主要是在邏輯內容側重點和體系建構方面。墨家邏輯以名辯為中心，先秦幾乎所有的邏輯學家都討論名和辯，這是在反對老莊的「無名」、「無辯」思潮中形成的。老子「其學以自隱無名為務」，楊朱更直

接地說：「實無名，名無實。名者，僞而已矣」，他們認爲「道常無名」，有名不僅不自然，而且名往往是亂之所由，用無名來解決名實混淆的現實。莊子接受無名論思想，進而主張無辯，認爲「是亦彼也，彼亦是也。彼亦一是非，此亦一是非」，辯無勝，所以應當無辯。墨辯則相反，提倡有名，反對無名，《經下》《經說下》云：「彼彼此此與彼此同，說在不異」，「彼，正名者彼此彼此，可。彼彼止於彼，此此止於此，彼此不可。彼且此也，彼此亦可。」同時墨辯反對無辯說，詳細討論了辯的對象、性質、作用、方法諸問題，提出辯是判明是非的工具。然而，墨辯在體系上是比較鬆散的，甚至沒有考慮到名、辭、說以及論辯之間的聯繫。

因明學重在立破，爲了更好地進行論辯，佛家詳細討論了甚爲規範的論證形式，即宗、因、喻三支論式，這是新因明大師闡述得最爲充分和全面的理論，也是他們運用得最多的邏輯方法，尤其是在建立三支論式時討論的過失論更是無以倫比的。他們還以因三相爲核心建構了一個具有內在聯繫的新因明體系，如因明的現量論、九句因、名言論、命題論、比量論、三支論式、邏輯規律等都是以因三相爲基石的。而且，他們還進一步闡明了因三相內部各相的地位、功用及其關係，使得佛教邏輯體系更具有系統性、科學性、完全性和有效性。這是優於墨家邏輯的。

3、名言論

名作爲中國古代邏輯中的基本範疇指思維的基本單元、概念，亦指語言的基本構成要素。墨家邏輯關於名的理論達到了很高的水準，主要表現在：其一，揭示名的本質，認爲名是對事物的反映（「名，實謂也」、「以名舉實」），揭示一類事物的共同本質（「名也者，所以期累實也」）其二，提出正名思想，名要有確定性（「其名正則唯乎其彼此焉」），名實要相符、一致（「所以謂，名也；所謂，實也名實耦，合也」），正名的基本原則是「以實正名」、「以其所正，正其所不正」。其三，對名作科學的分類，在外延上分爲達、類、私三類，相當於最大類概念、普遍概念和單獨概念；在內涵上分爲形貌名與非形貌名（具體概念與抽象概念）、居運名和量數名（時空名與數量名）等；從語言表現形式上分爲兼名與別名（屬名與種名），並以此論述名的邏輯推演，即概念的屬種之間的限制和概括。墨辯提出偏有偏無有的分類標準：「牛與馬異，以牛有齒、馬有尾，說牛之非馬也，不可」，因爲「有齒」和「有尾」對於牛馬來說，「是俱有，不是偏有偏無有」即以一方偏有、一方偏無有的屬性作爲分類準繩，並且此屬性

應該是事物的本質屬性。其四，提出語詞之名的約定性原則，「君、臣、民，通約也」，名詞是社會共同約定的，雖然某個名詞在不同國家、不同民族可以用不同的詞來稱呼，但一經約定就不能隨意更改。

佛教邏輯的名言理論比墨家邏輯達到了更高的水準，主要表現爲：其一，揭示名言的實質是對事物的反映，並區分出單名與復合名。其二，清楚地指出名言的特徵是內涵（「性相」）和外延（「所表」），並進行名詞屬種之間關係的推演，即因同品、宗同品、因異品、宗異品之間的概括與限制。其三，對名言作了更爲詳盡科學的分類，在外延上分爲總名、別名與總義名（屬概念、種概念與虛概念），一名與異名（單獨概念與普遍概念），排入名與立入名（類分概念與整體概念）；在內涵上分爲眞名與假名，總類名與總聚名（非集合概念與集合概念），質名與體名（具體概念與抽象概念）；在語言表現形式上分爲遮名與立名（肯定概念與否定概念），現名與隱名等。而且，因明還對劃分出來的每一種名言作了進一步的分類。可以看出，這比我們今天的概念分類更爲細密，也是長於墨辯的。其四，闡發名言之間的外延關係，包括所遍關係（同一關係）、相屬關係（屬種關係）、別異關係（交叉關係）和相違關係（全異關係），對每一種外延關係還作了更細緻的分類，包含了形式邏輯中相關的全部內容，這是墨辯難以做到的。其五，墨辯提出正名的基本方法是定義和劃分，使名具有確定性，但理論闡述不多。而佛家則全面研究了名言的定義與劃分，諸如定義的涵義、組成、規則及過失、種類，劃分的本質、方法和作用等。其六，最有重要的是，佛家提出了名言的遮詮構詞法，有二種方式：一是如說「青」，通過遮去黃、白、紅、藍等非青來表示此青；二是如說「無青」，除了表示沒有青之外並不表達其他意思，是遮而不詮的。這個思想彌補了傳統邏輯乃至現代邏輯在概念構成方面的巨大缺憾，具有塡補學科空白的意義。

4、命題論

墨經《小取》云：「以辭抒意」，表明辭是展示意見、想法的一種命題形式。墨辯在命題論上的主要貢獻是：其一，指出辭是由名組成的，是連接不同的名以表達思想的思維形態，「辭也者，兼異實之名以論一意也」。其二，闡明了辭的邏輯要求，即正確的思想要「當其辭」，立辭準確；如果思想「蔽其辭」而「不知實」，或「眩其辭而無深於其志義」，就是立辭不當。其三，總結出一些命題形式，「盡，莫不然也」，「盡」表達全稱命題；「或也者，不

盡也」，「或」近似於特稱命題；「必也者，可勿疑」，「必」表示必然命題；「假也者，今不然也」，「假」是假言命題；「且，言然也」，「已然，則常然，不可無也」，表達時態命題等。其四，討論辭與辭之間的關係，兩個單稱命題之間存在著反對關係和矛盾關係，《經說下》說：「同則或謂之狗，其或謂之犬也。異則或謂之牛，其或謂之馬也，俱無勝」《經說下》言：「或謂之牛，或謂之非牛是不俱當不俱當，必或不當。」「這是牛」與「這是馬」是一對反對命題，其邏輯特徵是俱無勝即可同假；「這是牛」與「這不是牛」是一對矛盾命題，其邏輯特徵是不俱當即不能兩可、又必或不當即不能兩不可。全稱命題與特稱命題之間存在著矛盾關係和差等關係，《經說上》道：「彼舉然者，以為此其然也，則舉不然者而問之。」說明全稱肯定命題（然者）與特稱否定命題（不然者）之間具有矛盾關係。《經說下》云：「彼以此其然也，說是其然也；我以此其不然也，疑是其然也。」表示全稱肯定命題與特稱肯定命題之間具有差等關係，以及全稱否定命題與特稱肯定命題之間具有矛盾關係。其五，探討了辭中名的周延性問題，《小取》說：「乘馬不待周乘馬然後為乘馬，有乘於馬，因為乘馬矣。逮至不乘馬，待周不乘馬而後為不乘馬，此一周一不周者也。」指明肯定命題的謂項是不周延的，否定命題的謂項是周延的。

佛家因明用「文」來表示命題，它更為詳細地討論了命題理論。其一，指出命題就是以其本質屬性和特有屬性來表達事物情況的語句，並分出直言命題、假言選言等復合命題和間言命題。其二，用「體三名」（對主詞而言有自性、有法、所別）和「義三名」（對賓詞而言有差別、法、能別）來分析命題的內部結構，提出命題形成的三條規則，即「以後法解前，不以前解後」、「徑挺自體，無別軌解」、「互相差別，前後各定」。這是佛家對邏輯學科所做出的巨大貢獻，彌補了傳統邏輯乃至現代邏輯在命題構成方面無規則可循的缺陷。其三，用「一分」與「全分」對命題作了獨到的量化處理，既闡釋命題的數量，也展示命題中的量或詞項的有無；還用「有體」與「無體」來說明人們對命題的判定，進一步分析了命題的結構。其四，揭示了命題之間的邏輯推演，藏傳因明的四遍、八遍、十六遍即綜合運用了對當關係、負命題和換質位法的演算。其五，佛家還論述了聯言命題、選言命題、假言命題、時態命題和負命題及其推演的理論和方法，其中涉及到現代邏輯的內容，並獨立進行了一些發展的工作，這是很值得我們關注和作更深入的探索的。

5、推理論

墨子在論辯中早已認識到推理的目的和作用,《非攻》提出「以往知來,以顯知隱」的思想,後期墨家進一步總結出有關「說」即推理的基本性質和具體形式,形成了相當科學和完整的推理學說。其一,揭示說的本質。《小取》說:「以說出故」,如果我們將一個思想所從建立的理由揭示出來,就是「說」,其本質是從已知獲得新知,即「聞所不知若所知」而「兩知之」、「在諸其所然未然者」的思維過程。其二,指出說的基本範疇及三物推論式。《大取》言:「夫辭以故生,以理長,以類行者也」,「三物必具,然後足以生」。「故」是立辭的理由或前提,「理」是立辭進行邏輯推演的規律和規則,「類」是以事物的本質或特有屬性來區別不同概念的邏輯方法。此「三物」既具有一般的推理性質,也是有民族特色的推理形式。其三,總結出說的種類。如效、假、或、止、侔、譬、援、推、以類度類等,包含了演繹、歸納、類比及其綜合運用等多種類型。其四,指明說的邏輯原則與常見謬誤。《小取》提出說的邏輯原則是:「譬、侔、援、推之辭,行而異,轉而危,遠而失,流而離本,則不可不審也,不可常用也」。造成邏輯錯誤主要有三個原因,即「多方」(詞的多義性)、「殊類」(類之相異)、「異故」(根據不同)。如侔式推論的邏輯錯誤有「是而然」、「是而不然」、「一是而一非」等,從反面揭示了它的邏輯性質和邏輯規則,很值得我們借鑒。

佛家用「比量」來表示推理,也是因明較有特色的部分。其一,指出正確的感性知識即真現量是比量形成的前提,作為理性知識的遍充理論是比量得以有效進行的重要根基,而因三相則是比量成立的根本性依據。這就使得因明的推理是以演繹為主導的,比之墨辯以類推為主導更為科學。其二,在世界邏輯史上第一次討論了比量的形成過程,認為比量是在審查當下事物情況並結合遍充關係進行抉擇而得到的,這是對傳統邏輯理論的補充和完善。其三,古因明提出相比量、體比量、業比量、法比量和因果比量,法稱提出不可得比量、自性比量和果比量,藏傳因明提出物力比量、世許比量和信仰比量,而且還作了更詳細的劃分,涵蓋了形式邏輯中的所有推理形式。其四,探討了為自比量(推理)與為他比量(論證)的關係,認為前者是後者的前提和基礎,後者是前者的結果和目的;但從二者的內涵、實質、思維進程、功能目的和外在特徵來看,為自比量與為他比量又是明顯不同的。這種研究至今仍然有重大的參考價值。

6、論辯及論辯形式

這是墨家邏輯和佛教邏輯研究的重點，當今邏輯學所講的思維形式就是在論辯形式的基礎上進一步研究的結果。中國對於三大邏輯論式的比較研究已有相當長的歷史，其結論是：三大邏輯的基本論式——墨辯的三物論式、因明的三支論式和亞氏的三段論式都是演繹推理形式，而且基本相似，它們是相通的，甚至可以相互轉換，當然，它們也各有特點。

《墨經上》對辯下的定義是：「辯，爭彼也。」什麼是爭彼呢？《經說上》解釋說：「或謂之牛，或謂之非牛，是爭彼也。是不俱當，不俱當，必或不當，不當若犬。」「彼，不可兩不可也。」這說明典型意義上的論辯是關於矛盾命題之爭，如一個人說這是牛，另一個人說這不是牛，就是對兩個矛盾命題的爭辯。「所謂非同也，則異也。同則或謂之狗，或謂之犬也。異則或謂之牛，或謂之馬也。俱無勝，是不辯也。」一人說這是狗，另一人說這是犬，這兩個命題可以同時爲眞；一人說這是牛，另一人說這是馬，這兩個命題可以同時爲假，這都不是辯。墨家是從邏輯的角度給辯下的定義，這個定義是如此精確，以致二千多年後的今天，我們也很難對它加以改進。墨家辯學的目的在於「辯也者，或謂之是，或謂之非，當者勝也。」說明墨辯屬於是非之謂的論爭，其意在「取當求勝」，以便明辨是非，區分同異，考察名實，進而判明利害，釋決嫌疑，以達審議治亂綱紀之目的。

因明學中沒有關於論辯的明確定義，但卻對論辯有關的概念進行了定義式表述。《正理經》裏認爲，論辯有三種情況：論議，目的是確立眞理；論諍，目的僅爲取勝；找岔子，目的純粹是挑毛病。「論議就是根據論辯雙方的立量和辯駁來論證和論破，須與宗義沒有矛盾，並且在提出主張以及反對主張的論式方面，必須具備五支的形式。」論諍也叫詭論議，「就是具備上述論議的形式，而從詭辯、倒難以及負處上來論證和論破。」找岔子也叫論詰，「就是在提出反對主張時不建立論式。」《正理經》第一卷所論述的關於論辯的十六範疇都有這種定義式的闡明。因明學的另一重要著作《因明入正理論》初頌是：「能立與能破，及似唯悟他；現量與比量，及似唯自悟。如是總攝諸論要義。」能立、能破、現量、比量總稱「四眞」；似能立、似能破、似現量、似比量總稱「四似」，合起來簡稱爲「八門」，這就是因明學研究的主要內容。啓發別人接受自己的論點或駁斥對方論點，使之認識自己的錯誤稱爲「悟他」；個人獲取知識，形成正確認識稱爲「自悟」。悟他有益於人，自悟有益

於己，故稱爲「二益」。這就是因明學的意義，當然也是論辯的任務，論辯的目的就是爲了實現這二益。

論辯形式主要是指論辯過程中使用的推理形式。墨辯幾乎討論了所有推理形式，祇是它研究推理只重出故而不拘形式，因此沒有十分明確具體的規範論式，在三大邏輯中，墨辯對推理形式結構的研究最爲不力。墨家始終把推理作爲論辯方式來研究，而歸納與類比在論辯中的作用與演繹並無多少區別，所以，墨辯對歸納、類比的研究較爲重視，尤其是對類比的研究，墨家邏輯所取得的成就最高。墨家還總結了一些具有中國特色的論辯方式。比如《小取》說：「侔也者，比辭而俱行也。」相當於附性法直接推理；「援也者，曰：『子然，我奚獨不可以然也？』」援引對方所贊同的觀點，來證明對方所不贊同的我方觀點；「推也者，以其所不取之，同於其所取者，予之也。」指出對方所不贊同的與對方所贊同的屬於同類，這是應用矛盾律的歸謬反駁方式。此外還有擢、諾、止等等。

因明學的論辯方式很有自己的特點。《正理經‧論式》中道：「論式分宗、因、喻、合、結五部分。宗就是提出來加以論證的命題即所立，因就是基於與譬喻具有共同的性質來論證所立的理由，即使從異喻上來看也是同樣的。喻是根據與所立相同的同喻，是具有賓詞的實例，或者是根據其相反的一面而具有相反的事例。合就是根據譬喻說他是這樣的或者不是這樣的，再次成立宗。結就是根據所敘述的理由將宗重述一遍。」這是古因明的五支論式，它所包含的推理形式是歸納和類比，而沒有演繹的成分。這與墨辯有相同之處。新因明改五支式爲宗、因、喻三支式，並不僅僅是使論式簡化而已，更重要的是使論式中增加了演繹推理，使整個論式變成了演繹、歸納與類比的結合體，使得新因明具有非常強的論證性，體現了中古印度的邏輯進步。

因明的論式，不象形式邏輯那樣使用變項，它不用數學的材料、手段和符號，而是像墨家邏輯那樣以自然語言爲工具，但它卻也創造了嚴密的形式體系，它要求對論辯形式的成分及它們之間的關係給予邏輯分析，以確定並闡明論式的「邏輯必然性」。就形式結構的研究而言，因明三支式的嚴謹科學性超過墨辯。

7、謬誤論

研究謬誤的目的就是爲了幫助人們識別謬誤，不僅使自己避免產生謬誤，而且也能揭露別人的謬誤。謬誤問題也是墨家邏輯和佛教邏輯研究的重

點，兩種邏輯都全面深入地論述了謬誤的表現形式及產生的原因，都有針對性地提出了避免、克服的措施，而且許多具體內容有著驚人的相似之處，當然也各有長處與不足。邏輯是求真的工具，而真與假則是相反相成的，求真必須去假。這兩種邏輯都受到論辯之風的影響，而如何對付詭辯則是這種影響的一個重要方面，因此兩種邏輯都有豐富的謬誤論內容。

《小取》是墨辯邏輯體系的大綱，論述謬誤的內容竟佔了大半，比如：「夫物有以同而不率遂同，辭之侔也，有所止而正。其然也，有所以然也。其然也同，其所以然也不必同。其取之也，有所以取之，其取止也同，其所以取之不必同。是故譬、侔、援、推之辭，行而異，轉而危，遠而失，流而離本，則不可不審也，不可常用也。故言多方、殊類、異故，則不可偏觀也。」這裡講的是譬、侔、援、推四種論式，論及可能產生的邏輯錯誤及原因，在某種程度上也適用於一般推論。《墨經》六篇中都涉及到謬誤問題，從墨家經常使用的悖、謬、妄、亂、過、狂舉等術語中，便可以看出墨家論謬誤的內容是何等的豐富。另外，墨家還把當時廣為流傳的著名詭辯命題進行具體分析，理論與實踐結合，使他們對謬誤的研究顯得更為深刻。

因明學對於無效證明的研究是最為深入細緻的。《正理經》提出了 5 類似因、3 種曲解、24 個誤難、22 項墮負，都是謬誤的表現形式。因明一開始就很重視謬誤研究，如早期著作《瑜伽師地論》中就有「論墮負」部分。不過，早期因明著述中所討論的謬誤有許多內容是論辯術方面的，與邏輯沒有多大關係。比如，他們認為急躁、自負等等都屬於墮負，如果論敵因不能制服發言者而洩露他的某些生活隱私，那同樣是墮負。陳那無疑是謬誤論的集大成者，他在前人研究的基礎上加以增刪，約為 14 過類。所謂「過類」，亦稱似能破，是指與能破相類而實有謬誤的一種反駁方式，是不能運用語言來揭露敵者觀點的謬誤，或者是對本來無錯的比量而橫加指責所產生的過失。陳那還以論式的三個支為基點對謬誤進行研究，提出的謬誤種類有似宗 5 種，似因 14 種，似喻 10 種，總 29 過。後來雖有所增改，但基本內容並無多大變動。

比較而言，佛教邏輯中的謬誤論更為豐富和獨具特色。墨辯雖然涉及到悖、謬、妄、亂、過、狂舉等邏輯謬誤，但沒有專門進行論述謬誤的篇章，而且其討論謬誤的篇幅在《墨經》中只佔少部分。新因明的主要任務在於排除各種錯謬，建立一條足以悟他的論辯途徑，因此其謬誤論佔了因明著述的很大部分，如陳那《理門論》約佔四分之三，這是迄今還沒有哪一個邏輯系統可與之相比的。

8、後續發展狀況

先秦時期，我國由奴隸社會向封建社會轉型，促使人們思想的大解放，於是造成諸子並起、百家爭鳴的局面，墨家之學也被視爲與儒家並列的「世之顯學」。秦以後，隨著政治上中央集權，思想上先是「禁書坑儒」，而後是「罷黜百家，獨尊儒術」，遂使辯風停息，思想界生動活躍的氣氛被強權扼殺，墨家邏輯也就日趨衰微以至中絕。至近代，伴隨西方傳統邏輯的傳入，極大地刺激了思想界對墨家邏輯的研究，梁啓超、章太炎、譚戒甫、伍非百等學者開創了中國近現代三大古典邏輯比較研究的先河，這些研究雖對《墨經》原典的發掘整理有很大功績，但對墨家邏輯本身卻無創新超越之力。

公元二至五世紀是佛教邏輯的形成與創立時期，肇始其基者當推小乘，其《方便心論》的古因明已初具規模。隨後大乘學者論述的七因明，建立了佛家邏輯系統的最初形式。陳那造《理門論》《集量論》等，創立了新因明的邏輯系統。7 世紀後，法稱、寶積靜等則做了進一步的發展工作。至 10 世紀之後，因明學隨著佛教的衰落而在印度本土終成絕學。因明學在中國的傳播從 4 世紀就已開始，有漢傳和藏傳兩大分支。漢傳因明自唐玄奘從印度帶回大批因明經卷，經他翻譯和反覆講說，以及眾弟子們「競造文疏」，使因明研討蔚然成風，形成很大的影響，並東漸日本、朝鮮。但自唐武宗會昌禁佛後，繼以五季之亂，義學不作，因明遂不受重視，並隨法相宗的衰落而式微，至明清以降五百餘年幾成絕學！直至清末楊仁山創立金陵刻經處，陸續刊行三百多種佛家著疏，因明研習才在漢地開始復蘇，經梁啓超、譚嗣同、章太炎、歐陽竟無、謝蒙、太虛等人的推崇和探討而形成了研究高潮。因明在藏族地區的傳播則大不相同，陳那的著述、法稱的七論、法上的著作和其他印度因明家的作品幾乎都有忠實的藏譯本。當佛教在印度本土衰微之後，藏區學者開始獨立撰寫自己的因明著作，而且因明研習從未中斷。無論是漢傳因明還是藏傳因明，都對佛教邏輯的傳播和發展做出了很大貢獻，形成了自己獨特的邏輯理論系統。

總之，不同文化學術傳統的同異對比可以展開優勢互補的學術交流，從而必能促進學術的創新；如果固持門戶之見，以爭個我高你低與存此亡彼爲目的，則會阻礙學術的進展。我們進行不同邏輯體系的比較有利於更深入的學術研究，有助於準確認識不同邏輯傳統的成就與價值，有利於各家邏輯揚長補短，促進整個邏輯學科的發展。

　　再次，用現代邏輯進行比較研究是佛教邏輯得以進一步發展的關鍵。

　　現代邏輯是佛教邏輯重要的研究工具。一方面，用現代邏輯去比較研究佛教邏輯，相對來說還較爲薄弱。以往的研究成果主要是運用傳統邏輯所取得的，我國僅有巫壽康等少數幾位先生運用數理邏輯工具對陳那《理門論》進行過研究，使用現代邏輯工具來解釋和刻畫佛教邏輯中的命題和推理的日本、歐美學者也不多。而且這些研究總的來說還很不系統、全面和深入，今後無疑應當加強用現代邏輯來比較研究佛教邏輯的工作。另一方面，現代邏輯是一種更優良更精確的研究工具。因爲與傳統邏輯相比，現代邏輯完全使用符號語言，引入公理化方法，具有精確性，可以用來分析邏輯史中的具體問題，抽繹和釐定其中的邏輯問題的眞實意義。馬克思指出：「人體解剖對於猴體解剖是一把鑰匙，低等動物身上表露的高等動物徵兆，反而只有在高等動物本身已被認識之後才能理解。」〔註51〕邏輯史家亨利希·肖爾茲亦說：「一般來說，現代邏輯斯蒂形式的邏輯在目前的所有成就，已經成了判斷邏輯史的標準。因此，必須毫不含糊地聲明，對這些成果的知識或原則上掌握這些成果，已經成了任何有益的邏輯史研究的必要條件。」〔註52〕掌握了現代邏輯工具，站在現代邏輯的高度，用現代邏輯來比較研究佛教邏輯，我們才可能站得更高，看得更遠。

　　「他山有礪石，良璧逾晶瑩。」徵引佛教邏輯典籍中的邏輯思想，與現代邏輯相發明、相印證，因明學的奧秘、精髓方能顯露。這種方法在邏輯史上並不鮮見，如西方學者通過比較研究後才發現古希臘的斯多葛學派有系統的命題邏輯。丁彥博先生經過一番研究後說：「新正理形式邏輯在某些方面肯定比亞里斯多德邏輯爲優越，在某些方面早幾世紀就走在數理邏輯的前面，在許多方面達到了現代邏輯的水準。新正理派深入理解了合取、交錯及其否定，理解了古典亞里斯多德體系所無法理解的一些問題，如『與』和『或』的眞值函項性質。他們掌握了所謂德摩根定律、類推理、空類、邏輯積等等概念；也從來不混淆類的屬性及其分子的屬性。新正理派高度驚人的抽象力表現在其全稱化方法上。他們幾乎可以完全不用量詞，以抽象性質及其否定代替量化，運用代表抽象性質的復合詞進行邏輯推演，略如現代邏輯家使用代表命題或函項的符號；處理一個抽象之抽象，略如數理邏輯家處理諸類之

〔註51〕　《馬克思恩格斯選集》第二卷，人民出版社 1972 年，第 108 頁。
〔註52〕　亨利希·肖爾茲：《簡明邏輯史》，商務印書館 1977 年，第 4 頁。

總類。在對合取、析取和蘊涵的定義上，在類似命題邏輯定理的規則上，在關係的定義和分析上，新正理派的精密細緻毫不亞於現代邏輯，在某些方面甚至先進幾世紀。近百年來現代邏輯才認識關係判斷和關係推理的巨大作用，而新正理派早就作出了精密的關係分析，在推演手法上能把複雜的關係簡化爲只有兩個名詞的關係鏈。公元十六世紀上半葉，羅求那他進一步擺脫了古正理學說的束縛和缺點，新正理的形式邏輯便登峰造極。羅求那他以『周攝』關係的概念，在關係分析中發現了數的本質。在歐洲，這是弗雷格在十九世紀才發現的。」〔註53〕

　　當然，運用現代邏輯來研究佛教邏輯，並不一定要象數理邏輯那樣構造公理系統或形式系統，也不等於一定要完全用符號來加以刻畫，雖然這樣的研究是十分必要的。而關鍵在於掌握了現代邏輯知識以後，能夠眞正站在現代邏輯的高度，用現代邏輯的思想和精神來認識、分析佛教邏輯中的問題。

　　盧凱西維茨用現代邏輯來研究亞氏邏輯，既有形式化的研究，也有非形式化的研究，其非形式化研究更符合亞氏邏輯的原意，而其形式化研究則是對亞氏邏輯的完善和發展。盧氏在比較研究亞氏邏輯的過程中，站在現代邏輯的高度去分析亞氏三段論與傳統三段論之間的區別，正確地揭示了亞氏三段論的本質，認爲亞氏三段論是蘊涵式，其前提與結論中沒有單稱命題，它們表達的是類與類或集合與集合之間的關係；傳統三段論是推論式，其前提與結論中包含有單稱命題，即表達的是元素與元素之間的關係。相反，作爲數理邏輯家的羅素卻沒能站在現代邏輯的高度去研究亞氏邏輯，把三段論「所有人都有死，蘇格拉底是人，所以蘇格拉底有死」誤以爲是屬於亞里斯多德的〔註54〕，實際上是傳統邏輯的三段論。因此，用現代邏輯來研究古代邏輯史，不在於掌握現代邏輯的深度和廣度，而在於能否站在現代邏輯的高度，運用現代邏輯的工具去進行研究。

　　自然，要能站在現代邏輯的高度並運用其研究成果去探索古代邏輯，首先必須掌握現代邏輯知識，提高運用這些知識去進行研究的水準和能力。

〔註53〕引自《因明論文集》，第105頁。
〔註54〕羅素：《西方哲學史》上卷，商務印書館1976年，第253頁。

第二章　因三相

　　因三相是陳那革新因明的最傑出的成就之一，是古因明進展到新因明的關鍵，它使佛教邏輯臻於完善和科學，在三支因明中具有決定性的意義。因此，這是我們首先加以探討和明確的問題。

　　因三相說最早爲正理須摩或正理修摩一派提出，其名稱初見於無著的《順中論》：「因三相謂朋中之法，相對朋無，復自朋成。」這裡，「朋」指「因法」，「法」指「宗法」，「朋中之法」是說因法的外延被宗法所包含；「相對朋無」是說異品不存在因法之中；「復自朋成」是說同品存在因法之中。無著在論中是排斥因三相的，他說：「彼因三相，若何者法語爲緣具（三相具足叫緣具），復以何者是因三相！」並說：「一切作法（論式）無三種相。」這說明無著的邏輯系統是比較保守的，祇是大乘邏輯系統的最初形式。

　　因三相從世親開始才被佛家所接受並得到逐步明確的闡發。世親《如實論》中言：「我立因三種相是根本法，同類所攝，異類相離，是故立因成就不動。」世親對於因三相的論述較之《順中論》有了明顯的演進，但在陳那以前，因三相說還祇是一個雛形而已，古因明對「相」的解釋與新因明完全不同。古因明家認爲，相就是體，體就是宗上有法及同異喻體（具體事例）。陳那不同意這種看法，認爲因的第一相的「相」不是指實體，而是指屬性，即因法和宗法；第二相和第三相也並非實指「同、異有法（同、異事例，即喻依），」而主要是指喻依所包含的性質與宗法、因法這兩個屬性的相同或相異之處，也就是所謂的「但取彼義」而已。可見，陳那所說的因三相，在於因法、宗法與同、異喻之間內在聯繫的研究，這與在他之前所詮解的因三相是很不相同的。陳那在改造古因明、創立新因明之後，因三相才完善起來，才

有了詳備的解釋。陳那《理門論》中云：「若所比處，此相定遍；於餘同類，念此定有；於彼無處，念此遍無。」它的典型說法在天主的《入論》裏：「因有三相謂遍是宗法性，同品定有性，異品遍無性。」

第一節　因三相的性質

一、邏輯規則與邏輯公理

關於因三相的性質，學術界通常認爲，它是三支論式規則〔註1〕，我們並不以爲然。在傳統邏輯的發展史上，沒有哪一種邏輯系統是以邏輯規則爲核心並具有決定性意義的。如果因三相是邏輯規則，那麼整個新因明體系就會被當成不過是這些規則的建構及其延伸而已，這既不合理也不符合事實。

在傳統的邏輯體系創立之初，先賢們並不是在邏輯規則的約束下來構造邏輯系統的。正如前述，邏輯最初伴生於論辯之中，思想活躍、百家爭鳴是邏輯萌發和形成的必要前提。

先秦時期是中國古代邏輯發展的第一個春天，激烈的論戰成爲邏輯的催生婆。儘管諸子百家都在辯論，都是雄辯家，但只有墨家才首次把論辯作爲一門獨立的學科加以研究和系統的闡發，從而產生中國古代第一個邏輯系統即墨辯。在被視爲墨家經典的《墨經》中，我們找不到墨辯對其邏輯規則的表述，雖然墨家的推論要「故、理、類」三物具備，但卻沒有對「理」即邏輯規律或規則作出過具體明確的闡述和規定。墨辯強調推論必須有「故」：「故，所得而後成也」；「故，使爲之也。」（《經上》）「夫辭以故生，以理長，以類行者也。立辭而不明於其故所生，妄也。」（《大取》）可見，「故」是立辭的前提或理由，即墨辯推論之所以能確立的基礎和核心。

在古希臘，邏輯同樣產生於論辯。亞氏以前的先賢們已經廣泛討論了推理和論證，但他們當中卻沒人試圖創立邏輯理論，只有亞里斯多德才有意識地建立了西方第一個邏輯系統，他的邏輯是以三段論公理作爲基礎和核心的：「每當三個判斷彼此之間的關係具有這樣的性質，即最後的詞是包含在中間的詞裏面，像某一個東西包含於一個整體之中一樣，而中間的詞又包含於

〔註1〕　見陳望道《因明學綱要》，石村《因明述要》，《因明論文集》中沈劍英、虞愚、周文英、呂澂諸文，《因明研究》中巫壽康、鄭偉宏、張盛彬、張忠義、崔清田諸文。

第一個詞之中或被排斥於它之外，像某一個東西包含於一個整體或被排斥於它之外一樣，這時候，最先和最後的詞就必定借一個完全的三段論式而發生關係。」〔註2〕

　　因明也引生於論辯。公元前四至六世紀是古印度的列國時代，思想界空前活躍，是印度的百家爭鳴時期，在佛教與外道以及佛教內部派別的激烈論爭中引發了古因明，因此有人認為，「因明是論辯的規定」、「是論辯的形式」。陳那在揚棄古因明的基礎上，以因三相為核心建構了新因明體系。顯然，處於其體系核心並具有決定性意義的因三相很難被視為邏輯規則。

　　作為邏輯規則，它們必須是構成某種邏輯形式的充分必要條件。在命題邏輯系統中，某種邏輯形式與邏輯規則之間是一種充分必要條件關係，可以用下式表示：

$$（p_1 \wedge p_2 \wedge \cdots\cdots \wedge p_n）\leftrightarrow q \qquad （1）$$

其中，「$p_1 \wedge p_2 \wedge \cdots\cdots \wedge p_n$」表示若干條邏輯規則，「$q$」表示某種邏輯形式。公式（1）蘊含著以下公式：

$$（p_1 \wedge p_2 \wedge \cdots\cdots \wedge p_n）\rightarrow q \qquad （2）$$
$$（p_1 \wedge p_2 \wedge \cdots\cdots \wedge p_n）\leftarrow q \qquad （3）$$
$$（\neg p_1 \vee \neg p_2 \vee \cdots\cdots \vee \neg p_n）\rightarrow \neg q \qquad （4）$$

　　上述公式是檢驗邏輯規則對某邏輯形式是否充分和必要的標準。如果一組規則符合公式（1），那麼這組規則對該邏輯形式是既充分的又必要的；若不符合公式（1），則用其他規則來進一步檢驗。如果一組規則符合公式（2），就說明這組規則是充分的，但並非是必要的；若不符合公式（2），則這組規則不充分，其中有遺漏的規則。如果一組規則符合公式（3），就說明這組規則是必要的，但並非是充分的；若不符合公式（3），則這組規則不必要，其中有多出的規則。公式（4）是說，如果一組規則是某邏輯形式有效的必要條件，那麼其中每一條規則都是必要的，遵守其中一條規則的邏輯形式不必有效，但違反它必然無效。

　　按照以上的檢驗標準，要成為因明論式規則，就必須是該論式合理有效的充分必要條件，而因三相卻不具備這樣的性質，這可以從三支論式的過失論中得到說明。陳那、天主在龍樹、足目、世親等大師論述的基礎上進行增

〔註2〕引自《古希臘羅馬哲學》，商務印書館1982年，第302頁。

刪整理，提出了 33 種過失和 14 種過類。這 33 種過失就是違反三支論式有關邏輯要求的謬誤，即宗 9 過、因 14 過和喻 10 過。我們發現，在此 33 種過失中，所有宗 9 過和因過裏的四不成等都是因三相所沒有涉及到的。因此，這些過失並不是違反因三相所造成的，換言之，遵守了因三相也不能避免諸如此類的邏輯錯誤。這說明因三相對三支論式來說不是充分的，也並非是必要的，從而不能視之為三支論式規則。

從實際情況來看，處在某種實質性邏輯系統核心並決定其根本性質的應當是那些基礎性的邏輯公理，在此基本公理之上，通過增加其他次級公理、引入初始符號或詞項、確定推演和變形規則，然後建構起整個邏輯系統。因明也不例外，作為三支因明核心和基礎的因三相必然是新因明系統的邏輯公理，而不是學術界所認為的論式規則。誠然，三支論式是依據因三相所揭示的宗法、因法、有法、同品和異品這幾個概念之間的包含關係建立起來並進行推論的，如果違反了因三相原則而臆造出來的所謂「論式」，並不成其為真正的論式，或者說是根本上錯誤的論式，正如違反三段論的曲全公理而虛構出來的「推論」不稱其為三段論或不是正確的推理一樣。

當然，邏輯公理與邏輯規則不是沒有聯繫的，一般而言，前者是後者的基礎和前提，後者是對前者的具體規定和有效保證，但兩者畢竟有著本質上的區別。一是性質不同，邏輯公理反映的是客觀事物類之間最普遍、最一般的包含關係，是經過人們長期實踐反覆檢驗過的、其真實性已十分明顯而無需再加以證明的真理性認識，通常用具有客觀真理性的描述性命題來表達；而邏輯規則是人們為了規範日常的邏輯推理論辯而製定出來的有關形式結構有效性的具體規定，雖然這些規定也根源於客觀外界，但它們都是一些有關人們思維活動的規範，因此往往用規範性命題來表述。二是地位與作用不同，邏輯公理位於邏輯體系的核心，決定著該邏輯體系的基本性質，成為其他邏輯理論、形式結構及規則的出發點和主要框架；而邏輯規則位於邏輯系統的外層，是人們為了有效論辯、防止和清除邏輯謬誤而製定出來的主觀規範，使人們的邏輯思維、推理論辯活動趨於規範化和標準化。三是穩定性和概括性不同，由於邏輯公理的真理性已非常顯明，它們是邏輯體系中最為根本的內容，是某個邏輯系統得以產生、存在和發展的基礎，從而在邏輯發展的長河中始終作為邏輯系統的基本原理而存在著；相反，邏輯規則並不是隨某種邏輯系統的形成而產生，也不是隨著有關邏輯形式結構的出現而一蹴即就

的，而是要在長期的邏輯發展及邏輯論辯活動的進程中不斷地加以增刪、修正和完善的。由是觀之，因三相體現的是邏輯公理的本質和特徵，卻絲毫表現不出邏輯規則的性質和特徵。所以，因三相應當被視為三支因明的邏輯公理而非論式規則。

二、因三相不是推理

　　前述的研究者還將因三相當作推理。按照他們的解釋，因三相通常被分別符示為 SAM、PIM 和 $\overline{P}A\overline{M}$，其中 S 代小項有法，M 代中項因法，P 代大項同品，$\overline{P}$ 則代異品，然後進行符號化推理。他們認為，三支論式也是一種推理，因而將這兩者一一進行比附，第一相對應於因支，第二相類同於同喻，第三相歸結為異喻。我們認為，這種看法是不合理的。實際上，因三相併不屬於推理，不管從哪方面來看，二者都不是同類的。

　　首先，因三相與推理在其根本性質上的區別是涇渭分明的。根據上述，因三相事實上是新因明的邏輯公理，表達的是客觀事物類之間的包含關係，具有明顯的真理性，它們是經過人們千百次的實踐檢驗過的以至可被接受為不證自明的基本原理。推理則是人們內心的由此及彼的思維活動，是從已知的若干命題出發，運用一些有效的推理規則，推出一個未知命題作結論的思維過程。很顯然，一個是不證自明的被當作基本原理接受的客觀真理，另一個則是人們主觀的由已知到未知的思維形式，兩者之間是涇渭分明的。

　　其次，姑且按他們的理解和符示來看，也是與因三相的意旨背道而馳的。就 SAM、PIM 而言，作為媒介的中項 M 在兩相中均不周延，違反了「中項在前提中應至少周延一次」的推論規則，犯了「中項不周延」的邏輯錯誤，因而是一個含有謬誤的不能得出結論的推論，這與因三相的永真性質是截然相反的。

　　再次，他們將因三相一一比附言三支更是錯誤的。錯誤的主要根源在於混淆了具體概念與屬性概念，他們先把宗法混同於有法，然後將同品、異品等同於宗法，因而作出了這樣錯誤的比附。我們將要說明，因三相對應的僅僅是三支論式的喻支，第一相說的是喻體，即凡因法普遍具有宗法性，反之，無宗法性者就不具有因法性；第二相講的是同喻依，即同品必定具有因法性及宗法性（根據「說因宗所隨」的規律）；第三相談的是異喻依，即異品遍無因法性。正如《大疏》卷四中說：「陳那已後，說因三相即攝二喻。二喻即因，俱顯宗故，所作性等貫二處故。」

最後，他們所推得的結論（即有法是同品）是違反客觀實際的。我們知道，有法如聲和同品如瓶等都是一些具體事物，它們之間是全異關係而非相容關係，這是不言自明的經驗事實，怎麼可能將聲嵌入瓶等之中以得到有法是同品的結論呢？這主要還是由於他們混淆同品與宗法這兩類根本不同的概念而作出來的錯誤結論。其實他們在此之前曾一再強調同品是除宗有法的，因而他們所得出的結論既違背實際情況又是自相矛盾的。

第二節　因三相涵義

因三相的具體涵義是什麼？對它的不同理解，直接關係到佛家邏輯這門學科的根本性質，以及對其他因明理論的歸屬問題，這是我們應當加以澄清和釐定的。

一、遍是宗法性

事實上，在因三相中，因的第一相是最為關鍵的，前述的研究者在因明研究中的諸多誤區基本上根源於對它的錯誤理解。《理門論》中云：「故定三相唯為顯因，由是道理，雖一切分皆能為因，顯了所立，然唯一分且說為因。」因三相是以因法概念為樞紐連接各相的理論體系，正如窺基《大疏》卷二中云：「相者向也。又此相者，面也，邊也，三面三邊，一因所依貫三別處。」就是說，因法這概念猶如一根線似的，把因的三相或三個方面貫串起來，使之成為一個具有內在邏輯聯繫的理論系統。所以，陳那在這裡說，因三相祇是為了全面顯示因法性，正因為如此，雖然各相都可以作為論據以證成所立之宗，但是只有第一相才能稱為正因相即根本性依據。陳那說：「然此因言，唯為顯了是宗法性，非為顯了同品、異品、有性、無性。」窺基《大疏》卷四中釋曰：「彰因三相顯了於宗，二喻即因，雖俱是因顯了宗義，於三相中遍宗法性，唯此一分且說為因，餘二名喻。據勝遍明，非盡理說，故名為且。遍宗法性即是正因，所說二喻非是正因，但為方便助成因義。」

對此，文軌《莊嚴疏》卷一中概括得最為清楚和確切：「初相為主，正為能立；借伴助成，故須第二；雖有主伴，其濫未除，故須第三異品無相。主、伴、止濫，其義既同，足能顯宗。」

可見，在因三相中，以第一相最為重要，它是其餘兩相根基的正因相，第二相和第三相則是助因相。

前述之研究者通常把第一相解釋爲：遍及有法是因法的特性，即凡有法都具有因法性。我們知道，雖然有法根據各種不同的比量或論式可以用不同的事物來代表，但它無一不是表示具體的個別事物，如聲，而且，在一個具體的比量或論式中，有法所代表的具體事物都是唯一的，是不能用他物來替換的。《大疏》卷四中道：「同者相似，法謂差別，共許自性，名爲有法。」就是說，有法是一物成爲它自身並區別於他物的內部所固有的規定性，它與具體事物是直接同一的。在因明中，「凡有法都具有因法性」最爲常見的例子是「聲具有所作性」，即聲音是造作出來的。這顯然是一個人人都能直接感知得到的經驗事實，是任何人都不可否認的感性認識。如果以這樣的經驗命題作爲因的第一相，那無異於將佛家邏輯當成了經驗性的學科，這是有悖於人們的普通常識的。

相對於其他學科來說，邏輯學與數學一樣，是最講究理性思維的。邏輯最基本的特徵就是間接性、抽象性和概括性，它對於思維的研究，著眼於形式結構，通過一系列的公理和規則告訴人們哪些邏輯形式才是正確有效的，如何明確概念、準確判斷、正確推理、嚴格論證以及防止和識別邏輯謬誤，因而它是運用概念、命題、推理、論證這些一般的思維形式而建構起來的一門理性科學，歷史上出現的任何一種邏輯學科或邏輯系統莫不如此。而且，邏輯學還是其他學科的理論基礎。對嚴格的學科和理論來說，要進行相應的理論思維，建立理論體系，就必須首先明確自身的邏輯根據，這一點在數學中表現得最爲明顯。數學理論的嚴格性、無可辯駁的正確性就根源於它的邏輯性，爲了整個理論的科學性，數學一開始就得明確自身的邏輯基礎，把它整合爲一個邏輯的公理系統，並在此之上通過增加數學公理而建立起整個數學大廈。因此，作爲各門學科理論基礎的邏輯學不可能是一門隨直觀感覺而轉移的經驗學科，而應當是一門以穩定性、間接性和抽象性爲顯著特徵的理論科學。可見，作爲世界三大邏輯源流之一的佛家邏輯，構建其新因明體系最根本依據的因的第一相應該是純理性的，只有運用抽象思維才能把握的理論知識，不可能解釋成「聲具有所作性」這樣一類感性知識。

就因三相本身來說，前述之研究者對第一相的解釋也是與第二、三相的意旨大異其趣的。第二、三相分別爲「同品定有因法性」和「異品遍無因法性」，在一個具體的比量或論式裏，其主項「同品」和「異品」可以用表示一類事物中的不同概念進行替換，而不像「有法」那樣具有唯一性和確定性。

如以下的典型論式：「聲是無常，所作性故，若是所作見彼無常，如瓶；若是其常見非所作，如空。」在此論式裏，有法聲是唯一的和確定的，而同品如瓶卻可以用同類事物的盆、碗、缶等加以取代，異品空也可以用神我、涅槃等來代替。而且從表面上看，聲與瓶、盆等是一些很不相同的事物，爲什麼把瓶、盆等稱爲聲的同品呢？那是由於它們與聲一樣都具有所作性和無常性，在本質上屬於同類事物；反之，虛空、神我、涅槃等之所以稱爲聲的異品，是因爲它們不具有所作性和無常性，與聲不屬於同類事物。《大疏》卷三中云：「若與所立總宗相似一切種類之聚名同品者，宗上意許所有別法皆入總宗，且如異品虛空上無我，與聲意許無我相似，應名同品。如立宗中陳無常法聚名宗者，瓶等之上亦有無常，故瓶等聚名爲同品。若有處所是常法聚，見非是所作，如虛空等，說名異品。」

可見，同品和異品都是由同類的一些具體事物所組成，都表達爲普遍概念，通常像「水果」這類概念一樣不能直接感知，從而第二、三相必須借助理性思維才能理解和把握。既然助因相的第二、三相實際上都不可能是感性知識，那麼作爲正因相的第一相更不能解釋爲可以直接感知的經驗命題。只有將因三相視爲理性知識，才能使之成爲因明立論的根本根據和建構新因明體系的理論基石。

因法是因三相中起橋樑作用的媒介概念，是聯通各相的關鍵，因而在第一相裏，因法是被省略的主詞，其完整句式應該是：因法遍是宗法性。在這裏，問題主要出在對「宗法」一詞的解釋上，前述之研究者大都把它看作「宗有法」。但是，這不僅在陳那、天主所說的因三相之語的前後無此說法，即使在任一新因明大師的原籍中也沒有找到將「宗法」視爲「宗有法」的任何根據或出處，而且它還違背了人們的普通常識，因爲他們把第一相說成「因法遍是有法性」，完全顛倒了因法與有法原本具有的包含關係，違反了事物屬性（因法如所作性）指稱具體事物（有法如聲）的客觀事實。那些研究者也許意識到了這一錯誤，於是將相中主項和謂項的位置調換過來，變爲「凡有法皆具因法的性質」，以便理順兩者的包含關係。然而這一換位顯然有悖於「在前提中不周延的項在結論中也不得周延」的換位法規則，謂項「有法」在相中本來不周延即沒有全部斷定，換爲主項時也應當不周延，他們卻錯誤地將其周延了。

從內涵方面來說，有法如聲是表達特定事物的具體概念，而宗法如無常

性等是表示事物一般性質的屬性概念，兩者的本質區別是顯而易見的；在外延上，宗法包含有法，宗法是屬概念，有法是種概念，屬與種無疑是不能等同或替換的。因此，相中「宗法」只能理解為因明範疇體系中外延最大的屬性概念，即宗支謂項，只有這樣才能包容在相中的另一屬性概念因法如所作性等，才真正理順相中概念的包含關係，也才不會導致那些研究者所犯的邏輯錯誤。其實，陳那在《理門論》和《集量論》中多次說「無常宗法」、「無常即宗家之法」、「以其通是宗法性為因成立此宗家之法無常性也」等等。可見，第一相的正確涵義應當是：因法普遍具有宗法即宗支謂項的性質。

有的研究者還將相中「宗法」一詞分開解釋，認為「宗」指宗上有法，「法」指因法〔註3〕。原因何在？主要依據於《大疏》卷二中所說：「有法既為二法總主，總宗一分，故亦名宗。若以宗中後陳名法，則宗是法，持業為名。總宗之法，亦依主釋，具二得名；今因明法，宗之法性，唯依主釋。」

然而窺基祇是指出，有法既然是二法即因法和宗法的主詞，宗支的一個成分，故稱之為宗；若以宗後陳稱為法，持業（屬性即命題謂項）釋宗而為宗中之法；依主（命題主項）釋宗則為總宗之法；而今作為宗之法性僅僅是依據主釋而言的。可見，這裡僅說明有法稱為宗的原因，以及宗法和因法的其他釋名，並沒有對相中宗法分開解釋的意思，實際上是不能割裂開來理解的，顯然用窺基的言論來作論據是很不充分的和不合理的。即便可以如此分別解釋，我們也會覺得奇怪，因為在「遍是宗法性」裡，是根據什麼邏輯規則能夠將宗上有法移至主項位置作為主詞，而把因法留在原處作為賓詞呢？顯而易見，不論是哪個邏輯系統都不可能有這樣的規則。

二、同品定有性

因法概念是連接各相的樞紐，在第二相中它應當是謂項，其完整形式是：同品定有因法性。這裡關鍵是對「同品」、「定有」的理解。前述之研究者通常是把「同品」當作宗法；由於不是所有的宗法都具有因法的性質，因而他們不得不將「定有」理解成「部分一定有」，於是第二相被解釋成「某些同品定有因法性」。

首先，那些研究者將同品看作宗法是十分錯誤的。在因明原籍裡，同品一直表述的是具體事物的概念。陳那《理門論》卷二中云：「此中若品與所立

〔註3〕**沈劍英**：《因明學研究》，第59頁。

法鄰近均等說名同品，以一切義皆名品故。」意思是說，在宗法中若加以區別的話，那麼凡是與所立法即宗法相類同者均可稱爲同品，這是由於它們的一切屬性（包括因法性和宗法性）都相同的緣故。換言之，只有具備宗法性和因法性的東西才可稱爲同品，實際上指的是因同品。《理門論》卷三中明確指出：「復以何緣第一說因宗所隨，逐第二說宗無因不有，不說因無宗不有耶？由如是說能顯示因同品定有，異品遍無，非顛倒說。」從外延上看，宗法外延包含因法（如圖），因此有因法即有宗法，無宗法即無因法，但不能倒過來說無因法而無宗法，如雷電霧雨等雖無因法所作性卻有宗法無常性，只有遵循「說因宗所隨，宗無因不有」的順序才能正確地表徵第二、三相的意義。《集量論》卷三中舉例道：「如聲無常，瓶等亦無常，即聲無常之同品。」

天主《入論》中也說：「謂所立法均等義品說名同品，如立無常，瓶等無常，是名同品。」他還明確指出，若立「非勤勇無間所發宗，以電、空等爲其同品」；反之，若立「勤勇無間所發宗，以瓶等爲同品。」

同樣，《大疏》卷三中道：「如立宗中無常法聚名宗者，瓶等之上亦有無常，故瓶等聚名爲同品，此中但取因成法聚名爲同品。」他在卷六、卷七中列舉的類似實例比比皆是，如「若宗同品，電、空等爲同，俱非勤勇所顯發故；若因同品，電、瓶等爲同，俱無常故。」

可見，陳那等大師都是把同品視爲如瓶這樣一類表達具體事物的種概念的，而絕沒有將其看作表示一般性質的屬概念宗法！窺基非常清楚地認識到，若立聲是無常宗，那麼同品即是如瓶這樣一類具體事物的集合，而且這個集合是以因法所作性爲準則聚合在一起的。所以，同品是那些像宗有法一樣具有宗法性和因法性的具體事物，它們是不能歸結爲自身的一般屬性的，兩者顯然是屬種關係而非同一關係。那些研究者將同品當作宗法，在他們用三支論式進行推理時卻得出「有法是同品」的結論，這與其多次強調「同品除宗有法」是自相矛盾的。

其次，那些研究者將「定有」理解爲「部分一定有」與其在第一相的錯誤做法一脈相承。「定有」一詞本來位於相中謂項，他們卻把它拆成兩部分，

將其中之一移至主項，從而把本是全稱命題的第二相變成了違反有關邏輯規則的特稱命題，也違背了因明無特稱命題的特點。

從原文上來看，因三相的梵文爲：（1）pakṣadharmatvam，（2）sapakṣe sattuam，（3）vipakṣe cāsattvam。據巫白慧先生考證，原文第一相和第三相中沒有「遍」字，第二相中也沒有「定」字，這祇是玄奘根據三相不同的邏輯功能而分別譯出來的，但不論是「遍」字還是「定」字，其原文均爲「eva」〔註4〕。既然原文是同一個詞，就不能將相中的「遍」或「定」理解爲既是周延的又是不周延的。在藏文中，第二相和第三相分別翻譯爲「後遍」和「遣遍」，依劇宗林先生所言，藏文的「遍」字是「見邊」之義，也就是周延的意思。因此我們認爲，不管是「遍」還是「定」，在因三相中都是斷定了全部對象的，其邏輯義蘊是相同的。僅就「定」字而言，《說文解字》上說：「定，安也。」定即安定。就一國的統治地域來說，所謂「定」是指該國的全部疆土沒有被他人佔領；「未定」則是指有部分疆土被他人所佔，應當舉兵收復（定之）。如「正家而天下定矣。」（《易・家人》）「天下雖未悉定，吾當要與賢士大夫共定之。」（漢曹操《封功臣令》）「手持三尺定山河，四海爲家共飲和。」（清洪秀全《吟劍詩》）另外，「定」也指必定、一定的意思。如「論人之性，定有善有惡。」（《論衡・率性》）「聞陳王定死，因立楚後懷王孫心爲楚王。」（《史記・高祖本論》）「你若回去時，定吃官司。」（《水滸傳》第44回）可見，從辭源上來分析，也是不能把相中的「定有」理解爲「部分有」的意思。

實際上，這裡還牽涉到對九句因的詮釋，前述之研究者往往不顧其中第二、八句因本來即互相矛盾的事實，總是不加分析地認定這兩句因同爲正因。然而十分明顯的是，既然第二句因中已明確斷言「凡同品都具有因法性」，第八句因中卻說「有同品不具有因法性」，那麼就表明這兩句因是互相矛盾的，是不能並存的，因此不可能同爲正因，如果我們已經斷定第二句因爲正因，那麼第八句因就只能是誤因。加之陳那等大師曾一再強調過，所謂同品是具有因法性的同品，不具有因法性的「同品」必然犯「能立法不成」的過失，從而一事物是不是同品取決於它是否具有因法性。文軌《莊嚴疏》中說：「因者謂遍是宗法因；同品謂與此相似，非謂宗同名同品也。」顯然，所謂因法是具有宗法性的因法；同品亦然，所謂同品是具有因法性的同品，並不能以其宗法相同就可稱之爲同品。

〔註4〕巫白慧：《因三相的梵語原文和玄奘的漢譯》，《中華佛學學報》1995年第8期。

其實陳那《理門論》中說得很明白：「如是分別，說名爲因、相違、不定。故本頌言：於同有及二，在異無是因，翻此名相違，所餘皆不定。」意思是，若把九句因分爲正因、相違因和不定因，那麼同品有異品無的第二句因爲正因，與之翻倍的第四、六、八句因爲相違因，其餘的爲不定因。因此，第二相併不意味著僅有部分同品具有因法性，而是所有同品都必定具有因法性。正如文軌所言：「定有性者，其遍是宗法所作性因於同品瓶中定有其性，方是因相。」這是說，宗法所作性因在所有的同品如瓶中必定具有同樣的性質，方能顯現相中之義。所以，我們不能以因明的特殊性爲由，就可以違反基本的邏輯規律及規則，把本來自相矛盾的第二、八句因同時認定爲正因。

三、異品遍無性

作爲媒介概念的因法應當居於第三相中的謂項，它的完整句式是：異品遍無因法性。這裡問題主要在於對「異品」一詞的解釋，前述的研究者總是把它當作宗法或其否定，認爲第三相與第二相都是研究因法與宗法的關係的。

然而，在因明典籍裏，異品和同品一樣都是表達具體事物的概念。《理門論》中道：「若所立無，說名異品。」《入論》中亦云：「異品者謂於是處無其所立，若有是常見非所作，如虛空等。」他舉例說，若立「非勤勇無間所發宗以瓶等爲異品」；反之，若立「勤勇無間所發宗以電、空等爲異品。」《大疏》卷三中說：「若有處所是常法聚見非是所作，如虛空等說名異品。」

可見，陳那等大師無一不是把異品看作表達具體事物的概念，它們與表達事物一般屬性的概念宗法如無常性、常住性等有著本質的區別，兩者是絕不可等同看待的。窺基十分明確地指出，所謂異品就是如虛空這樣一類事物的集合，他在《大疏》卷六、卷七中羅列了諸多相關的實例。毫無疑問，這種看法正確表達了陳那的原意。而且，從陳那等論師的闡述來看，他們是以宗法來定義異品的，也就是凡不具有所立法即宗法性質的事物都可稱之爲異品。正如文軌《莊嚴疏》中說：「所立者，即宗中能別法也，若於是有法品處，但無所立宗中能別，即名異品。」根據「宗無因不有」的規律，異品與宗法相非，也必然與因法相非，因此，第三相的準確涵義應當是：凡異品都不具有因法性。

由於前述之研究者混淆了具體概念與屬性概念之間的差別，因此我們在他們的論著中經常會看到這樣一些表述：「瓶、盆、碗、缶等事物都是無常的

同品，虛空等事物是無常的異品」，或者「虛空是常的同品，聲、瓶等是常的異品」，等等。我們認爲，同品、異品既然是一些表達具體事物的種概念，就不能以其屬性概念來對應稱謂，而應當以同一層次的具體概念來相應稱謂，也就是說在因明裏，不能將某具體事物視爲其屬性的同品，而只能看作他物即有法的同品。例如，我們只能說「瓶、盆、碗、缶等是有法聲之同品」，因爲它們與聲一樣具有所作性和無常性，屬於同一類事物；而「虛空、神我等則是有法聲之異品」，因爲它們不像聲那樣具有所作性和無常性，不屬於同一類事物。但不應當說「瓶、盆等是無常的同品」，正如不應當說「張三是有理性的動物的同品」一樣；同理，也不應當說「虛空、神我等是無常的異品」。顯然，那些研究者的表述是不符合事物情狀的。

總觀前述研究者對因三相的解釋：凡有法皆具因法性，某些同品定有因法性，異品遍無因法性。可以發現，這裡缺少了因明中外延最大的屬性概念宗法，從而無法展示有法、因法、同品、異品與宗法之間的包含關係，他們便通過混淆同品、異品與宗法這兩類根本不同的概念來引出宗法。如前所述，這種做法是十分荒謬的。從因三相本身來看，第二、三相表達的是事物類即同品、異品與事物屬性因法的關係，必須用理性思維才能把握；而按他們的理解，第一相表示的是單個事物即有法如聲與因法的關係，「聲具有所作性」，這是人們憑感覺就能獲知的經驗事實，實在用不著因三相來確定，且與第二、三相的理性知識大異其旨，因此他們的解釋是很值得商榷的。我們認爲，第一相表達的是事物兩個屬性即因法與宗法之間的（不相離）關係，這也是從古因明發展到新因明的關鍵所在，它較以往只涉及事物與屬性的關係上前進了一大步，使因明推論具有了演繹性質，三支論式因此有了必然性和有效性，也與第二、三相的旨趣一致起來了。

並且，他們所詮釋的「因三相」是無法建構三支論式的。在他們眼裏，因三相祇是表明，有法和部分同品具有因法性，異品不具有因法性，從而遺漏了宗法與因法、有法、同品、異品相連接的必要手段和關鍵性環節，無法組織三支論式。本來居於新因明體系核心並具有決定性意義的因三相，在他們手中卻變成了可有可無的舊說的堆砌，因三相原本具有的獨創性、革新性及由此建構論式的科學性被他們注解得蕩然無存。眾所周知，前述之研究者所解釋的「因三相」在古因明中早就不足爲奇，而且古因明的五支論式尙比他們所理解的論式更具科學性和有效性。古因明闡述過，有法聲具有因法所

作性，同品瓶等（不是部分同品）具有因法性，異品空等不具有因法性；進一步地，古因明還從正反兩方面著手，闡明同品瓶等具有因法所作性和宗法無常性，異品空等則不具有，來論證有法聲具有所作性及無常性，從而證宗「聲是無常」。而那些研究者卻無法取得這一結果，因爲他們所解釋的因三相構建不了一個有效的論式，也就無以說明構成宗支的有法與宗法的關係，達不到因明證宗的目的。因之，他們所解釋的「因三相」，無法揭示出古因明進展到新因明的奧秘所在，也無法闡明佛家邏輯的歷史地位和價值。

由上所述，我們認爲因三相的具體涵義是：因法普遍具有宗法性，同品必定具有因法性，異品遍無因法性。在此基礎上，可以很自然地引出和展示三支論式的論證過程：凡因法都具有宗法性，無宗法性者必不具有因法性，有法之同品必定具有因法性和宗法性，而異品遍無因法性和宗法性，從而能夠證明與同品同類的有法也必定具有因法性和宗法性，順利成宗而達到悟他的目的。可見，三支論式乃至整個新因明體系就是在這樣的因三相基礎上建立起來的，也只有這樣才能正確且毫無遺漏地闡明因明基本概念之間的包含關係，才眞正符合陳那創立因三相的原旨。

第三節　相關爭論問題的探討

一、因三相能否缺一

按照前述的研究者對因三相的符示，運用形式邏輯的換質位法可以由第三相推出第二相，即 $\overline{P}A\overline{M}\to\overline{P}EM\to ME\overline{P}\to MAP\to PIM$，因此他們說，因的後兩相是同一個邏輯效果，如果僅從邏輯上來驗證，這兩相完全可以相互代替而沒有並存的必要，它們並不是缺一不可的。爲什麼因三相在事實上不能缺減呢？在他們看來，那是由於因明的特殊風格或者對敵者的心理狀況不同。我們認爲，這些說法很難成立。

誠如上述，那些研究者是在混淆了同品、異品與宗法這兩類根本不同的概念，以及抹殺了因三相與推理之間本質區別的情形下所作出的錯誤詮示。而且，他們得出後兩相可以缺一的結論還根源於另一個謬誤，即認爲同品與異品是一對矛盾概念。例如，立「聲是無常」宗，同品瓶等和異品虛空都是一些具體事物，如果認爲瓶和虛空是矛盾概念，兩者之間不存在第三者，那麼就必然把其他同品如盆碗等以及異品如神我等，甚至包括有法聲都被排除

在外，在瓶與虛空之間沒有其他同品和異品了，這無疑是荒謬的。他們或許以爲，同品集與異品集是相互矛盾的，這依然不正確。大家知道，在因明裏，同品和異品都是除宗有法的，這就表明在同品集與異品集之間總有第三者即有法存在，始終構不成矛盾關係。可見，同品與異品並不是矛盾概念而是反對概念，因此姑且就其符示來看，也不可能由第三相推出第二相。因而我們由此就能斷定，這兩相有著明顯不同的邏輯涵義，是不可互推的，也是不等值的。

陳那《理門論》中明確指出：「若就正理應具說二，由是具足顯示所立不離其因。以具顯示同品定有、異品遍無，能正對治相違、不定。」就是說，只有將因的後兩相同時列舉出來才能顯示因宗不相離性，亦即第一相是以後兩相的同時具足爲前提的，而後兩相的作用恰恰在於清除有關「相違」、「不定」的邏輯謬誤。窺基《大疏》卷三中說：「同品順成，但許有因即成同品異品止濫，必顯遍無方成止濫。」文軌《莊嚴疏》中亦道：「順成立同有，但定即順成；止濫立異無，非遍濫不止。故同言定，異言遍也。」

顯然，因的後兩相除了其邏輯涵義有著本質區別之外，還有著不同的地位和作用，所以它們的不可缺一併不能歸咎於因明的特殊風格或對敵者的心理狀況不同。

因三相是新因明從古因明脫穎而出的根本標誌，是三支因明的核心內容。在因三相中，以第一相「因法遍是宗法性」最爲重要，它是使因明進入科學發展階段的關鍵和前提，因而是正因相；第二相「同品必定具有因法性」和第三相「異品遍無因法性」是爲了助成第一相之更根本的原理而設立的，只起到「順成」和「止濫」的作用，因此是助因相。

二、新因明基石

新因明體系以什麼理論爲基石本來是不言而喻的，那就是因三相。但有研究者說：「九句因是陳那新因明的理論基石，陳那的因三相說，二喻即因說都是在此基石上建立起來的。」〔註5〕這種看法我們不敢苟同。

事實上，九句因僅是列舉了同品、異品與因法之間所有可能的組合情形，是就因的屬性在同品、異品上是否具有來編排的，猶如形式邏輯的眞值表。從其內容來看，它只牽涉到因三相的後二相和三支論式的喻依，對第一相和

〔註 5〕引自《因明研究》，第 35～36 頁。

宗因兩支及喻體則完全沒有觸及，而且對新因明的其他理論，如現量論、比量論、名言論、命題論、知識論等，更是不置一詞，因此，九句因不可能是三支因明的基石。以下，我們將不言自明的三支因明基石即因三相的觀點再加以簡要闡明。

首先，三支論式是新因明的中心內容，佔了陳那因明體系的大部分，正如前述，它是在因三相的基礎上建立起來的，並以因三相爲其實質和基本框架，這是大家一致公認的事實。因此，處於三支論式之中的「二喻即因說」自然也是以因三相爲前提的。正如《大疏》卷四中說：「陳那已後，說因三相即攝二喻，二喻即因故定三相唯爲顯因。由是道理，雖一切分皆能爲因，顯了所立，然唯一分且說爲因，此中故定唯爲之聲，彰因三相顯了於宗，二喻即因。」可見，二喻即因說是爲因三相所攝即包含在內的，而不可能是以九句因爲基礎的。

其次，眾所周知的是，九句因中哪句爲正因哪句爲似因是其本身不能判定的，而只能根據它們是否符合因三相來加以判明，亦即符合因三相者爲正因，否則爲似因。由於三支論式以因三相爲基礎和核心，因而在九句因的諸似因中，哪些屬於相違因哪些屬於不定因也是其自身不能決定的，而實質上必須以因三相作爲區分標準。

例如，第五句因何以爲不定因？《理門論》中說：「所聞云何？由不共故。以若不共，所成立法所有差別，遍攝一切皆是疑因，唯彼有性，彼所攝故，一向離故。」《大疏》卷六中解云：「所聞性因，唯彼有性有法之聲，彼所攝屬，不唯爲同品所攝，亦不唯異品所攝屬故，是故不定。或所聞性名爲有性，彼所聞性，唯彼有性聲所攝故，二品皆無，由此名不定。」因而窺基認爲，從根本上說，「此所聞性，唯闕一相，謂同品定有。」再如，第四、六句因何以爲相違因？《理門論》中道：「若法能成相違所立，是相違過，即名似因。」《大疏》卷七中釋曰：「此顯還是九句之中異有同無，故成相違，闕第二相同品定有，亦闕第三相異品遍無。」這就非常明顯，九句因中各因的判定及其實質都是由因三相來確定的。由此可知，九句因並不是因三相的理論基石，九句因反而是以因三相爲基礎的。

再次，「說因宗所隨，宗無因不有」的新因明規律實際上是以因三相爲根基的。誠然，三支論式是在因三相的基礎上建立起來的，因三相對應的是論式中的喻支，而喻體（如同喻體「諸所作者見彼無常」和異喻體「諸是其常

見非所作」）所表述的其實是這條「說因宗所隨，宗無因不有」的規律，也就是因的第一相「因法遍是宗法性」的衍推，並以此來顯示因的後二相。《理門論》中云：「復以何緣第一說因宗所隨逐，第二說宗無因不有，不說因無宗不有耶？由如是說能顯示因同品定有、異品遍無，非顛倒說。」而九句因並沒有涉及到這條規律。

復次，佛家邏輯的定義理論是以因三相為根本原則的。實際上，我們所下的任何一個定義都應當遵守因三相原理，尤其是遵守後二相「同品定有性」和「異品遍無性」，否則就會出現錯誤定義。比如，什麼是宗教？有人說「凡是有教主、教義、教徒並有一定組織儀式的就稱為宗教。」這個定義雖然遵守了「同品定有性」，卻違背了「異品遍無性」，因為按此定義，就會把許多本來屬於異品的東西包括進來。如三民主義具備了該定義的要件：孫中山可說是教主，民族主義、民生主義、民權主義可以說是教義，國民黨黨員可以說是教徒，舉行總理紀念周、恭讀遺囑、靜默三分鐘等可以說是儀式，三民主義是宗教。推而廣之，就有可能把封建迷信活動、各種邪教、其他許多主義等都作為宗教了，文革期間就有人將孔子學說當成宗教來加以批判、清除的。再如說「宗教者，信仰上帝為造物主也」，該定義違背了「同品定有性」，因為照此定義就會把本來是同品的佛教、道教、伊斯蘭教等排除在外。正確的定義應當是「基於人生善惡能影響其死後苦樂果報的信仰，並修善止惡者，可稱為宗教。」其他學科裏的定義也可以作這樣的分析，看其是不是合適的。

最後，新因明的比量論也是以因三相為中心和前提的。《理門論》中言：「又比量中唯見此理：若所比處此相定遍，於餘同類念此定有，於彼無處念此遍無。是故由此生決定解。」《入論》中亦說：「言比量者，謂籍眾相而觀於義。相有三種，如前已說，由彼為因於所比義，有正智生，了知有火或無常等，是名比量。」《大疏》卷八里釋云：「謂若有智，籍三相因，因相有三，故名為眾，而方觀境義也由籍因三相因，比度知有火、無常等，故是名比量。」所以，比量論是以因三相為前提進行建構和推導的。陳那等大師在整個比量論中卻沒有談及九句因，這也表明九句因不可能成為新因明的理論基石。

第三章 名言論

　　佛教邏輯自中世紀傳入中土以來，有了相當大的發展。作為世界的三大邏輯源流之一，雖然與其他邏輯起源由諸多共同之處，但也有其獨具特色的部分，而這些部分恰恰是因明之所以生存發展至今仍富蓬勃生命力和在實際運用中極具實用價值的關鍵所在。本章主要就藏傳因明的名言論進行討論，以窺探其端倪。

第一節 名言的實質與特徵

一、名言及其能詮與所詮

　　藏傳因明所講的名言也就是我們平常所說的概念。

　　在西方，關於概念的意義與所指或指稱的區別，人們通常要談到弗雷格。弗雷格最主要和最重要的思想是：一個句子的意義是它的思想，一個句子的所指是它的對象範圍。在他看來，句子的意義是由句子部分的意義構成的，句子的所指是由句子部分的所指決定的。因此，如果一個句子的構成部分是一個專名，那麼這個句子的所指就是由這個專名的意義決定的；如果一個句子的構成部分是一個概念詞，那麼這個句子的所指就是由這個概念詞的意義決定的；如果一個句子的構成部分是謂詞，那麼這個句子的所指就是由這個謂詞的意義決定的。簡單地說，一個句子是由一些部分構成的，句子的思想是由表達這個思想的句子部分的意思決定的，所以句子所反映的對象範圍是由句子部分的意思決定的。換言之，一個句子的思想及其反映的對象是由構成它的名言（包括專名、概念詞和謂詞等）所決定的。塞爾認為，弗雷格是

最先做出意義與所指的區分的，這是他的最重要也是惟一的發現〔註1〕。

然而，藏傳因明早已研究了概念的意義與所指的區別問題，它是用名言的能詮與所詮來表述的。一般來說，名言是指稱某類思維對象的本質屬性及其分子的思維形式。古典邏輯的名言基本上是類詞項，它們是推理論證的前提和基礎，佛教邏輯對類詞項「名」已有專門論述。宗喀巴在《因明七論入門》中指出：「能詮表境物之性質，是名之性相，如言瓶子。能結合境物之性質與差別而詮表，是句之性相，如說：小瓶子。」（以下所引宗喀巴語均為該書所言〔註2〕）這裡所說的「性相」是指對名言的定義；「詮表」亦稱為「所表」，是指名言所反映的對象，實際上分別相當於形式邏輯中概念的內涵與外延。從用例來看，這裡的「名」、「句」表達的都是名言，後者不過是加了一個限製詞「小」而構成了復合詞。工珠・元丹嘉措亦說：「唯詮表境體性之能詮，為名之定義，比如說瓶子。與境之體性或差別法（物）相結合之能詮，為句之定義。」〔註3〕

「能詮」即相當於名言所表達的意義或涵義，宗喀巴道：「由語言之力使能理解所詮意義，為能詮之性相。」他從表達的意謂方面將名言的意義分為「詮表種類之語，詮表聚集（體）之語二種。凡由自身明文詮表之所詮義皆是『類總』，為前者之性相，如言色之語。凡由自身明文詮表之所詮皆是由八塵質聚集之物體，為詮表聚集語之性相，如言雪山之語。」簡言之，前者表示某類事物的總體，通常用抽象名詞來表達；後者表示某類具體事物的聚合體，它們由「極微」（原子）聚合而成，通常用具體名詞來表達。它們分別表述的是名言的抽象意義和具體意義，相當於弗雷格所說的概念詞（或謂詞）和專名。

名言所反映的思維對象，因明稱之為「所詮」。宗喀巴從語言詮述方面將「所詮」分為「詮法之語，詮有法之語二種。詮法語之性相為：於所詮事物之差別法（屬性），除本身已明文說出之差別法外，排除其他差別，而能（使人）瞭解所詮之事物，如說『牛唯非馬』之語。詮有法語之性相為：與所詮事物之差別法，除本身已明文說出之差別法外，不排除其他差別，而能（使人）瞭解所詮之事物，如說『牛是非馬』之語。」就是說，前者反映的是某

〔註1〕 Searle, J.R.：The Philosophy of Language, Oxford University Press, PP.2～3.

〔註2〕 《中國邏輯史資料選》因明卷，第 423～459 頁。

〔註3〕 引自楊化群：《藏傳因明學》，西藏人民出版社 1990 年，第 308 頁。

物的本質屬性（差別法），排除了他物（馬、羊等）具有該物（牛）的性質，它說明的是一物區別於他物的固有的特殊性質；後者表達的是某個體事物（有法），除了該物（牛），並沒有排除他物（羊、驢等）也可以是「非馬」的說法。換言之，「所詮」表達的內容是某類思維對象的本質屬性及其個體（分子），因此它相當於弗雷格提出的概念的所指或指稱。

可見，關於概念或名言的意義與指稱的區分，並不是像西方學者所說的始於弗雷格，從世界邏輯史上看，最起碼在藏傳因明中就已經明確地做了這樣的劃分，而且這種區分比之弗雷格更爲細緻和具體，這在古典邏輯甚至現代邏輯中都是極爲鮮見和獨特的。名言的意義與所指的區別可以使人們避免邏輯矛盾，能有效地防止概念表達上有關意義與所指的混淆。由於佛家邏輯能夠處理空概念的問題，從而不會出現弗雷格的這種區別在遇到所指是空的時所發生的困難，這似乎表明藏傳因明在處理這些問題上是一個更強的邏輯工具。

二、內涵與外延

「所詮」表達某類思維對象的本質屬性及其分子，在形式邏輯中稱爲內涵和外延，這是任何一個名言都必須具備的兩個基本的邏輯特徵。名言的內涵是指反映在名言中的對象的本質屬性，名言的外延是指具有名言所反映的本質屬性的對象類即個體對象的集合。在藏傳因明裏，這兩個邏輯特徵是用「性相」與「所表」來表示的。宗喀巴說：「具足三義法，爲性相之性相；不具足三義法，爲非性相之性相。具足三名言法，爲所表之性相；不具足三名言法，爲非所表之性相。」

一般地，「宗法」和「因法」通常表達的是名言的內涵，「同品」則表達某類名言的外延，「異品」表達某類名言的「反外延」，這個規定似乎比形式邏輯更爲嚴密。因明進一步結合名言限制和概括的方法來闡明其內涵與外延的關係。如果以「宗法」表示名言的內涵，名言的外延與反外延分別爲「宗同品」與「宗異品」，那麼可以作出如下的定義：除宗有法之外凡具有宗法之性質的個體事物，都可稱爲宗同品；凡不具有宗法之性質的事物，則稱爲宗異品。這裡，因明爲了論式的可證性和有效性，避免「循環論證」的錯誤，構造了一個與同品具有相同性質的特殊個體，即「宗有法」，通常稱爲「有法」，它既不在同品之中，更不在異品之列。例如，以宗法「無常性」來看，聲爲有法，瓶、盆、

碗、缶、雷、電、霧、雨等都是其宗同品，而虛空、神我等則是其宗異品。如果以「因法」表示名言的內涵，名言的外延與反外延分別爲「因同品」與「因異品」，那麼也可以作出如下的定義：除宗有法之外凡具有因法之性質的具體事物，就可稱爲因同品；凡不具有因法之性質的事物，則稱爲因異品。例如，以因法「所作性」來看，聲爲有法，瓶、盆、碗、缶等爲其因同品，而雷、電、霧、雨、虛空、神我等爲其因異品。可見，當名言內涵增加（限制）即由宗法無常性到因法所作性時，則名言外延減少即由宗同品到因同品，而反外延卻相應遞增即由宗異品到因異品，把本來是宗同品的雷、電、霧、雨等轉變爲因異品了；反之（名言的概括），其情形正好相反。

值得指出的是，以往的因明研究者總是混淆名言的內涵與外延。他們在詮釋因三相和九句因時，習慣將同品、異品等同於宗法或其否定，而把第一相的宗法視爲特殊個體的有法，這樣就把反映事物本質屬性的內涵與表示具體事物的外延混同起來了，這顯然是錯誤的。

第二節　名言的種類

在古典邏輯中，根據不同的標準，從不同的角度出發，可以對概念進行不同的劃分而得到不同種類的概念。因明也是如此。

一、眞名與假名

宗喀巴認爲，從指稱外界事物性質的角度可以將名言分爲二種：「對彼物首先以語言安名之一，能藉以無誤理解其義，爲彼物眞名之性相，比如：言獸王爲獅子。謂爾爲可安眞名之境物，因其與他物有某些相似處之故，對彼物後來所安之名，爲彼物假名之性相，比如：婆羅門孩童，因其嘴大鼻塌，故名之曰獅子。」顯然，這裡的眞名是指那些名實相符、人們能準確理解其義的眞名言；假名則是指名實不符、僅僅依據其與他物有某些表面相似之處而命名的假名言。換言之，眞實地指稱對象的叫眞名，而藉比喻把嘴大鼻塌的人喻爲獅子之類的名詞叫假名，是非眞實的命稱，它相當於人們日常所講的「綽號」。

二、總名、別名與總義名

陳那在《集量論》中說：「總」是「諸能緣眾多者，如白等功德。譬如說

瓶、地造、實、苦、甘、香等。若謂一次即能了達瓶等事者」。「彼總義如何？總是於多法俱轉者，於具總之瓶等。說具總者，其增益爲彼總之義。」而「別」是「各各彼之所詮即彼差別」〔註4〕。這對名言在數量上的分類具有指導性意義。

　　宗喀巴對總名和別名的涵義解釋得比較清楚：「伴隨若干物存在者，爲總之性相。謂爾爲彼法，於彼法同性體相屬，非爾而是彼法之（事物）有若干存在，爲別之性相。」工珠·元丹嘉措在《量學》中也說：「所謂總，即隨若干（個別）之後而行（意爲遍及）；所謂別，爾爲彼法，爾爲彼法同體相屬，既非爾又是屬爾者有若干，比如，爾金瓶是彼法，而瓶與金乃同體相屬，既非是金瓶，而屬彼瓶法銅瓶、陶瓶等確有若干種故。」〔註5〕就是說，「總名」是指稱一類事物的總名言，其中包含著許多具有相同性質的具體事物；「別名」是指稱同類但彼此相互區別的具體事物的個體名言，這是從反映事物的量上進行區分的。陳那認爲，兩者的關係是：「別望總決定，總望別不定。如樺樹必是樹，樹亦不定是樺樹，如榆、柳等。」〔註6〕可見，這裡的總名與別名相當於形式邏輯中的屬概念與種概念。

　　而且，因明還涉及到虛概念，即「總義名」。宗喀巴說：「謂分別識顯現彼法之義，又非實物，爲彼法總義之性相。」就是說，這種總義名在外部世界中並無具體的實物存在，它祇是人們區分和認識事物類或其性質的一種手段。總義名又分爲三種：一是世上本來不存在的事物，「謂如分別識見鼓腹縮腳之物。」其他如龜毛、兔角亦然，屬於人們虛構的東西。二是裏面沒有任何東西的空間，「無實物，謂如分別識見虛空。」實際上也是人們設想出來的。三是人們認識事物所概括或虛構出來的知識，「謂如分別識見所知。」如水果、賈寶玉等。這些分析是比較全面的。

三、總類名與總聚名

　　宗喀巴云：「總類，謂彼法是爾，彼與爾同性體相屬，非彼而是爾之事物有若干，爲彼法總類之性相。比如：觀待金瓶之瓶。總聚，謂若干支分之集合體，爲總聚之性相。比如：森林或瓶。」可以看出，總類名與總聚名是根據名言指稱的是事物集合體還是事物類來區分的，前者是指稱事物類的名

〔註4〕陳那：《集量論略解》，中國社會科學出版社1982年，第112～113頁。
〔註5〕引自楊化群：《藏傳因明學》，第311頁。
〔註6〕陳那：《集量論略解》，第126頁。

言，後者是指稱事物集合體的名言。這無疑就是形式邏輯中集合概念與非集合概念的劃分。但宗喀巴把瓶作爲總聚名是欠妥的，一般情況下，「瓶」應該是類名而非集合名。

四、遮名與立名

宗喀巴道：「顯現爾之總義，須觀待顯現爾所遮止之總義，爲遮之性相。顯現爾之總義，不須觀待顯示爾所遮止之總義，爲立之性相。譬如瓶。」顯然，立名與遮名是根據名言是指稱某事物還是指稱某事物以外的事物所作的區分，立名是指稱具有某種特有屬性的事物的名言，在語言形式上一般不帶「不」、「非」、「無」等否定詞素；遮名是指稱具有某種特有屬性的事物以外的事物的名言，在語言形式上則往往帶有「不」、「非」、「無」等否定詞素。這種劃分相當於形式邏輯中的正概念（肯定概念）與負概念（否定概念）的區分。

遮名還可以分爲二種：「1、遮止之一，詮自身之語，於遮止自身的所遮處，不涉及其他事物，爲遮無之性相。譬如無瓶。2、遮止之一，詮自身之語，於遮止自身之所遮處，涉及其他事物，爲遮非是之性相。比如：有無瓶。」再如：「胖天授（人名）白天不食。問此人是婆羅門或是旃陀羅，答非婆羅門時而說此人非婆羅門。」

五、質名與體名

就名言是否指稱事物自身或其性質，宗喀巴指出：「具有成辦士夫所需之功能，爲質之性相，如色。成爲質體自性之色之功德（特點），爲體之性相，如色之無常；由分別識所見與異類相反之法，又非物，爲反體之性相，如分別識所見色。」他對此還作了以下說明：「爾成事，爾即爾，非爾者亦非爾，爲質之性相，如色。爾成事，爾非爾或非爾者是爾，爲體之性相，如性相、所表。」可以看出，這裡的質名與體名是依據名言是指稱事物自身還是事物性質來區分的，質名是那些由於其根本性質各異而相互區別開來的具體事物的名言；體名是那些由於某些屬性相同而把諸多事物視爲同類的事物性質的名言；反體名則是與某類事物的性質相反或相矛盾的性質的名言。這相當於形式邏輯中實體概念與屬性概念的劃分，不過，因明對屬性概念還作了正反兩方面的區別。

六、排入名與立入名

在指稱事物的整體或其部分上，名言可以分為排入名與立入名。宗喀巴說：「彼法之具境之一，與彼法互遍之諸法雖存在，但爾不作為境，為排入之性相。謂彼法之具境之一，與彼法互遍之諸法若存在，爾作為境，為立入之性相。」龍朵活佛則說得更簡潔清楚：「將自境劃分為部分而入，是排入的性相。不將自境劃分為部分而入的思維，是立入的性相。」就是說，在人們的思維中將事物的諸多屬性分別開來而僅攝入其部分屬性（如本質屬性）的名言稱為排入名；對事物屬性不加以分別而將其作為整體攝入思維的名言稱為立入名。顯然，這種分類是與人們對事物的認知方式有關的，因此就有正確與錯誤之分，相應地，這兩個名言可以再分出兩種。在排入名方面分為顛倒排入名與非顛倒排入名，前者指攝入思維中的分別識與外境不相符，如說聲是常住；後者則指攝入思維中的分別識與外境相符合，如說聲是無常。在立入名方面分為錯亂立入名與非錯亂立入名，前者指整體攝入思維中的名言與外境不相符，如現見兩個月亮之眼識；後者指整體攝入思維中的名言與外境相符合，如一切正確之現識。排入名與立入名的劃分是形式邏輯所未涉及的，不過，試圖從整體上毫無遺漏地把握事物，在現實中似乎不太可能，所以龍朵說：「立入的士夫與境相符，謂一切聖人。」〔註7〕只有聖人才能得到立入名，一般人是很難獲得的。

此外，藏傳因明裏還有一名與異名、現名與隱名等的名言分類，這裡從略。

第三節　名言外延間的關係

客觀對象之間存在著各種各樣的關係，反映到人們頭腦中的概念也有著多種複雜關係。而形式邏輯著重研究的是概念外延間的關係，因明也不例外。

一、所遍關係

根據宗喀巴的分析，名言間的所遍關係有：「謂爾與彼法異，若排除爾，彼法亦被排除；若排除彼法，爾亦被排除，為等分遍之性相。」就是說，有甲（爾，用 A 表示）、乙（彼法，用 B 表示）兩個在內涵或語言表述形式上不同的名言，例如，「會說話的動物」與「能思維的動物」，如果排除甲則乙隨

〔註7〕引自楊化群：《藏傳因明學》，第 289〜290、287〜288 頁。

之也被排除，如果排除乙則甲也因之被排除，可以用公式表述如下：

A→B， B→A

根據這兩個公式，實際上，如果甲存在乙也必然存在，如果乙存在甲也必然存在，即：

A→B， B→A

顯而易見，屬於所遍關係的兩個名言實際上是一種等值關係，內涵不同，其外延則完全重合。因此，因明名言間的所遍關係在形式邏輯中即表述為全同關係。

二、相屬關係

宗喀巴說：「爾與彼法異，若排除彼法，爾亦被排除，為相屬（關係）之性相。分為二種：（1）彼法所遍，並且是非彼法以外之其他事物，為同性相屬之性相。（2）彼法所遍，並且是彼法以外之其他事物，為依生相屬之性相。」這是從因果聯繫上來說明名言的屬種關係的。

龍朵活佛在《因明學名義略集》中作了更為詳細的劃分和例舉：「同體關係又分為：一把集體的名字安在個體上，如把『聲音』作為成立『無常』的宗；或把四不善語（離間語、粗惡語、妄語、綺語）雖都叫作綺語（無意義的雜穢語），但分開時只把妄語說成綺語，並不把其餘三個都分別叫作綺語。二把個體名安在集體上，如國王臣眷同時說國王駕到。因果關係（即依生關係）：一把因的名稱安在果上，如把太陽光叫作太陽。二把果的名稱安在因上，如把蘿蔔的莖葉叫作蔬菜。」〔註8〕

可以看出，因明名言間的相屬關係相當於形式邏輯中的屬種關係，「彼法」為屬名言，「爾」為種名言，不過因明的劃分比形式邏輯更為細緻，解釋也相當準確和科學，其同性相屬關係和依生相屬關係之下的兩種劃分均包括了形式邏輯中的真包含關係與真包含於關係。

三、別異關係

宗喀巴認為，名言間的別異關係是指：「於分別識現為異者，為多之性相。成事，彼法與其真名所相異瞭解，為別異之性相。」陳那在《理門論》中云：「如是宗法（此指因法）三種差別，謂同品有、非有及俱，非與同品相違或異，若相違者，應唯簡別；若別異者，應無有因。」對應來看，所謂別異是

〔註8〕同上註。

指有同品有因、有同品無因（俱）的這樣一種因法與同品的關係，由於它違反因三相的第二相「同品定有性」，因此無正因可言，犯了「不定因」的過失。正如宗喀巴所言：「謂不定因之一，對宗法已極成之補特伽羅（人），或見於同品，或見於異品，爲共不定因之性相。分爲二種：A、謂共不定因之一，對宗法已極成之補特伽羅，於同品異品皆見之，爲眞正不定因之性相。B、謂共不定因之一，對宗法已極成之補特伽羅，於同品異品見未周遍，爲具餘不定因之性相。」就是說，因明名言間的別異關係就是同品異品中皆有因法，但兩者均未周遍因法，亦即這兩個名言的外延只有部分重合，這在形式邏輯中表達爲概念間的交叉關係。

四、相違關係

　　關於相違關係的涵義，宗喀巴指出：「處於不相順，爲相違之性相。分爲三種：不並存之相違，互排之相違，量識牴觸之相違。」所謂相違關係，在內涵上是不相符順的，在外延上是沒有重合或相容關係的，在形式邏輯中稱爲全異關係。

　　不並存相違關係是指「謂彼此成爲相違力量，不堪同時爲友伴。復分爲三種：（1）物質之不並存相違，比如熱觸與冷觸、光明與黑暗。（2）心識之不並存相違，比如瞭解聲音無常之比度與執聲音常住之現行增益遍計執。（3）生物之不並存相違，如蛇與鼬。」從其例示來看，第一、三種指的是反對關係，第二種指的是矛盾關係。

　　互排之相違關係是指「與彼法互異，既是爾，又與彼法之相順處不可能存在，是互排相違之性相。復分爲二種：（1）與彼法不相順而存在之主要（事物），無既非爾又非彼法之第三者，爲親違之性相，比如常與無常。（2）與彼法不相順而存在，非住於遣除彼法之反體，爲疏違之性相，比如所作性與常住。」第一種是直接相違（親違）關係，常與無常之間不存在第三者，因此這裡明確地表述了形式邏輯中的矛盾關係；第二種是間接相違（疏違）關係，所作性與常住之間存在第三者，這也明確地表達了形式邏輯中的反對關係。

　　量識牴觸相違關係是指「兩方之任何一方，能直接遮止另一方成立此方，則與對方不相順者，爲與量識牴觸相違之性相。比如所作性與常住。」這是從比量（推理）方面來說明相違關係的，從用例上看，屬於反對關係。

　　可以看出，藏傳因明所說的相違關係包含了形式邏輯中有關全異關係的

內容，分析更爲細密，不過略顯繁瑣和重複，缺乏邏輯上的概括性，它是從內涵和外延兩方面來進行區分的。

第四節　定　義

亞里斯多德在「正位篇」中說：「定義是一個表示一物的本質的短句。它或者是以一個用來代替一個詞的短句作成，或者以一個用來代替另一短句的短句的形式作成；因爲，規定一個短句的意義，有時也是可能的。」〔註9〕顯然，亞氏對定義的看法是非常清楚和確切的，他實際上還把定義區分爲實質定義和語詞定義。因明雖然沒有亞氏所規定的那麼準確，但是卻十分詳細地討論了定義方法，而且有其獨到之處。

定義與劃分是分別從內涵與外延方面明確概念的兩種邏輯方法。藏傳量論有其獨特的一套術語，初學者往往較難把握，但它的敘述又很嚴謹，每提出一個重要的名言都要給出它的「性相」、「類屬」和「相依（喻例）」。實際上前者是一個定義，揭示出名言的內涵；而後二者是一種外延上的分類和舉例，明確名言的外延，使讀者逐步掌握這一新名言。

一、定義的組成及規則

宗喀巴將定義分爲「性相」與「非性相」：「具足三義法，爲性相之性相。不具足三義法，爲非性相之性相。」就是說，根據其是否具備三義法而有正確定義與錯誤定義的區分，這是與因三相的原則一致的。何謂三義法？宗喀巴說：「可以具足三種實有法或具足三種能安立法，爲性相之性相」。普覺·強巴作了更具體的解釋：「何爲三種實有法耶？謂總爲性相者一，成立於自之相依上者二，唯作自身所表之性相者三也。何爲三種能安立法耶？謂是性相者一，非是自身所表以外之性相者二，無論何物均可作爲相依者三也。相依之性相者，謂以性相及時顯示彼所表之依處也。」〔註10〕就是說，從其性質來看應具備三種實有法（義三法），即它是涵蓋某類種概念的鄰近的屬概念（後一個性相）、建立在該類事物的共同性質的基礎之上、只表達爲定義項中的屬名言；從其能作爲定義項中的屬名言來看應具備三種能安立法，即它本身是定義項裏的屬名言、不是其他定義項中的屬名言、該類事物中任何一物都有

〔註 9〕　《古希臘羅馬哲學》，商務印書館 1982 年，第 296 頁。
〔註10〕　引自楊化群：《藏傳因明學》，第 131、311 頁。

其共同性質而可作定義項裏的鄰近的屬。這也可以說是對「性相」的一種規定（規則），不具備這些規定的則稱爲「非性相」。

因明以「所表」來表示被定義項，它也具有一些規定。宗喀巴說：「具足三名言法，爲所表之性相。不具足三名言法，爲非所表之性相。」何謂三名言法？「以具足三種假有法或具足三種所安立法，爲所表之性相。」普覺・強巴解釋道：「何爲三種假有法耶？謂總爲所表者一，成立於自之相依（事）上者二，唯作自身性相之所表者三也。何爲三種所安立法耶？謂是所表者一，非是自身性相以外之所表者二，無論何物均可作爲相依者三也。」〔註 11〕就是說，從其命名來看必須具備三種假有法（名言三法），即該事物類的總名、以其本質屬性（種差）爲基礎、只能作爲本身定義的被定義項；從其作爲被定義項來看必須具備三種所安立法，即它本身爲被定義項、不是自身定義以外的被定義項、該類事物中的任何一物都具有相同的本質屬性從而可作爲所表。這也可以作爲「所表」的規則，違反這些規則的就是「非所表」。

一個定義除了屬名言與被定義項之外，在定義項中還有一個重要的組成部分即種差，因明用「相依」來表示。宗喀巴指出：「性相表其所表所依之具體事，爲相依之性相。」相依是對一個名言下定義的根據和前提，是一個名言區別於其他名言的特有屬性。正如工珠・元丹嘉措所言：「相依之性相，謂由性相表達所表之基礎。」〔註 12〕亦即，種差的性質就是可以顯示定義項中的屬名言所表達的意義依託。

因明的定義就是由上述的「性相」、「所表」和「相依」三個部分所組成。即：

　　　　所表＝相依＋性相。

至於定義項與被定義項之間的聯繫，因明要求兩者必須對應一致（同一），在形式邏輯中稱爲相應相稱的關係。普覺・強巴說：「能表功能之所表之性相者，謂具足能表功能之假有三法也。物之性相之性相者，謂具足物之實有三法也。能表功能之具足假有三法之相依之性相者，謂能表功能之具足假有三法之能表功能也，其相依者，謂彼物是也。物之相依之性相者，謂以能表功能顯示彼所表之物也。」

─────────────

〔註 11〕同上註。
〔註 12〕同上註。

二、過失定義

違反上述的有關規定（規則），就會出現邏輯謬誤。宗喀巴將定義的過失分為三種：「（1）性相不遍之過，比如：以具頸背肉峰及花斑，為牛之性相。但是並非凡是牛皆具頸背肉峰及花斑，故云性相有不周遍之過失。」這在形式邏輯中叫「定義過窄」的錯誤。「（2）性相逾遍之過，比如：立具頭顱，為牛之性相。但是凡具頭顱者，並非皆是牛，故云性相有逾遍之過失。」這在形式邏輯中叫「定義過寬」的錯誤。「（3）不存在於相依之過，比如：以具頸背肉峰等為理由，將馬說為牛。實則，馬卻無頸背肉峰等。」這是所表（被定義項）不具有性相（屬名言）所陳述的性質之過，屬於「虛假定義」，該過失是形式邏輯中所未見的。

由於因明定義包括性相、所表和相依三個部分，因此，宗喀巴分別將有關的過失再作了細分。第一，「似性相分為三種：（1）自反體質不成，比如以牛為牛之性相。（2）義體變為他物，比如以有頸背肉峰等，為馬之性相。（3）性相不存在於相依，比如以具頸背肉峰等為理由，將馬說為牛。」這裡的第一種似性相在形式邏輯中屬於「同語反覆」的錯誤；第二種似性相的例示是說，馬並無頸背肉峰等，假如用這些屬性作定義項，就會犯「義體變為他物」（虛假定義）的過失；第三種似性相與上述第三種定義的過失相同。後二種似性相在形式邏輯中是沒有出現過的。

第二，「似所表分為三種：謂自體於名言不成立，名言變為他物，名言不存在於相依。」宗喀巴沒有舉出例示，因為「似所表」與「似性相」的過失相類似，即分別為同語反覆、定義項與被定義項異質、所陳述的屬性不存在於種差之中。

第三，「似相依分為：不依性相，不依所表二種。」這二種「似相依」也沒有例示，但比較容易理解，如「商品是天然的勞動產品」，這是犯了「不依性相」的過失；「商品是用來自己消費的勞動產品」，這是犯了「不依所表」的過失。這些過失也是形式邏輯中所沒有的。

可見，佛教邏輯關於過失定義的論述包含了諸多獨特的有價值的部分，許多過失定義是其他邏輯系統沒有涉及到的，因而可以彌補形式邏輯之不足。但是，在形式邏輯中的多種定義錯誤，如「循環定義」、「定義含混」、「以比喻代定義」、「否定語句定義」或「負詞項定義」等，是因明沒有論說的。所以，因明與形式邏輯關於定義的理論是可以相互補充的。

三、定義的種類

關於定義的分類，普覺・強巴作了概括：「總而言之，定性相分爲二種，謂排除不同種類之性相及排除顛倒分別之性相。此二者之相依者，謂如彼新生非虛誑認識之一，離分別復無錯亂之認識也。」〔註13〕

一般來說，下定義是爲了揭示某類事物的共同本質，而捨棄個體事物的特殊性質；而且，定義還排除非該類事物的性質，以使不同種類的事物明確地區分開來。對於前者，定義不是個別知識的重複，而是在總結個別知識的基礎上得到一般知識，且與客觀實際相符，因此是「新生非虛誑認識」。對於後者，普覺・強巴說：「同時言離分別及不錯亂，乃就排除邪（顛倒）分別而言，對此復如將一個月亮見爲二個月亮之根識亦言之爲離分別，爲了排除懷疑彼是否是現量之邪分別，故言不錯亂。同時爲了排除明論（或正理）派等主張現量是分別之邪分別，故言離分別也。」〔註14〕就是說，把一個月亮看成二個月亮不違反「離分別」，卻違反「不錯亂」；有些現量（感覺）如見旋轉的火焰誤爲火輪，這是邪分別，因而還需要「離分別」。

從這兩種定義的分類出發，因明從性質、發生、關係、功用、列舉、語詞等各個方面對名言都下了定義，這與形式邏輯中的表述並不違讓。例如，普覺・強巴說：「謂離分別不錯亂之了別，爲現量之性相。」這是性質定義。他又說：「蓋鼓腹盤底具盛水功能，爲瓶之性相。」這是功用定義。而「所謂是自身之體法者，謂所表、常、總、別等」，這是列舉定義。他還從內涵與外延二者結合起來下定義：「謂士夫（人）相續所不攝之微塵所成，爲外物質之性相，事例如瓶、柱、地、水、火、風四大等。」形式邏輯規定，對正概念下定義不能用負概念，而普覺・強巴認爲，某些概念也可以用負概念或否定語句來下定義，例如「非由名言分別所假立而由自之性相所成就之法，爲自相之性相。係由名言分別所假立非由自相所成者，爲共相之性相。」宗喀巴道：「謂伴隨若干物存在者，爲總之性相。」這是發生定義。他又言：「由分別識現見異者，爲多之性相。」這是關係定義。法稱和龍朵活佛都講過：「所謂三相，謂宗法，隨因後遍，遣遍。」這是語詞定義，等等。其實，因明的兩類定義是統一的，正如普覺・強巴所說：「此爲排除不同種類之性相及排除顛倒分別之性相者，謂既是排除不同種類性相之一，亦是排除顛倒分別之性

〔註13〕引自楊化群：《藏傳因明學》，第131、132頁。

〔註14〕同上註。

相故。」〔註15〕

第五節　劃　分

　　一般來說，劃分是指按照一定標準把某一屬詞項分成若干種詞項，從而明確其外延的邏輯方法。佛教邏輯對劃分的涵義也作了闡述，薩班‧貢噶堅贊在《量理藏論》中說：「種類是何？若遮有或所作之性相，即遮義；若遮所表，即遮名言。」〔註16〕就是說，劃分可以從兩方面來理解，一是以某種屬性而對詞項進行劃分；另一是按照它是否反映某一對象而對詞項進行劃分。我們可以看到，這兩種劃分的思想和方法貫穿全部因明學論著之中，因明每提出一個新的重要名言，首先是對它進行嚴格的定義，然後便是對它進行周詳的劃分，而且其劃分的細密深入的程度確實是無以倫比的。一個有力的證據就是，因明在過失論中區分出數千種過失，其數量之多，範圍之廣泛，分類之細緻，是任何其他邏輯系統所遠遠不及的。

　　邏輯上的劃分由母項、子項和劃分標準三個部分所組成，有一次劃分、二分法、連續劃分和復分等。佛家邏輯在其具體敘述中實際上也蘊涵了這些思想，而且有關論述往往是十分系統的。例如，宗喀巴說：「物，從自性方面分為：物質與心識二種。」在這裡，「物」是被劃分的母項，「物質」和「心識」是劃分後所得到的子項，劃分所依據的標準是「自性」。這個劃分是根據一個標準把母項分為若干子項，屬於一次劃分，因為它只包含母項和子項兩個層次。

　　連續劃分是包含三個或更多層次的劃分，也就是把母項劃分為若干子項之後，再將其子項作為母項繼續進行劃分，直到滿足需要為止。藏傳因明家也進行了諸多的連續劃分。根據宗喀巴《因明七論入門》第一卷「外境」中所述，對世界上的客觀事物可以作如下的分類：外境從自性方面可分為「物」與「非物」；物分為「物質」與「心識」；物質又分為身外物質與身內物質；身外物質復分為色、聲、香、味、觸五種；色再分為白、黑等顯色與方形等形色；聲再分為語言等表意聲與水聲等不表意聲；香再分為香與臭；味再分為香與不香；觸再分為柔軟與粗澀。然後，對身內物質分為眼淨色根、耳淨色根、鼻淨色根、舌淨色根、身淨色根五種；眼淨色根又可分為緣境時的具

〔註15〕引自楊化群：《藏傳因明學》，第 201、258、119、100、100、131 頁。
〔註16〕《中國邏輯史資料選》因明卷，第 361 頁。

依之淨色根與不緣境時的相應之淨色根；其他的耳淨色根、鼻淨色根、舌淨色根、身淨色根等亦各作如此劃分。

　　復分是按照不同的標準，將同一母項分別劃分爲若干子項。據此，宗喀巴將外境的「物」（事物）先從自性方面分爲物質與心識，再從功能作用方面分爲因與果；「因」先從自性方面分爲親因與疏因，再從主次方面分爲近取因與俱生緣因；緣又可以總分爲所緣緣、增上緣、等無間緣三種。

　　二分法是一種特殊的劃分，它把母項分爲兩個具有矛盾關係的子項，通常是以對象有無某種屬性作爲劃分標準，將一個屬詞項分爲同級的一個正詞項和一個負詞項。宗喀巴在第一卷中將外境分爲物與非物，物分爲物質與心識，物質分爲身外物質與身內物質，色分爲顯色與形色，聲分爲表意聲與不表意聲，味分爲香與不香，物再分爲因與果，因分爲親因與疏因，因再分爲近取因與俱生緣因，所量分爲自相與共相，所詮分爲直接所詮與間接所詮，所詮再分爲講說時之所詮與緣物時之所詮，等等。這都是典型的二分法。普覺・強巴還明確地說：「此之分類，有若干種分法，謂眞與似應成論式之二分法；從立式方面之四分法等。」「五遍行心所中之受害者，謂識之領納，唯以領境是受自性，受與受蘊同義。有二分法，三分法，五分法三種分類。」〔註17〕

　　宗喀巴在其著作的第二至第四卷中也有眾多上述類似的劃分，這裡不再一一列舉。這說明他對有關劃分的知識有著充分的積纍，研究功底也較爲深厚，因此運用起來得心應手，具有很強的系統性。

　　由上述可知，佛教邏輯對名言的論述不僅包含了今天形式邏輯中相應的內容，而且較之更爲細密，理解也更爲深刻和科學，其諸多的精闢獨到之處也是其他邏輯系統所不可比擬的。尤其是藏傳因明能夠有意識地、相對集中地和全面地闡述其名言論，而且獨立地達到了如此高度的成就，就其時代來說是相當卓著和驚人的。因此，我們探討和總結因明名言論，對邏輯科學的深化發展無疑具有重大的借鑒價值和深遠意義。

〔註17〕《中國邏輯史資料選》因明卷，第 558、619 頁。

第四章　命題論

第一節　直言命題

邏輯以命題爲其基本單位，命題是通過語句來反映事物情況的思維形式，亦即表達判斷的語句。命題由主詞、賓詞和係詞這三要素所構成，主詞是判斷的對象的規定，賓詞是對象規定的規定，係詞則是聯絡主詞和賓詞的離合關係而形成一個命題。

一、命題及其種類

在藏傳因明中，通常用「文」來表示命題。宗喀巴說：「能結合境物之性質與差別而詮表，爲『文』之性相，如說：用小瓶子盛水來。」〔註1〕這是說，文（命題）就是以其本質屬性和特有屬性來表達事物的句子。他從兩個方面對文進行了分類。

一是就是否排除某涵義方面分爲三種：「（1）排除不具之語（限制非有語），謂於差別法後面緊接著用虛詞詮表，如言角宿（人名）唯爲射擊手之語。（2）排除他具之語（限制另有語），謂於差別依之後無間用虛詞詮表，如言唯成有（人名）是射擊手之語。（3）排除不可能之語，謂於可能之事下無間用虛詞詮表，如言海生（蓮花）只可能有青色之語。」〔註2〕對此，龍朵活佛作了例舉說明：「如果說這些僧眾當中，祇是某人是阿羅漢，乃排除別人是阿

〔註1〕《中國邏輯史資料選》因明卷，第427頁。
〔註2〕《中國邏輯史資料選》因明卷，第428頁。

羅漢（排除他具）。如果說具足三學（即戒學、定學、慧學）的人是大家，乃排除了不具備三學的人，所以叫排除不具。如果說從情（泛指人或有生命的動物界）產生佛陀，乃排除不可能。」〔註3〕顯然，排除不具之語相當於形式邏輯中的性質命題，如「高僧大德是具備三學的人」，「商品是用來交換的勞動產品」；排除他具之語相當於形式邏輯中的假言命題，如「只有張三才是阿羅漢」，「如果兩個物體摩擦就會生熱」；排除不可能之語相當於形式邏輯中的選言命題，如「或者從人群中產生佛陀，或者從動物界中產生佛陀」，這是一種命題間的選擇關係，表示這兩種可能情況中至少有一種存在，即其中一個命題是真的。宗喀巴在這裡對命題的分類是不全面的，尚需以後的藏傳因明家來加以完善。

　　二是就言說方面可分為「直接執著之能詮及由彼說出之間接能詮二種」。前者如，由觀察到瓶子具有無常性之後，而說「瓶子無常」；後者如，由觀察瓶子無常，而瓶子為聲之同品，則說「聲是無常」。這分別是直言命題和間言命題，其中的間言命題可以說是對命題理論的發展。

二、體三名與義三名

　　在命題結構上，因明有其專門的術語，命題中的主詞稱為自性，賓詞稱為差別。何謂自性、差別？《大疏》卷二中曰：「彼因明論，諸法自相，唯局自體，不通他上，名為自性；如縷貫華，貫通他上諸法差別義，名為差別。」〔註4〕就是說，世間萬象都有自己的特性（自相），該特性只局限在某一事物本身，而不涉及其他事物，這叫自性；如果像用線把花兒貫穿起來那樣從一事物貫通到他事物，這就是一類事物的差別義了，因此稱作差別。比如，「聲是無常」這一命題，先陳的聲只稱自體之名，還未表明其義理如何，故名「自性」；而後陳的無常已經對聲自性有了分別的意義，同時通向其他許多事物，如瓶盆碗缶等，因為這一類事物都具有無常的屬性，「無常」的外延要比「聲」的外延大。因此，自性與差別之間是屬種關係，自性是種詞項，亦叫自相；差別是屬詞項，也叫共相。

　　窺基認為，一個命題的自性與差別之間有三點不同：「一者局通，局體名自性，狹故；通他名差別，寬故。二者先後，先陳名自性，前未有法可分別故；後說名差別，以前有法可分別故。三者言許，言中所帶名自性，意中所

〔註3〕引自楊化群：《藏傳因明學》，第288頁。
〔註4〕《中國邏輯史資料選》因明卷，第44頁。

許名差別，言中所申之別義故。」〔註5〕可見，自性與差別除了自性狹差別寬的區別之外，分別還有兩個別名，即有法與法、所別與能別。因此有「體三名」和「義三名」的說法。

何謂有法與法？《大疏》卷二中道：「自性亦名有法，差別亦名法者。法有二義，一能持自體，二軌生他解。故諸論云：法謂軌持，前持自體，一切皆通；後軌生解，要有屈曲。初之所陳，前未有說，徑挺持體，未有屈曲生他義解；後之所陳，前已有說，可以後說分別前陳，方有屈曲生他義解，其異解生，唯待後說。故初所陳，唯具一義，能持自體，義不殊勝，不得法名；後之所陳，具足兩義，能持復軌，義殊勝故，獨得法名。前之所陳，能有後法，復名有法。」〔註6〕窺基在這裡指出，由於先陳僅僅涉及自身，還沒有用名言種類等去加以分別，不會產生其他的意思或誤解，因此它僅有一義，能保持自體；而能產生曲解的是後陳，因為它必須以名言種類等去加以分別，這就有可能產生異解，因此「法」具有兩大功能，一是能保持它自身的意義，二是製定規範以避免產生其他意思。「法」的本義為規範、法軌，一個命題的先陳沒有這樣的意義，而其後陳則有這樣的意義，因此獨得「法」名；但命題先陳已有後陳加以規範，所以稱為有法。

何謂所別、能別？《大疏》卷二言：「自性亦名所別，差別亦名為能別者。立敵所許不諍先陳，諍先陳上有後所說。以後所說，別彼先陳，不以先陳別於後說，故先自性名為所別，後陳差別名為能別。」〔註7〕這是說，立敵雙方對自性是共同認可的，他們所爭辯的不是先陳的自性，而是先陳是否具有後陳所說的屬性，因為先陳正是由後陳加以名言種類分別的，而不是相反後陳由先陳來分別。因此，先陳的自性（有法）是所分別的對象，故稱為「所別」；後陳的差別（法）是能夠顯明自性具有何種屬性的，故稱為「能別」。

根據上述，命題中先陳與後陳的位置是相對固定的，如果把它們的先後順序弄顛倒了，往往就會造成過失，如以義為自性，體為差別；以具一義為法，具二義為有法等。對此，《大疏》卷二里分別作了解釋並給予匡正。

對於第一種過失，窺基說：「此因明宗不同諸論，此中但以局守自體名為自性，不通他故；義貫於他，如縷貫華，即名差別。前所陳者，局在自體；

〔註5〕　《中國邏輯史資料選》因明卷，第45、46、47頁。
〔註6〕　同上註。
〔註7〕　同上註。

後所說者，義貫於他。貫於他者，義對眾多；局自體者，義對便少。以後法解前，不以前解後，故前陳名自性，後陳者名差別。」④〔註8〕這裡說，自性與差別之間有兩個重大區別：在內涵方面，「自性」局限於自身之中，而「差別」則通於其他事物；在外延方面，「差別」所包含的事物眾多，而「自性」所包含的事物較少。比如，「北京是中國的城市」，前陳「北京」在內涵的意義上局限在自身之中，在外延的數量上僅有一個；而後陳「中國的城市」在內涵的意義上不僅通於北京，而且通於中國的其他城市，在外延的數量上則包括中國境內大大小小數萬座城市。因此，窺基在這裡提出直言命題適當性的第一條規則：「以後法解前，不以前解後」。違反這條規則即「以前解後」，就會出現「相違」、「不定」的錯誤，如宗過中的「五相違」、因過中的「五不定」和「四相違」等。

對於第二種過失，窺基解釋道：「先陳有法，立敵無違；此上別義，兩家乖競，乖競之意，彼此相違，可生軌解。名之爲法，非所諍競，彼此無軌，競挺自體，無別軌解。但名有法，談其實理·先陳後說，皆具二義，依其增勝，論與別名。故前陳者名有法，後陳者名法。故《理門論》云，觀所成故，立法有法，非德有德，法與法一切不定；但先陳皆有法，後說皆名法，觀所立故，非如勝論德及有德一切決定。」〔註9〕這裡說，先陳有法，立敵雙方都認可，但是若先陳法，立敵雙方都不認可，而且先陳與後陳之間會出現相互矛盾及其他誤解的情況。如「無常是聲」，由於在「無常」的範圍內包括瓶盆碗風雷電等許多事物，說「瓶等是聲」就犯了「彼此相違」的過失；此外，說「無常是聲」還可能產生其他誤解，似乎只有聲才具有無常性，其他事物不具有無常性，這就大錯特錯了。因此，窺基提出直言命題適當性的第二條規則：「競挺自體，無別軌解」。也就是，有法與法各安其位，不生他解，否則也會犯「相違」和「不定」等過失。

至於第三種前陳別後陳，窺基釋曰：「前後所陳，互相簡別，皆應得名能別所別，如成宗言差別性故。然前陳者非所乖諍，後說於上彼此相違，今陳兩諍，但體上義，故以前陳名爲所別，後名能別，亦約增勝以得其名。又但先陳，皆名自性有法所別；但是後說，皆名差別法及能別，但諍後於前，非諍前於後故。舉後方諍，非舉前諍故，能立立於後，不立於前故，起智了不

〔註8〕同上註。
〔註9〕《中國邏輯史資料選》因明卷，第47～48頁。

由前故，由此得名前後各定。」〔註10〕這裡說，前陳與後陳可以互相簡別，亦即互相限制。如「聲是無常」，前陳「聲」限制後陳是「無常」而不是「常住」；另一方面，後陳限制前陳，聲具有無常性而非其他如音量大小、高低等性質。因此前陳與後陳均可稱爲能別或所別，窺基在此提出直言命題適當性的第三條規則：互相差別，前後各定。不過，前陳不是立敵爭論的焦點，它是體，所以通常稱爲自性、有法、所別，後陳才是立敵爭論的中心，它是義，因此稱爲差別、法、能別。

正如前述，有法與法、所別與能別不過是自性與差別的別名，因此，這三對範疇實際上是從不同的角度而言的：「二燈二炬，二影二光，互舉一名相影發故。欲令文約而義繁故，宗之別名皆具顯故。攝名已周，理實無咎。」因明術語確有許多不必要的重複，而且過多的名詞術語，也給因明家的論述帶來諸多不便，所以在因明學上主要以有法來指代主詞，以能別來指代賓詞。天主《入論》中云：「此中宗者，謂極成有法，極成能別。」正是這個意思。但是，因明在建構命題的理論上提出了三條基本規則，這在世界邏輯史上是獨一無二的，也是因明對邏輯學的突出貢獻，對邏輯學科的發展有其重大的借鑒意義和獨特的歷史地位，因爲它彌補了邏輯學領域歷來僅推理論證的結構有規則約束而命題結構沒有規則可循的巨大缺憾。

三、表詮與遮詮

表詮、遮詮這兩個術語爲大乘法相宗所創。許多因明研究者認爲，表詮指肯定命題，遮詮指否定命題。如陳望道先生說：「言語形式上有表示前後兩端相合的，也有表示前後兩端相離的。表示相合的，因明上叫做表詮，即邏輯上的肯定命題；表示相離的，因明上叫做遮詮，即邏輯上的否定命題。」〔註11〕楊百順先生道：「表詮相當於西方邏輯的肯定命題，例如『金剛石可燃』。遮詮相當於西方邏輯的否定命題，例如『聲是無常』。」〔註12〕沈劍英先生云：「因明的表詮、遮詮與邏輯的肯定、否定在性質上相當」，遮詮與否定命題無異，表詮則與肯定的區別判斷相似。其引證的根據主要有二個：一是唐代宗密《禪源諸詮集都序》卷二：「如說鹽，云不淡是遮，云鹹是表。說水，云不乾是遮，云濕是表。」二是《大疏》卷八：「立宗法略有二種：一者

〔註10〕同上註。
〔註11〕陳望道：《因明學》，世界書局1931年，第42頁。
〔註12〕《因明新探》，甘肅人民出版社1989年，第88頁。

但遮非表，如言我無，但欲遮我，不別立無，喻亦遮而不取表。二者亦遮亦表，如說我常，非但遮無常，亦表有常體，喻即有遮表。」〔註13〕虞愚先生亦說：「因順成宗，表立遮遣所詮法體，亦判有無。」「宗中賓詞，就用辭上有表遮立遣之不同。其有體無體，猶邏輯之肯定、否定也。」〔註14〕

　　然而，這些證據不足於證明表詮、遮詮為肯定命題和否定命題的觀點，實際上它們分別表示的應當是正詞項和負詞項。在形式邏輯中，正詞項（或肯定詞項）指稱某一外延集或其中的元素，如「金屬」、「紅色」等；負詞項（或否定詞項）指稱某一外延集之外的集或元素，如「非金屬」、「不合法」等。顯然，宗密說的「鹹」、「濕」表達的是正詞項而非肯定命題，「不淡」、「不乾」表達的是負詞項而非否定命題。窺基說的「我」指永恆不變的實體，佛教不承認它的存在；「無」表述不存在的東西，它遮了「有」但沒有什麼可闡明。若把「無」作為否定詞「不是」解，「我無」便不成言語。「亦遮亦表」即「遮詮」，如「我常」的「常」既遮了「無常」也表有常體。因此，窺基「但遮非表」與「亦遮亦表」所作說明的都是宗的謂項而非命題，也就是說，表詮與遮詮都是就命題中的詞項而言的，它們都不可能表達肯定命題與否定命題。「我無」和「我常」宗都省略了聯結詞「是」，二者表達的是肯定命題，即「我是無」和「我是常」。

　　「遮詮」一詞在這對範疇的解釋中事關重大。陳那《理門論》通常將「遮遣」放在一起使用，其意為「排除」。他在論述「似能破」時說：「若現見力，比量不能遮遣其性，如有成立『聲非所聞，猶如瓶等』，以現見聲是所聞故。不應以其所聞性遮遣無常，非唯不見能遮遣故。若不爾者，亦應遣常。」陳那僅在敘述喻支時講到了「遮詮」一詞：「喻有二種，同法異法。同法者，謂立聲無常，勤勇無間所發性故，以諸勤勇無間所發皆見無常，猶如瓶等；異法者，謂諸有常住，見非勤勇無間所發，如虛空等。前是遮詮，後唯止濫。」〔註15〕「詮」是具體解釋、闡明事理的意思。這裡，「遮詮」表示一種邏輯功用。陳那量論的特點之一是命題中詞項的構成有特殊的方式，即「遮詮」構詞法。

　　對此，唐代僧人神泰說：「名言但詮共相不能詮表諸法自相，以自相離言說故。詮共相要遣遮餘法方詮顯此法，如言青遮非黃等方能顯彼青之共相，

〔註13〕　**沈劍英**：《因明學研究》，第45頁。
〔註14〕　《虞愚文集》第一卷，甘肅人民出版社1993年，第155、137頁。
〔註15〕　引自鄭偉宏：《因明正理門論直解》，第173～174、87～88頁。

若不遮黃等，喚青，黃即應來。故一切名言但遮餘法更無別詮。如言無青更不別顯無青體也。」〔註 16〕這是說，名言只能詮解共相而不能表達自相，詮解共相是通過排除其他屬性以呈現共性來進行的，這種遮詮法有兩種：一是如說「青」，通過遮去黃、白、紅、藍等非青來表示此青；二是如說「無青」，除了表明沒有青之外，並不表達其他意思，是遮而不詮的。可見，這兩種方法分別表達的是正詞項與負詞項。在文軌《莊嚴疏》卷一第 27 頁右，也有一段與此相同的說法：「若詮青共相，要遮黃等方顯此青，謂非非青，故名之爲青。若不遮非青，喚青應目黃等。故一切名欲取諸法，要遮餘詮此，無有不遮而顯法也。然有名言但遮餘法，無別所詮，如言無青，無別所顯無青體也。」

接著神泰對「前是遮詮，後唯止濫」作了解釋：「今同喻云，諸是勤勇無間所發遮非勤勇無間所發，顯勤勇無間所發，皆是無常遮是常住詮顯無常生滅之法，故云前是其遮後是詮也。其異法喻云，諸常住者但遮無常，故云常住不欲更別詮常住，即非所作但欲遮其所作不別詮顯非作法體。此意但是無常宗無之處皆無所作，但是止濫而已，不欲詮顯法體，故言後爲止濫也。」這是說，在同喻體中，前陳「諸勤勇無間所發」先遮「非勤勇無間所發」，後詮「勤勇無間所發」；後陳「無常」先遮「常住」，後詮「無常生滅之法」，可見，同喻體的前陳與後陳都是亦遮亦詮。在異喻體中，前陳「常住」只遮「無常」而別無所詮，因而是唯遮不詮。實際上，窺基也作了相同的解釋，他認爲宗法和喻的遮表情況是相同的：「若無爲宗，有非能成，因無所依，喻無所立，故可有爲異，異於無故；以有爲宗，有爲能成，順成有故，無非能立，因非能成，喻無所立，故有無並異，皆止濫故。同喻能立，成有必有，成無必無，表詮遮詮二種皆得；異喻不爾，有體無體，一向皆遮，性止濫故，故常言者，遮非無常宗，非所作言，表非所作因。《理門論》云，前是遮詮，後唯止濫，由合及離，比度義故。前之同喻，亦遮亦詮，有成無以無，成有以有故；後之異喻，一向止濫，遮而不詮。由同喻合，比度義故；由異喻離，比度義故。」〔註 17〕顯然，神泰、窺基的「亦遮亦詮」和「唯遮不詮」也是就命題中的詞項構成而言的。正如陳大齊先生所言：「故此遮義，與邏輯中所云負名，約略相當。」〔註 18〕

〔註16〕神泰：《理門論述記》卷三第 18 面，支那內學院 1923 年。
〔註17〕《中國邏輯史資料選》因明卷，第 98～99 頁。
〔註18〕陳大齊：《因明大疏蠡測》，重慶鉛印版 1945 年，第 206 頁。

四、全分與一分

關於命題的量，亞氏邏輯和中國墨辯都作了比較具體的研究，但在因明學卻很少探討，因為因明立量習慣上使用全稱或單稱命題，而極少使用特稱命題的。陳望道認為，全分、一分就是邏輯上的全稱、特稱：「言語的分量上，有表示後端遍通於前端的全分的，也有表示後端遍通於前端的一分的。後端遍通於前端的全分的，如說『凡甲是乙』，這是宗，就稱為全分的宗；後端遍通於前端的一分，如說『有甲是乙』，這是宗，就稱為一分的宗。」〔註19〕石村在《因明述要》中也有這種看法。這實是一大誤解。

在《理門論》中，全分（一切分）、一分的涵義視具體的情況而定。陳那說：「若以有法立餘有法或立其法，如以煙立火，或以火立觸，其義云何？今於此中，非以成立火觸為宗，但為成立此相應物。若不爾者，依煙立火，依火立觸，應成宗義一分為因。」〔註20〕這裡的「依煙立火，依火立觸」分別是宗義一分為因。所謂宗義一分就是二宗依之一分，是分別就宗支的主詞與賓詞來說的，如立煙下有火宗，以有煙故為因，即為宗義一分為因；如立火有熱觸宗，以有火故為因，也成宗義一分（詞項）為因。陳那又言：「為要具二譬喻言詞方成能立，為如其因但隨說一。若就正理應具說二，由是具足顯示所立不離其因，以具顯示同品定有、異品遍無，能正對治相違、不定。若有於此一分已成，隨說一分亦成能立。」〔註21〕這裡說的「二」是指同喻和異喻，「一分」則指同喻、異喻中之一分，是探討同異二喻（命題）在論證中的正確表述及其省略問題，並非是說命題的量項。陳那再云：「故定三相唯為顯因，由是道理，雖一切分皆能為因顯了所立，然唯一分且說為因。」〔註22〕此處的一切分（全分）是指因三相，一分即指三相中的一相，也就是指所說的全部命題還是其中一個命題。

《入論》中全分、一分的涵義有所不同。天主在列舉因過時說：「不定有六：一共，二不共，三同品一分轉異品遍轉，四異品一分轉同品遍轉，五俱品一分轉，六相違決定。」〔註23〕就「異品一分轉同品遍轉」一句來說，「轉」是有的意思，「一分」是九句因中的「有非有」，「異品一分轉」就是有的異品

〔註19〕陳望道：《因明學》，世界書局1931年，第43頁。

〔註20〕引自鄭偉宏：《因明正理門論直解》，第36～38、99～100頁。

〔註21〕同上註。

〔註22〕同上註。

〔註23〕《中國邏輯史資料選》因明卷，第175頁。

有因、有的異品無因。此處的「一分」相當於自然語言中的「有的」，它在這裡無疑是表達命題的特稱量項。「同品遍轉」中的「遍」則相當於全稱量項「所有」，意為所有同品有因。因此，這裡雖然沒有出現「全分」這一術語，但當「遍」與「一分」相對而言時，「遍」指的是「全分」。

　　《大疏》中出現「全分」、「一分」的次數很多，大體上有三種含義。一是立敵對一個命題中的詞項的看法。窺基說：「比量相違亦有全分、一分四句。全四句者：有違自比非他，如勝論師立和合句義非實有體，彼宗自許比知有故；有違他比非自，如小乘者對大乘立，第七末那定非實有，大乘捨佛比量知有，如眼根等為六依故；有違共比，即論所陳，彼此比知瓶無常故。一分四句者：有違自一分比非他，如勝論師對佛法云，我六句義皆非實有，彼說前五現量所得，和合一句比量知故；有違他一分比非自，如大乘者對一切有，說十色定非實有，彼說五根，除佛以外，皆比得故；有違共一分比，如明論師對佛法者，立一切聲是常，彼宗自說明論聲常可成宗義，除此餘聲，彼此皆說體是無常。」〔註24〕這裡「全四句者」和「一分四句者」中，前三種是過，後一種不是過，因此窺基僅分別列出了前三種過失及例子，後一種卻沒有標明（按古印度的慣例，這可能是為了湊足四句料而設的）。關於「全分」的涵義，以「有違自比非他」過的用例來看，勝論師依照比量，主張和合句義實有體，而立「和合句義非實有體」是有違勝論宗義的，也就是說，宗中作為「能別」的「非實有體」是立者全部不能認可的，而不是敵方不贊成。很明顯，這裡的「全分」，是從宗中能別（賓詞）與「自」、「他」、「共」的關係上說的：這能別或是為立方所全部不承認，或是為敵方所全部不認同，或是為雙方所全部不共許。關於「一分」的涵義，以「有違他一分比非自」的用例來看，一切有部（小乘二十部之一）認為五根即眼耳鼻舌身由比量可得，大乘立「十色定非實有」，其中「十色」是立敵共許的，「非實有」卻有違一切有宗義。所以，這裡的「一分」是多分中的一分，立者或敵者如果只承認宗中的一部分而不承認另一部分，即是「一分不成」了。由此也可看出，「全分」就是立者對所立之義全部認可或全部不認可的意思。顯然，這些說法都不是命題本身所反映的事物的量，與傳統邏輯所講的全稱、特稱有很大的區別。

　　二是立敵對某一命題的看法。窺基在講到因過「猶豫不成」時說：「此有

〔註24〕《中國邏輯史資料選》因明卷，第 114、167 頁。

六句:一兩俱全分猶豫,如論所說,於因宗內雖皆生疑,成宗不決,故但有因過;二兩俱一分猶豫,如有立敵俱於近處見煙決定,遠處霧等疑惑不定,便立量云:『彼遠近處定有事火,以有煙等故,如廚等中。』近處一分見煙決定,遠處一分俱說疑故;三隨他一分全分猶豫,如有立者從遠處來,見定是煙,敵者疑惑,立初全分比量;四隨自一全分猶豫,如有敵者從遠處來,見煙決定,立者疑惑,立初全分比量;五隨他一一分猶豫,如有立者於近遠處見煙決定,敵者近定、遠處有疑,立第二一分比量;六隨自一一分猶豫,如有敵者俱於近遠處見煙決定,立者近定、遠處有疑,立第二一分比量。」〔註25〕在第一過中,如論所說:「遠處大種和合火是有,以現見煙故,猶如廚等」,立敵對因支所陳述的情況全部起疑,因此是「兩俱全分猶豫」的過失;在第二過中,立敵對於因支「以有煙等故」都是「近處一分見煙決定,遠處一分俱說疑」,所以是「兩俱一分猶豫」的過失。顯然,這裡的「全分」、「一分」是立敵對某一命題的主觀看法,也不是討論傳統命題中的量。

三是立敵對某一命題「有非有」的看法。窺基在餘敘述宗過「四不成」時說:「初有宗法而非遍者,四不成中皆一分攝。初兩俱一分兩俱不成者,如聲論師對聲生者,立一切聲皆是無常宗,勤勇無間所發性因。立敵二宗唯許內聲有勤勇發、外聲非有,立敵俱說此因於宗半有半無,故此過是兩俱有體一分不成。後句非遍非宗法者,四不成中並全分過,如聲論師對佛弟子立『聲為常,眼所見故』,俱說此因於聲無故,此是有體兩俱全分兩俱不成。」〔註26〕這裡的「一分」相當於九句因中的「有非有」。立敵都認為,並非一切聲皆是無常宗,而是內聲是無常宗、外聲不是無常宗,所以此因於宗是一分有一分無(半有半無)。「全分」相當於九句因中的「非有」和因三相中的「遍無」,立敵都認為「眼所見故」因在宗有法聲上是完全沒有的。

五、有體與無體

關於命題之有體與無體的問題,陳大齊先生論述得比較精當。他在「有體無體表詮遮詮」的專題研究中指出,《大疏》關於宗因喻間有體無體之關係的三種說法未能先後符順,其原因在於「泛說有無,未分自他及共」,對於窺基所說有體、無體的判別,「後世解者,說本紛紜」。日本《因明入正理論疏方隅錄》中總結出四種判別方法:一以共言為有體,以不共言為無體;二約

〔註25〕同上註。

〔註26〕《中國邏輯史資料選》因明卷,第62～63頁。

法體有無，以判有體無體；三以表詮爲有體，以遮詮爲無體；四以有義爲有體，以無義爲無體。由於有義者有可表之義，如聲無常，即是表詮；無義者無可表之義，如立我無，即是遮詮，因此第四種可以併入第三種之中。這三種有體無體，分別就宗因喻三支而言的，非定一種。宗之有體無體，意取表詮遮詮；因之有體無體，以遮詮爲無體；喻體之有無體，亦取第三表遮；喻依之有無體，謂物體之有無，有物者爲有體，無物者爲無體。陳先生認爲，方隅錄的缺陷在於「不依一義，且依宗因喻立，分別判定。」〔註27〕

　　陳先生將散見各處的無體實例加以總結歸納，「大疏說無體這理由不外二義曰無、曰非有，即謂無此法體，亦即無此事物。曰不許，曰不立，謂立敵不共許。曰不成，則雙舉二義。立敵不共許其事物爲實有者，是名無體。云不共許，非共不許，故若立敵隨一不許，亦是無體。」〔註28〕他以無體的定義爲前提得出有體的定義：「有體爲無體之矛盾概念，若非無體，便是有體。是故有體之義，可從無體推衍而得，有體者謂立敵共許其事物爲實有。」〔註29〕陳先生指出，有體、無體與極成、不極成的含義是完全一致的，「是則疏云有體無體，以法體有無及共不共許爲分別之標準，眞極共許合爲極成。故亦可簡言曰，有體者謂極成之體，無體者謂不極成之體。」他認爲極成包含的眞極與共許二義中「共許」之義更爲重要，「然自立敵言之，共許者必共信眞極，共信眞極亦必共許，故極成言，尤重共許。」因之，「立敵共許者是有體，不共許者即是無體。」

　　陳先生依據上述對有體、無體涵義的認識，以此作爲衡量標準對照《大疏》中所說的宗（主要看宗上有法）、因和喻依之有體無體的大量實例，發現「殆無有不相切合者」。爲便於理解，這裡分別略述幾例：

　　　　有體宗：「聲無常」——勝論對聲論——有法聲，立敵俱許；「聲常」——聲論對佛弟子——有法聲，立敵俱許。

　　　　無體宗：「虛空實有」——勝論對無空論——有法虛空，立許敵不許；「我常住」——薩婆多對大乘——有法我，立敵俱不許。

　　　　有體因：「眼所見性故」——勝論對聲論——立敵俱許；「勤勇無間所發性故」——聲論對佛弟子——立敵俱許。

〔註27〕陳大齊：《因明大疏蠡測》，重慶鉛印本1945年，第199、184、135頁。
〔註28〕同上註。
〔註29〕同上註。

無體因：「實句攝故」——聲論對佛弟子——立敵俱不許；「以是神我故」——數論對佛弟子——立許敵不許。

有體喻依：「如瓶」——聲論對勝論——立敵俱許；「如空」——外道對佛法中無空論——立許敵不許。

無體喻依：「如空」——聲論對無空論——立許敵不許；「如前五句」——佛法對勝論——立不許敵許。

陳先生認為，《大疏》中有體無體的實例有一例外，即有體喻依之例，「如空」——外道對佛法中無空論——立許敵不許，而在無體喻依之例中「如空」——聲論對無空論——立許敵不許，同此如空喻，同對無空論，且同是立許敵不許，但一作有體一作無體，豈不自相矛盾？因此，根據慧沼《義纂要》關於有無體宜分自他共的說法，這個矛盾是由於《大疏》未分自他共比量而造成的。「按諸實際，亦非爾爾。蓋無體中，有立敵俱不許者，亦有隨一不許者。凡屬隨一不許，同時必隨一許，或立許敵不許，或敵許立不許。是故同此事物，立敵分別方之，有無適正相反，有許者為有體，不許者為無體。就前例言，許者許空為有，是自隨一有體，敵者不許空有，是他隨一無體。故隨一有與隨一無，文雖相反，義實相通。泛言有體無體，既已含混不清，宜以自他共言分別合說，庶幾眉目疏朗而免含混。」〔註30〕

根據立敵是否共許為區分有體無體的標準，陳先生考察了宗支謂項能別法的有體無體問題，「能別與因同為宗法，因法既分有體無體，能別義準亦可有二。且若以極成為有體，而以不極成為無體，能別有極成與不成，應亦可作有無之分。」據此，除了個別實例的解釋偶有出入之外，《大疏》中各例大多符合區分標準。

陳先生還探討了有義無義、表詮遮詮、有體無體這三組概念之間的聯繫。《大疏》中沒有有義無義的說法，但在其他疏記中常常出現，《蠹測》彙集文軌、慧沼、善珠三家之說，認為「三家之說義相一致，有義云者，亦遮亦表；無義云者，唯遮不表。是故有義無義，同於表詮遮詮。」

文軌和善珠在有義無義之外，別立第三種通二法即通有義無義之因。如善珠《明燈鈔》卷四本云：「因有三種，一有體法，如所作等；二無體法，如非所作等；三通二法，如所知等。」其「通二法，如言諸法皆是所知，所知宗法既言通二，通知有無。」文軌《莊嚴疏》中亦說：「通二法，如言諸法皆

〔註30〕陳大齊：《因明大疏蠹測》，第 191 頁。

是所知，若有若無皆所知故。」〔註31〕這是說，如佛家立諸法無我宗（一切
事物是虛假的），以所知性爲因。佛家認爲諸法這個概念的外延大到無所不
包，有體無體都被囊括其中，故所知性因可以通向有體無體，是通二之因。
陳先生認爲，這是不能自圓其說的，「有義無義，本屬矛盾概念，既入於有，
不得復歸於無，有無不共，豈得通二？」〔註32〕文軌、善珠提出通二法是另
立標準，因爲有義無義之判別在於本身是表還是遮，而通二法的判別根據在
於有法，與表遮無關，「大疏不設，獨具灼見」。沈劍英先生也說：「世上哪有
什麼可以兼及於有體和無體的『通二』之因，有體因與無體因既以表、遮爲
區別，那就必是矛盾關係。矛盾關係只能兩分，不能三分，如此，通二之法
何由得生？顯然，所謂『通二法』是違反排中律的。所以如果說按表遮來判
別因體有無的辦法可以成立的話，因也只能有有體、無體兩種。」〔註33〕

　　一個概念是有義還是無義，並不是固定不變的。例如，在「我常宗，非
作性故因」中，此因是有義因；在「我無宗，非作性故因」中，該因卻成了
無義因了。「非作性故因」雖有否定詞「非」，但不一定就是無體，要依據具
體情形而定。陳先生指出：「同此名言，其爲有義無義，隨立敵而有異，與有
無體之分正復相同。」此外還可細分爲自他共，「立敵共許有遮有表者，是兩
俱有義；立敵共許唯遮不表者，是兩俱無義；立者有表敵但許遮者，是自有
他無義；立但許遮敵許有表者，是他有自無義。」

　　關於表詮遮詮與有體無體的關係，陳先生說：「有體亦表亦遮，無體唯遮
不表，與有、無義相同。是故有體無體，有義無義，表詮遮詮，三雖異名，
義實相通。有無言其體，表遮述其用，此其別耳。」

　　陳大齊先生在「有體宗無體宗」的專題中討論了區別宗支有體無體的標
準，在「宗因喻間有體無體之關係」的專題中根據自他共三種比量以詳論各
概念間有體無體的相互關係。這樣，對有體無體的解釋也就比較全面了。

六、四遍、八遍、十六遍

　　關於因法（M）與宗法（P 後陳）之間的遍轉關係，陳那、法稱及漢傳
因明只講到同喻的後遍和異喻的遣遍，而在藏傳因明中新增了「下遍」和「違
遍」。在這四遍的謂詞中再進行一次否定，又成了四種顛倒周遍，合計爲八

〔註31〕文軌：《莊嚴疏》卷一，第 8 頁右。
〔註32〕陳大齊：《因明大疏蠡測》，第 191、199 頁。
〔註33〕沈劍英：《因明學研究》，第 130 頁。

周遍。工珠‧元丹嘉措在《量學》中說：「當計算八門周遍時，則言凡論式之彼因，皆遍爲彼後陳，名爲隨因後遍；凡無彼因，皆遍無彼後陳，名爲違遍；凡是後陳，皆遍是因，名爲往下遍；凡非後陳，皆遍非彼因，名爲遣遍。概括而言，後遍與違遍二者及其顛倒，則構成四門；從因往上翻，以構成之下遍與遣遍及其顛倒，則構成四門，此等係從後陳下翻於因，應當了知。」〔註34〕普覺‧強巴《因明學啓蒙》中亦云：「彼因皆後陳，唯許爲後遍；後陳皆彼因，爲往下周遍；凡非是後陳，非彼因遣遍；彼因非後陳，許之爲違遍；此等即名爲，正確四周遍。彼因非後陳，乃許爲顛倒，之隨因後遍，後陳皆非因，爲顛倒下遍；凡是非後陳，皆非非彼因，許爲倒遣遍；凡論式之因，非彼彼後陳，爲顛倒違遍。」〔註35〕

這八周遍可以用符號表示爲：

後遍 MAP——顛倒後遍 MEP，

下遍 PAM——顛倒下遍 PEM，

遣遍 $\overline{P}$EM——顛倒遣遍 $\overline{P}$E$\overline{M}$，

違遍 MEP——顛倒違遍 ME$\overline{P}$。

普覺‧強巴認爲，後遍、下遍、遣遍和違遍是正確四周遍，其餘的四周遍則分別將其前者的原意顛倒，因此是錯誤的顛倒周遍。但是，根據直言命題的換質位法推理：MAP→ME$\overline{P}$→$\overline{P}$EM，說明後遍、遣遍和顛倒違遍在邏輯上是等值的；PEM→MEP，也證明違遍、顛倒後遍和顛倒下遍也是等值的。因此，普覺‧強巴的看法很值得商榷。

在八周遍中，違遍與顛倒後遍是一樣的，遣遍與顛倒違遍也可以說是一樣的，因此實際上可歸爲六周遍。在此六周遍裏，其地位是不同的。首先起決定作用的是後遍，因法的外延必須小於宗法的外延，宗法才能周遍於因法，這樣的因在論式中才能成宗。如果因法外延大於宗法，那麼此因就不一定能成宗，所以論辯時則答「周遍不定」。其次是遣遍，判別一個論式正確與否，遣遍與後遍具有幾乎同等的功能，因爲根據因明規律「說因宗所隨，宗無因不有」，在一個正確的論式中，宗法的外延一定大於因法，所以凡不是宗法者必沒有因法。不過，遣遍是從後遍衍生出來的，沒有後遍就沒有遣遍。再次是違遍，論式中違遍是講「凡無彼因，皆遍無彼後陳」，如「有法聲音，應爲

〔註34〕引自楊化群：《藏傳因明學》，第 318、150 頁。
〔註35〕同上註。

無常，是有爲法故」。該因法有爲法與宗法無常是互相排斥的，所以此因就不能作爲此宗的論據，在論辯時則答「周遍相違」，只能視之爲一種過失。另外三種則不能說明宗因之間的周遍關係，在立敵雙方的論辯中反被敵者作爲否定立者所立之宗的根據。如下遍說「凡是後陳，皆遍是因」，這正好說明此論式之弊端「周遍不定」，因爲下遍關係是指因法外延大於宗法，是故此因法不一定就是此宗法（後陳）。可見，一個應成論式不一定非得具備、也不可能具備八周遍，只要具有後遍和遣遍關係就足以證明宗的成立。

四遍按照二二排列組合又可以翻成十六遍，即：

後遍後遍，後遍下遍，後遍遣遍，後遍違遍；
下遍後遍，下遍下遍，下遍遣遍，下遍違遍；
遣遍後遍，遣遍下遍，遣遍遣遍，遣遍違遍；
違遍後遍，違遍下遍，違遍遣遍，違遍違遍。

其中凡是重疊後遍的，論式值不變；後遍之後重疊下遍的，單數的重疊即爲下遍，雙數的重疊爲後遍；違遍的重疊同理。後遍、下遍、遣遍、違遍又分別有八門翻法，以用於應成論式〔註36〕。不過，周遍八門翻疊成十六門，多爲訓練智力而設置的，如果用於實際論辯，勢必顯其繁文縟節、本末倒置了。

由上所述，雖然佛教邏輯對直言命題的研究有許多尚需進一步研究的地方，如體三名與義三名中過多的術語重複，表詮遮詮與全分一分的涵義、標準和體例很不統一，全分一分與有體無體之中滲透許多主觀成分，因宗遍轉關係的隨意性與繁瑣等，使人們的理解和解釋造成了諸多困難與混亂。但是，它對直言命題涵義、結構、規則、推演及其意義等作如此細緻分析的，在邏輯史上是極爲罕見的，其積極意義當然也是自不待言的。因明產生於論辯並服務於論辯，論辯的目的在於開悟他人和征服論敵，因此以上這些周詳分析大約也是源於論辯並以論辯的順利進行和最終悟他爲旨歸的。尤其藏傳因明中因宗之間的頻繁翻轉完全是一種論辯實踐的需要，使得因明論式更加靈活多變，這是一大創舉，其中蘊涵了命題之間的某些對當關係（如八遍中正確周遍與其顛倒周遍是一種反對關係等），命題的換質換位推理，以及謂詞邏輯中的某些內容，在邏輯上是很有價值的，非常值得我們作更深入的探索。

〔註36〕引自楊化群：《藏傳因明學》，第 151～153 頁。

第二節　聯言命題

一、聯言命題的涵義與類型

聯言命題是反映幾種事物情況同時存在，由若干支命題在「並且」這類聯結詞的作用下而形成的復合命題。在佛教邏輯中也有討論聯言命題的，藏傳因明用「重疊」、「堆砌」、「充塞」等詞來表示。普覺・強巴說：「如是重複三次以上逐次為後陳，後三以下逐次從其中引列之一；如是從中引列時，彼物則留為基本後陳故。應如此者，後陳重疊，因重疊之應成論式，不論如何建立，以每個故字，引列入每個後陳之中，不論故字若干，其根本之惟一後陳，則不能引列入其中故。」就是說，這種復合命題是由若干命題重疊組合而成的，其中每一個命題都是該復合命題的基本命題，它們之間的關係是同時存在的不相容並列關係，不能相互交叉或相互包含。據此，從結構上看，這種復合命題有五種類型：「一謂因、法、義各別之立法；二謂若干有法重疊之立法；三謂後陳堆砌之立法；四謂因堆砌之立法；五謂裏層充塞之立法。」〔註37〕

第一種是由若干意義相關而主詞和賓詞不同的簡單命題組合而成的復合命題。如平常我們所說的「滿招損，謙受益」；「杏花開了，桃花紅了，梅花謝了」。普覺・強巴也言：「以瓶作為有法，應是無常；以空作為有法，應是常住。」

第二種是由主詞不同、賓詞相同的若干命題組合而成的復合命題。普覺・強巴說：「如言以瓶作為有法，以柱作為有法，以物作為有法，應是所作性，是無常故」。

第三種是由主詞相同、賓詞不同的若干命題組合而成的復合命題。普覺・強巴道：「如言以所知作為有法，應非所作性，應是常住，應非物，不能表功能故」。

第四種是為了論證某個論題宗而由若干不同的命題（因支）組合成的復合命題。普覺・強巴曰：「如言以相智作為有法，應是物，是有為法故，是表功能故，是剎那性故」。

第五種是由主詞和賓詞都不同的若干命題聯結而成的復合命題，即「有法充塞之應成式」和「後陳充塞之應成式」。普覺・強巴云：「如言以瓶作為

有法，以色作爲有法，以所知作爲有法」，「以柱作爲有法，應是無常性，應是刹那性，應是物，是有爲法故」。

可見，因明對聯言命題的涵義和形式結構的分析似乎比形式邏輯更爲全面，從而豐富了邏輯學命題理論的內容。

二、九句因

九句因實際上是以聯言命題的形式組成的。近現代有不少中、日學者認爲，九句因古已有之，「在正理派手中已出現。」〔註38〕然而，根據呂澂先生的考證，在正理經文中並無九句因的痕跡，他在《因明綱要》中說：「舊傳九句因足目所創，然今尋正理經文無此，唯陳那《因輪》《理門》廣辨其相，以理推徵，應創自彼。」

依據義淨所言，陳那有本名爲《因門論》的著作，對因作了嚴密的研究，但是此書原本已佚，在藏文中有《因輪論》，可能是此書的譯本。《因輪論》漢譯本刊登在南京支那內學院院刊《內學》第四輯上，爲呂澂先生所譯。該書只有十一頌，論末標有題目：「九宗法輪論」，其中第三頌說：「又於同品有，無及彼俱二，異品亦復然，三者各三相。」

《理門論》中有意思相同的頌：「宗法於同品，謂有非有俱，於異品各三，有非有及二。」這裡說的宗法指的是因法，窺基《大疏》卷三中釋云：「言宗法者，謂宗之法，即因是也。於同品者，宗同品也。體即同喻，謂能立因於同品喻，成其三種：一有，二非有，三亦有亦非有，彼名爲俱。此三種因於宗異品異法喻上，亦各有三：一有，二非有，三亦有亦非有，彼名及二。且同品有、異品三者，謂因於同品有、異品亦有，於同品有、異品非有，於同品有、異品有非有；如是因於同品非有、異品亦三；於同品有非有、異品亦三。故成九句。」〔註39〕

這段話概括了九句因中因與同品、異品之間的各種組合方式，也就是根據因法的屬性在同品、異品中是否具有排列出種種可能的情況。因於同品、異品中的情形均有三種可能：一是有即遍有，二是非有即遍無，三是亦有亦非有（俱）即部分有部分無。由於九句因都是表達因法、同品、異品三者之間的關係，因此從嚴格的意義上說，其每一句因實際上必須用聯結詞「並且」來加以聯結。現將九句因分別完整地表述如下：

〔註38〕　《因明研究》，吉林教育出版社1994年，第96頁。
〔註39〕　《中國邏輯史資料選》因明卷，第67頁。

第一句因：同品遍有因並且異品遍有因；

第二句因：同品遍有因並且異品遍無因；

第三句因：同品遍有因並且有異品有因並且有異品無因；

第四句因：同品遍無因並且異品遍有因；

第五句因：同品遍無因並且異品遍無因；

第六句因：同品遍無因並且有異品有因並且有異品無因；

第七句因：有同品有因並且有同品無因並且異品遍有因；

第八句因：有同品有因並且有同品無因並且異品遍無因；

第九句因：有同品有因並且有同品無因並且有異品有因並且有異品無因。

如果我們用 M 表示因法，S 表示同品，R 表示異品，⊂表示遍有，⊄表示遍無，∩表示部分有部分無，∧表示聯結詞並且，那麼九句因可以分別符號化為：

$$S \subset M \wedge R \subset M，S \subset M \wedge R \not\subset M，S \subset M \wedge R \cap M，$$

$$S \not\subset M \wedge R \subset M，S \not\subset M \wedge R \not\subset M，S \not\subset M \wedge R \cap M，$$

$$S \cap M \wedge R \subset M，S \cap M \wedge R \not\subset M，S \cap M \wedge R \cap M。$$

九句因中有正因與似因之分，在似因中又有相違因與不定因之別，其判別的標準是因三相（主要是後二相）。可以看出，符合因三相原則的只有第二句因，因而是正因；第四、六、八句因是直接違背因三相的後二相的，從而是相違因；其餘的為不定因，如第一句因說同品遍有因並且異品遍有因，據此是無法斷定論題宗能否成立的。

第三節　選言命題

選言命題是反映幾種可能的事物情況至少有一種存在，並由若干支命題在「或者」之類的聯結詞聯結而成的復合命題。根據選言支是否相容，選言命題可以分為相容選言命題和不相容選命題。在佛教邏輯中也討論了這兩種命題，普覺‧強巴說：「遍者，爾成事，爾非是爾自身，非爾者是爾，爾之體與介於中間之第三體法隨順不相違之相符者，為爾隨順介於中間之第三體法之性相故。」如「聲是有法」與「聲是無常」這兩個命題之間還存在第三者，二者是相容的交叉關係的命題。宗喀巴則道：「與彼法（該事物）互異，既是爾，又是彼法之相順處（共同點）不可能存在，是互相排斥之相違之性相」。

「比如：瞭解聲音無常之比度與執聲音常住之現行增益遍計執。」〔註40〕在「聲音無常」與「聲音常住」這兩個命題之間沒有共同點，兩者是不相容的，這兩種情況只能選擇一真不能肯定它們同真。

在印度因明家的著述裏，經常運用選言命題來闡述其經典理論。如《理門論》中云：「宗法於同品，謂有非有俱；於異品各三，有非有及二。」用現代漢語來表述就是：因法屬性在同品中出現的情況有三種，或者是遍有，或者是遍無，或者是亦有亦無；因法屬性在異品中出現的情況也如此。陳那又說：「應以非作證其常，或以無常成所作。」〔註41〕就是說，在立敵的對諍中，或用非所作證明其常住，或用無常來成立所作。

漢傳因明家則非常自覺地運用選言命題形式來論述和分析他們的理論及其觀點。例如，窺基認為，所謂入論者，或「欲令隨論，因生之明而入正理，故說此論，如《中觀論》；或此辨說因明正理之能入，立此論名，如《十地經》；或依能入正理因明，而說此論，如水路華，故以為號。」接著，他在解題中的「明妨難者」所設立的「七問答」幾乎都使用了選言命題的語言形式：一問：作為論著題目的，或者是宗明，或者是喻明，或者是因明？二問：或真因真明可說因明，或似因似明應非因明？答：舉真攝似，或已攝故，或兼明之，非正明故。三問：或量立量破可名因明，或過破似破應非因明？答：或是因明類故，或似真俱因明，名略已攝故。四問：或立破有言智可是因明，或現比無智言應非因明？答：見因亦明，見因證明，自證亦因，故皆因明。五問：或智生智了可名因明，或二了二生非智應因非是明？答：或是明是因，或皆順照，成宗義故。六問：或因喻能立可說因明，或宗非能立應非因明？答：由不決定，故所立非，從定為名，故無有失；又能因能明，正是因明；或所因所明，兼亦因明；又今者所立唯宗，能立雖為因喻，言不違古，宗亦因明。七問：或為果明，或為因明？答：果有果之明，非果皆即明；因有因之明，是因皆即明。果明不定，義亦有濫；因明兩定，義亦無濫，故名因明。本欲以因成果義故，不欲以果成因義故〔註42〕。《大疏》對八門二悟因明體系的解釋均使用了諸多的選言命題形式，這裡不一一例舉。

藏傳因明家則能根據選言命題的邏輯性質進行推理論證。普覺·強巴在

〔註40〕《中國邏輯史資料選》因明卷，第508、436頁。
〔註41〕引自鄭偉宏《因明正理門論直解》，第17、93頁。
〔註42〕《中國邏輯史資料選》因明卷，第20～22、553～554頁。

《因明學啓蒙》中以「建立承認規律」爲題進行論說道：「彼云：應是常與物之任何一種，是成事故。對允諾言，則言應是常住，是常與物任何一種，非物故。對此理之後半截若不成立，則言應是從自因生起，是物故。汝已許此因理。若許則言應有爾之因，爾從自因生起故；若許則言爾與爾之因應是從生相屬，蓋爾與爾之因爲相屬之一，爾與爾之因非同體相屬故；若許則爾之因若無，爾亦必須無，爾與爾之因爲從生相屬故；若許則以常住作爲有法，而應無，爾之因無故。若如此說，則根本上承認矣。」簡言之，在常與物二者之間至少有一種情況爲眞，根據立敵共許的原則即任何事物都是由自因生起，那麼常住之因就不存在，所謂常住也應當是無（假），因此從根本上說世上只有變化萬千的物存在（眞）而不是常。然後，他依據此法分析了有與無、是與非、異與非異等等對立的範疇。其論證結構可以簡化爲：

$$((p \vee q) \wedge \neg q) \rightarrow p$$

最後，普覺・強巴總結道：「自宗主張云：在常與物二者中是物，在有與無二者中是有，在是與非二者中是是，在異與非異二者中是非異，在總與別二者中是別。」〔註43〕實際上，普覺・強巴對其他許多課題的論述都是採取這種論證方式的。這也說明，選言命題在佛教邏輯中得到了充分的重視和運用。

第四節　假言命題

對三支論式中喻體的不同認識直接關係到整個新因明的根本性質問題，因而歷來成爲佛教邏輯研究中爭論的焦點之一。

《入論》中喻體的實例通常表示爲：同喻「諸所作者皆是無常」；異喻「諸是其常皆非所作」。而呂澂先生對此提出了異議：

首先談一下「諸所作者皆是無常」。梵本、藏本都說：「若是所作見彼無常」。此論在前面能立那一部分裏也是這樣說的。看來，這是玄奘給改動了。這是因爲玄奘在翻譯此論時，還不可能發現這兩個判斷是不同的，所以在翻譯時便隨意作了改動。

天主《入論》共有梵、藏、漢三種文本，而且梵、藏文本不止一種，究竟哪個文本是定本，至今尙無統一的看法。但是，用梵、藏兩種文本來訂正

〔註43〕同上註。

漢譯本，應當說是比較可靠的。事實上，太虛、慧圓、虞愚、王季同等眾多學者所舉的三支作法都是假言命題式的喻體。如果此說成立的話，那麼三支作法的喻體就語如「若是所作見彼無常」或「若是其常見非所作」，其邏輯形式為：

$$p \rightarrow q ， \quad \overline{q} \rightarrow \overline{p}$$

為了對三支論式與亞氏三段論進行比較研究，許多研究者認為，可以將其轉化成全稱命題，有的日本學者更把它作為該演繹推理得以成立的依據，並用現代謂詞邏輯的形式來給予證明〔註44〕。

誠然，按照謂詞邏輯的觀點，一個簡單命題可以寫成由原子式聯成的真值函項復合命題，一個復合命題也可依據謂詞邏輯的方式把作為其成分的簡單命題符號化，但這並不說明一個假言命題就等於一個簡單命題，如「若聲是所作則聲是無常」即是「凡所作皆是無常」。我們可以將這兩個命題符號化來加以比較。

令 F 表示謂詞常項「所作」，G 表示「無常」，x 表示個體變元，∀表示全稱量詞。於是「凡所作皆是無常」可以表達為：$\forall x$（$Fx \rightarrow Gx$），可讀為：對所有的 x 而言，如果 x 是所作，則 x 是無常。再令 H 表示謂詞常項「聲」，其他符示同上，於是「若聲是所作則聲是無常」可以表達為：$\forall x((Hx \rightarrow Fx) \rightarrow (Hx \rightarrow Gx))$，可讀為：如果對所有 x 而言，若 x 是聲則 x 是所作，那麼，若 x 是聲則 x 是無常。

上述分析表明，當我們按照謂詞邏輯形式將「凡所作皆是無常」和「若聲是所作則聲是無常」符號化之後，二者的不同是明顯的。喻體的常項為「如果…那麼」，全稱命題的常項為「凡是」；更重要的是二者的變元完全不同，喻體的變元是命題，如「聲是所作」與「聲是無常」，而全稱命題的變元不是命題而是詞項，如「聲」、「所作」、「無常」等。因此，假言命題與直言命題是不容混淆的。如果以假言命題作為喻體，那就需要喻依加以舉證和闡明；相反，如果以直言命題作為喻體，那往往會將喻依作為無關緊要的東西甚至「蛇足」來給予清除。

金岳霖先生曾討論過假言命題轉成直言命題的問題，不過，他在說明某種假言命題可以用直言命題表示的同時，特別指出兩點：第一，由「如果甲是乙，則甲是丙」至少可以轉成三種直言命題，即「所有『是乙之甲』都是

〔註44〕見《因明新探》，第 274～278 頁。

丙」、「所有的甲乙（即甲且乙）都是丙」、「所有乙都是丙」。照此說法，由
「若聲是所作則聲是無常」可以轉成「所有『是所作之聲』都是無常」、「所
有既所作且爲聲的都是無常」、「所有所作都是無常」。「凡所作皆是無常」僅
僅是「若聲是所作則聲是無常」的一種狹義表示法，因此說「若聲是所作則
聲是無常」可以必然轉換成「凡所作皆是無常」是不成立的，也是不符合金
先生原意的。第二，由於從假言命題轉成直言命題過程中所遇到的種種困
難，因此金先生特別強調：「表示兩命題的蘊涵關係的假言命題，不必能改
作表示名詞的關係的直言命題，命題間的蘊涵不必根據於類與類的包含。類
的邏輯與命題的邏輯似乎要分開。」〔註45〕可見，籠統地把命題關係混同於
詞項關係是十分錯誤的。

假言命題就是反映事物情況之間的條件關係，並用諸如「如果…那麼」
之類的條件聯結詞聯結起來的復合命題。由於條件關係的不同，假言命題可
以分爲充分條件假言命題、必要條件假言命題和充要條件假言命題。佛教邏
輯對這三種假言命題都進行過討論。

宗喀巴說：「爾與彼法異，爾存在時彼法亦在，爲依生相屬之性相。」所
謂「依生相屬」的關係顯然是指充分條件關係，用這種關係來表達的命題就
是充分條件假言命題。令 p 表示爾，q 表示彼，則依生相屬關係的命題可以符
示爲：

$$p \rightarrow q$$

p 存在 q 也存在，亦即有 p 必有 q。比如，窺基道：「母牛去處，犢子必
隨；因有之處，宗必隨逐。」因法是宗法的充分條件，有因必有宗，無因不
一定無宗。

宗喀巴又言：「爾與彼法異，若排除彼法，爾亦被排除，爲同性相屬之性
相。」所謂「同性相屬」的關係指的應當是必要條件關係，用這種關係來表
達的命題就是必要條件假言命題，可以符示爲：

$$\bar{P} \rightarrow \bar{q}，\quad 即 \ p \leftarrow q$$

p 不存在 q 也不存在，也就是無 p 必無 q。例如，「具頭顱爲牛之性相，
但是凡具頭顱者，並非皆是牛」〔註46〕。具備頭顱是牛成爲牛的一個必要條
件，若無頭顱，牛也就不成其爲牛；而有了頭顱，卻不一定就是牛。

〔註45〕金岳霖：《邏輯》，商務印書館 1937 年，第 167 頁。
〔註46〕《中國邏輯史資料選》因明卷，第 440、436 頁。

宗喀巴還說：「爾與彼法異，若排除爾則彼法亦被排除；若排除彼法爾亦被排除，為等分遍之性相。爾與彼法異，爾存在時彼法亦在，彼法存在時爾亦存在，為同時遍之性相。」〔註47〕這裡所謂「等分遍」和「同時遍」的關係講的是充分必要條件關係，用這種關係表達的命題就是充要條件假言命題，可以將其符示為：

$$\overline{P} \leftrightarrow \overline{q}, \quad p \leftrightarrow q$$

p 與 q 二者是等值的，p 不存在 q 也必不存在，反之亦然；p 存在 q 也必然存在，反之亦然。例如，「唯聲是所聞」，可以轉換成假言命題「當且僅當是聲音，那麼才是所聞的」，這是合理的。

如果三支式的喻體為假言命題的說法成立的話，那麼可以說，佛家邏輯運用假言命題進行推理論證是非常充分的和細緻嚴格的，也是佛家進行論辯的主要邏輯工具。陳那在此基礎上還設立了一個敵者對立者的二難推理：「於至非至作非愛言，若能立因至所立宗而成立者，無差別故應非所立，如池、海水相合無異；又若不成，應非相至，所立若成，此是誰因？若能立因不至所立，不至，非因無差別故，應不成因。是名為至非至相似。」〔註48〕用推理形式的結構可以表述為：

因或者至所立法，或者不至所立法；

如果因至所立法，則因與所立法無差別，因不成為因；

如果因不至所立法，因也不成為因；

所以，因不能成立。

這個二難推理在形式結構上是正確的，問題出在假言命題「如果因至所立法，則因與所立法無差別，因不成為因」。敵者認為因至所立法即是因法與宗法的外延完全重合，將「因宗不相離性」理解為「因宗無差別性」，這是一種偷換命題的錯誤，因此，陳那把它作為一種「至非至相似」的過失。這種分析是正確的，與當今形式邏輯的說法也並無二致。

第五節　負命題

在藏傳因明中，有關負命題的論述是比較豐富的，不僅散見於因明家著

〔註47〕同上註。
〔註48〕引自鄭偉宏：《因明正理門論直解》，第 182 頁。

述的各個章節之中，而且還闢出專章進行討論。

例如，普覺‧強巴《因明學啟蒙》中就以「否定是否定非」為題給予了諸多探索。他認為，負正得負，負負得正，「以彼作為有法，應是否定是常，非是物故。此理周遍者，否定是物與非是物二者語同義故。以彼作為有法，應是否定非是常，是常故。此理周遍者，否定非是常與常二者為同義語故。」〔註49〕這裡的「是」與「非是」分別表示正詞項和負詞項，「否定是常」與「否定非是常」表達的就是負命題了。普覺‧強巴強調負正得負、負負得正為「周遍者」，從而上陞到規律性的認識，實際上提出了德摩根的雙重否定律。

普覺‧強巴認為，負命題不僅有負簡單命題，還有負復合命題（主要是對負命題的否定），我們還可以運用負命題的邏輯性質進行推理和論證。他對混淆否定是物與否定是常、否定是物之否定與否定是物、否定是常與否定非常（或否定是與否定非是）、成為是之常與常、成為非是之常與常、無我與不是心之境等等論題分別進行了反駁。例如，反駁「凡是成為非是之常都是常」這一觀點，「以柱作為有法，應是常，是成為非是之常故。此理若不成立，仍以柱作為有法，應是成為非是之常，因為既是非是又是常故。此理若不成立，則應既是非是柱又是常，蓋為非是柱與常之相符事故。此理若不成立，應是柱與常之相符事，是常故。若根本許，仍以柱作為有法，應非是常，是無常故。」〔註50〕這裡使用的是歸謬法，即以對方的論點（成為非是之常，柱也應是常）出發，逐步推出與其相反或矛盾的命題（即從根本上來說，柱應非是常，是無常故），從而駁倒對方並成立自宗的論題。

普覺‧強巴最後總結並立自宗道：「否定非是與是二詞為同義語，否定是與非是二詞為同義語，否定非是重疊則與否定唯非是為同義語，否定是之雙數重疊語與否定非是為同義語，否定是之單數重疊語與否定唯是為同義語。」〔註51〕令 P 表示「是」，$\bar{P}$ 表示「非是」，那麼這五個等值關係可以分別符號化為：

$$(1)\ \neg\bar{P}\leftrightarrow P;\quad (2)\ \neg P\leftrightarrow\bar{P};\quad (3)\ \neg(\bar{P}\wedge\bar{P})\leftrightarrow\neg\bar{P};$$
$$(4)\ (\neg P\wedge\neg P)\leftrightarrow\neg\bar{P};\quad (5)\ \neg(P\wedge P)\leftrightarrow\neg P$$

上述公式中，（1）式為德摩根的雙重否定律，（2）式為帶否定詞的同一

〔註49〕《中國邏輯史資料選》因明卷，第 493、495 頁。

〔註50〕同上註。

〔註51〕同上註。

律，(3) 式和 (5) 式可以看作合取簡化律，(4) 式為合取銷去律。除了 (1) 式之外，其他公式似乎是佛教邏輯所獨創，說明藏傳因明已經涉及現代邏輯的研究領域中的問題，並且獨立進行了一些有意義的發展工作。

第六節　時態命題

　　一階謂詞邏輯是為了刻畫數學中的推理而建立起來的。數學是眾多學科中對邏輯工具依賴最強的，但數學中的推理方法卻是最基本、最簡單的，因為數學對象具有兩個十分鮮明的特點：數學對象的性質不因研究者的介入而受影響，數學對象的性質也不隨時間的流逝而發生變化，所以數學中的命題都是與時間無關的性質命題和關係命題。而在數學以外的各個領域，命題的真假常與時間有關。比如，像「陳曉玲住在北京」這樣一個簡單的命題，其真值就不僅依賴於這位名叫陳曉玲的人的實際居住情況，而且與說這句話的時間密切相關。如果 1994 年以前陳曉玲住在上海，1994 年至 1999 年住在北京，1999 年底又遷往深圳，那麼當 1997 年有人說「陳曉玲住在北京」時，他說的是一句真話；而如果有人在 1993 年說「陳曉玲住在北京」，那就是一句假話了。但如果有人在 1993 年說「陳曉玲將住在北京」，或在 2000 年有人說「陳曉玲曾住在北京」，那麼他們說的又都是真話。這類與時間有關的命題就稱為時態命題，或者說時態命題就是含有時態詞的命題。

　　在各民族的自然語言中，時態詞的表述方式是多種多樣的，例如，在屬於印歐語系的英語中，動詞都具有時態形式，分為一般時、現在時、過去時和將來時，以及進行時和完成時等等。而在漢語中，動詞沒有詞形變化，動詞本身也不顯示時態，漢語的時態是用時間名詞（如古代、去年、早晨、夏季等）、時間副詞（如曾經、已經、正在、將要、始終等）、時間動詞（如著、了、過）來表示的。儘管在時態命題的表述形式上存在差別，但在各民族的語言中都含有時態命題卻是共同的。

　　時態問題也是古代邏輯學家非常感興趣的課題。在古代中國，惠施有「日方中方睨，物方生方死」的命題，辯者有「孤駒未嘗有母」等辯題。《墨經》為了澄清此類命題，精心研究了時態概念，《經上》說：「且，言然也。」《經說上》道：「自前曰且，自後曰已，方然曰且。」可見，「且」是表達某事件存在狀況和樣式的時態概念，它有兩種基本用法：一是在事件出現之前說

「且」，表達將來時態命題；二是在事件進行過程中言「且」（方然），表達現在時態命題。因此，惠施的命題也可以說成「日且中且睨，物且生且死」，表述的是現在時態命題。「已」相當於現代漢語中的「已經」、「曾經」，表達過去時態，是對事物存在的實然狀況的反映，形成實然命題。如「且入井，非入井也，止且入井，止入井也。」（《小取》）在「已」命題與「且」命題之間，「且」命題眞，「已」命題不一定眞；而「且」命題假，「已」命題就一定假，這正是時態邏輯中實然命題與將來命題間的從屬關係。墨經認爲，「無」並不以「有」爲必要條件，主要看是哪一種「無」：「無不必待有，說在所謂。」（《經下》）「若無馬，則有之而後無；無天陷，則無之而無。」（《經說下》）「可無也，有之而不可去，說在嘗然。」（《經下》）「已然，則嘗然，不可無也。」（《經說下》）這是說，若言「我現在無馬」，那它指過去曾經有馬，而後來無馬，是「有之而後無」的「無」；若言「無天陷（天塌下來）」，那它指從來就沒有出現的事件，是「無之而無」的「無」；某一事件可以說是「無」（從來就沒有），但是一旦出現了就不能在現實中、從歷史上抹去（有之而不可去），因爲它確實已出現過了（嘗然）；所謂「已然」（已經如此這般）就是「嘗然」（曾經出現過），因此不可以說「沒有出現過」（不可無也）。由此也可以看出「孤駒未嘗有母」的命題是違背一般常識的，也是明顯錯誤的。因爲「孤駒」是說「現在無母」，但不等於「過去也無母」；既然是「駒」就表明它「曾經有母」，而「孤駒」的「現在無母」的「無」是指「有之而後無」的「無」，不是指「無之而無」的「無」，因此從「孤駒現在無母」推不出「孤駒未嘗有母」的命題。

藏傳因明對時態命題也給予了足夠的關注。宗喀巴在論述「外境」中說：「已逝，爲過去之性相；未至未過，爲未來之性相；生而未滅，爲現在之性相。」〔註52〕工珠·元丹嘉措在《量學》中也言：「已逝，爲過去之定義；未至或未逝，爲未來之定義；生而未滅，爲現在之定義。」〔註53〕這裡明確表述了三種時態概念及其本質：過去時態是「已逝」，即曾經出現過而現在已經消失的事件；將來時態是「未至未過」，即尚未經歷的或尚未出現過的事件；現在時態是「生而未滅」，即已經產生並且現在還沒有消失的事件。可見，因明對時態概念的規定比墨辯的敘述似乎更爲準確。

〔註52〕《中國邏輯史資料選》因明卷，第 425 頁。
〔註53〕引自楊化群：《藏傳因明學》，第 306 頁。

　　普覺‧強巴還進行了例示說明：「若就事安立，謂就瓶之時間而言，既是已生起又是已滅之相符事，爲就瓶時所言過去時之性相。此與瓶之前念產生者同義。謂就瓶之時間而言，既是瓶已成，又是與瓶同時之相符事，爲就瓶時所言現在時之性相。謂就瓶之時間而言，既是瓶將生，又是就瓶時言又是未產生之相符事，爲就瓶時所言未來時之性相。」〔註 54〕就是說，從時間上看，如果某瓶曾被製造出來但已消失，那麼該瓶就只能在過去出現，我們也只能用過去時態命題來加以表達才符合事實；如果某瓶已被製造出來並且還沒有消失，那麼我們在敘述該瓶時就可以用現在時態命題來表述；如果某瓶尚未被製造出來但即將要產生，那麼我們在談論該瓶時可以用將來時態命題來表述。

　　時態命題一般可分爲兩種：一是時間上確定的命題，其特點是它們的眞值不依賴於說出它們的時間，如「北京有時下雨」、「騙局總是會被戳穿的」、「毛澤東於 1976 年 9 月 9 日逝世」等；二是時間上不定的命題，其特點是它們的眞值依賴於說出它們的時間，如「楊振寧獲得過諾貝爾獎」、「北京正在下雨」、「下周末奧巴馬總統將出國訪問」等。顯然，藏傳因明和墨經主要研究時間上不確定的時態命題，這是與現代邏輯的有關思想一致的，很值得我們作進一步的探討。

〔註 54〕　《中國邏輯史資料選》因明卷，第 535～536 頁。

第五章　比量論

　　比量是因明立具中最爲重要的組成部分，也是因明大師的著述中討論得最爲充分的邏輯思想。在因明典籍中，比量有寬狹二義，狹比量僅指推理，寬比量還包括論證即論式。本章主要從狹義方面進行討論。

　　「量」是梵文波羅麻那 Pramana 的迻譯。在古印度，量是引起各個思想派別普遍重視、其內涵相當廣泛的認知範疇，古印度思想家曾從不同角度探索過「量」的涵義。他們把日常生活中「量」的尺度、標準等意義引進認知學說之中，量就成爲分辨知識眞僞的準繩；進而量又專指知識本身或知識來源或知識工具，有了豐富的認識論涵義。在此基礎上，他們提出了諸如現量、比量、比喻量或義準量、聖教量或聲量、世傳量、姿態量、外除量、內包量、多分量、無體量等各種說法，表明他們對量的認識僅限於知識表現形態的羅列。

　　公元前五至四世紀出現的尼耶也派推進了量理學說，把獲得知識的手段、過程以及知識本身都稱爲量。爾後形成的經典《正理經》在總結前人的基礎上，認爲「能知的主觀由之而知對象爲量」，量即爲知識的來源或獲得知識的方法，並從四個方面具體分析了量的構成條件，即：一爲量者，指認識的主體、能知的主觀；二爲所量，指所知的對象；三爲量果，即前兩者結合而生的認識結果；四爲量，即獲取知識的方法。這種分析顯然來源於日常生活中對「量」的認識，如稱「尺」、「秤」等爲「能量」，「布」、「米」等爲「所量」，應該說他們對量的認識是較爲合理的。他們還明確提出現量、比量、比喻量、聲量的「四量」說，認爲這四量中以現量最爲重要。經典注釋家伐茲

耶那 Vatsyayana 說：「當人們對一事物從聲量得到知識的時候，他也許還想從比量來審知；當人們對一事物已經從比量得到知識，他也許還想直接看到這個事物。但是假如這個人已經直接看到這事物，那麼他就滿足而無須他求了。」〔註1〕而比量、比喻量和聲量都需要依賴其他知識來檢驗，只有現量才是對於事物最直接的知識，從而無需其他知識的鑒定。

佛家十分強調修行中的「智」、「覺」、「悟」，因此也非常重視知識論。無著和彌勒只承認三種量，即現量、比量和聖教量，前二者是來自經驗的知識，後者是來自權威的知識。在佛教的進一步發展中，對教義出現了不同的解釋，經驗與經典權威常常發生衝突，迫使人們進行抉擇，理智的選擇自然傾向於經驗。世親首先主張知識只有現量和比量兩種，不再列出聖教量，認為「由彼境義生識是為現量」，「五識所緣是自相境，不施假名」，「觀不相離境義所知是為比量」。〔註2〕這是對現量、比量的概括界說。陳那在此基礎上作了更為深入的闡發，形成了系統的佛教知識論。

第一節　比量的基礎

推理是邏輯學的主要內容，因明比量即推理。比量是不能憑空虛構、主觀猜測的，人們在運用比量這種思維形式時，應當具備關於推理對象及其演變原理和規則的正確知識，這是佛教邏輯正確進行推理的必要條件。

一、眞現量是比量成立的基本前提

因明立具唯有現量和比量。陳那《理門論》中云：「為自開悟唯有現量及與比量，彼聲、喻等攝在此中，故唯二量。由此能了自、共相故，非離此別有所量，為了知彼更立餘量。」這是說，用以自悟的知識只有兩種，即現量和比量，它們已構成「立具」所需的全部內容，而聲量（聖教量）和譬喻量則包含在其中了；因為通過現量、比量可緣知自相和共相，除了這二相之外不存在其他所量，因此亦無需有其他認識手段。《集量論·現量品》也明確指出：「量唯兩種，謂現、比二量。聖教量與譬喻量等皆假名量，非眞實量」，因為「所量唯有二相，謂自相與共相。緣自相之有境心即現量，現量以自相為所現境故。緣共相之有境心即比量，比量以共相為所現境故。除自相、共

〔註1〕引自《因明論文集》，第149頁。
〔註2〕引自呂澂譯：《集量論略抄》，刊於《內學》第四輯，1928年。

相外，更無餘相爲所量故」〔註3〕。譬喻量說未見水牛而聽說它有似家牛，後來見一動物有似家牛而知此物爲水牛。陳那認爲，必須曾經見過家牛，後來見一動物才知是水牛；這曾經見過就涉及現量範圍，因此無須另立譬喻量。至於「聲量」係指真知得自可信人之言說，假如是指說者的可信，那麼它屬於比量；假如是指所說事情的可信，那麼它又屬於現量，總之，無須另立聲量。

現量是人們感官直接與對象接觸而產生的感性認識。陳那認爲，「離分別」、「不迷亂」和「現現別轉各自緣相」是構成真現量的必要條件。所謂「離分別」，就是不加入任何思維活動，不能用語言表述出來的純感覺，此時，各感官所接觸到的事物諸多屬性（種類分別）尚未在人腦中聯結起來，更沒有形成確定的概念（名言）。「不迷亂」即感覺不發生錯亂（正智）。怎樣做到不迷亂呢？這要從內外各種產生錯覺的原因去加以鑒別，有些錯覺是由於內部原因，如見了一根繩子卻誤以爲蛇等；有些錯覺是由於外部原因，如見了旋轉的火焰而以爲是火輪等；有些錯覺兼有內外兩方面的原因，如乘船而見河岸的移動等，真現量一定要離開這些錯覺。「現現別轉各自緣相」是說，各感官依據其本身的特性而體認對象的性質，不可混淆緣相，亦即眼不聞聲，耳不如境等。

陳那《理門論》中云：「謂若有智於色等境，遠離一切種類名言假立無異諸門分別，由不共緣現現別轉，故名現量。」天主《入論》中亦道：「此中現量，謂無分別。若有正智於色等義，離名種等所有分別，現現別轉，故名現量。」可見，離分別、不迷亂（正智）和緣慮自相不相混這三個條件，對形成真現量來說是不可或缺的，如果加入了名言、種類等思維的分別活動，即使感覺不錯亂和各自緣相，仍然不能視爲真現量；反之，如果感覺發生了錯亂或沒有各自緣相，即使離開了名言、種類等所有分別，也不是真現量，因此將迷亂的「邪智」、不各自緣相和有分別的現量一概看作似現量。《入論》中說：「有分別智於義異轉名似現量。」這是很有見地的。

彌勒在《地論》中曾把現量分爲三類十三種，這三類是「非不現見現量」、「非已思應思現量」、「非錯亂境界現量」。每一類現量又分爲若干種，如非錯亂境界現量分爲七種：想錯亂，如鹿見陽焰以爲是水；數錯亂，指對事物的數量搞錯了，如目眩，於一月處見多月；形錯亂，如見旋火以爲是輪；顯錯

〔註3〕引自法尊：《集量論略解》，中國社會科學出版社1982年，第2頁。

亂，如在船上見兩岸樹木在移動；此外還有業錯亂、心錯亂和見錯亂，造成這些錯亂既有主觀的、病理方面的原因，也有客觀的、外部的原因。非不現見現量是指五種感官各自分別去「照明」外境而得到的感覺。非已思應思現量是指感官接觸對象一剎那時的感覺應排除「思」的干擾。這些論述實際上已包含了「各各現轉」、「無分別」、「無錯亂」的要求，對陳那的現量理論有著深刻的影響。

　　陳那在彌勒分類的基礎上去繁就簡而歸為四種：（1）五根現量，即由感官「五根」緣見外境的自相而形成的純感覺，也就是五識的見分（主體）所變現的相分（境）顯現於五根而緣取的知識。如眼識變現的色境呈現在眼根（視網膜）上，從而形成顏色的感覺。可見，五根現量屬於原始的、基本的現量。（2）五俱意現量，當眼耳鼻舌身等五識的見分緣境時，第六「意識」中的一部分同時參與緣境而形成的感性認識。這是思維發展向理性的概念活動的過渡階段，它與感官認識及其對象關係密切，以感官認識做其「等無間緣」，一定是感官認識所引起（緣），中間沒有夾雜（無間），並可以看作在一類「心相續」裏面（等）；而它所認識的對象又好像與其前的感覺對象相似相續而來，所以還是無分別、不錯亂，仍然屬於現量。不過這時五根現量還存不存在呢？法稱以後的因明家進行了詳細研究，結論是：五根現量一剎那便完成了，第二剎那一定是意識活動，即五俱意現量，其後即可純由意識展開，無需再有五根現量來夾雜。（3）自證分現量，所謂自證分不僅是對認識對象，而且是對主體的認識活動的一種自我證知，它是維繫見分與相分的中介，在見分緣慮相分時瞭解並證實見分對相分的把握。《理門論》中云：「於貪等自證分亦是現量」。「貪等」指貪、瞋、癡三毒。儘管見分緣慮相分時由於陷入貪毒等而起分別心，但佛家唯識宗是以見分的自相作為自證分的所緣境，因此在自證分來說並未陷入貪等分別，仍可以得到現量。（4）瑜伽現量，瑜伽指心理極其安定而和道理密切契合的狀態，因此也稱為定心現量。在這種狀態裏，對於事物的瞭解也是現量的。《理門論》中說：「諸修定者離教分別」，即修行者撇開教義，用禪定的智慧來緣慮自相。這種現量要根據隨應一種道理結合了事物，在意識上反覆顯現（修習），到了極純熟的地步就會生起對於那種道理的實證，這些道理明明白白地顯現在意識上，不會發生錯亂，所以說是現量。從形式上區分現量，只有以上四種。

　　陳那等大師認為，真現量是構成真比量的基本前提，而似現量是造成似

比量的主要原因。陳那《集量論》卷二中云：「若現量之境義能施設名言，即由彼聲，應成比量。」天主《入論》中則道：「用彼爲因，於似所比，諸有智生，不能正解，名似比量。」窺基《大疏》中也言：「由彼邪因，妄起邪智，不能正解彼火有無等，是眞之流，而非眞故，名似比量。」例如，由於迷亂的「邪智」、有分別現量和非各自緣境，使得人們將霧、塵等誤以爲煙，從而「邪證」山中有火，成爲似比量。

　　有了現量，就會有瞭解，有分別。自然，明確的概念表象是在一個過程中獲得的，這便是現量向比量的轉化，正如陳那所說：「若以所謂無常等象取色等境，或非一時所取，此復云何？雖有其義，亦由所量相合。合說無餘量，謂先未設假名，但取色等境已。次由共相分別無常，如是由意結合無常色等，是故非餘量。」〔註4〕這一過程實際上是對感性材料進行加工的過程，經驗事物處在時空之中並具有一定的屬性，這只有依賴名言種類分別來標誌，成爲比量認識的原因和前提。

二、遍充理論是比量得以有效進行的重要根基

　　「遍充」（Ayāpti）觀念的確立究係始於何人，今已難以考定。印度學者一般以陳那和與陳那同時期的勝論派哲學家贊足（約公元 460～550）爲最早提出「遍充」說的人，或認爲贊足祇是受了陳那的影響；也有人認爲正理派的重要理論家富差耶那（約四世紀）早就提出了這種思想，等等。然而，據一般推測，陳那應當是最早提出和闡述能立法與所立法之「遍充」原則的人之一。公元六世紀時，正理派哲學家烏地阿達克拉的《正理釋》就竭力地批評陳那以這一理論作爲推論基礎的說法，就是一個佐證。

　　正理派認爲，比量的基礎是直接經驗到的具體事物，包括實際上屬於思維領域的概念。例如，有人尚未見到水牛而聽聞其有似家牛，後於森林中看見一動物很像家牛而知道這就是所謂的水牛。因此，屬性總是存在於具體事物之中的，如「所作性」與「無常性」即是共存於「瓶子」的兩大屬性，如果把這兩大屬性從瓶子之類的具體事物中抽繹出來，二者便失去了聯繫，就談不上遍充不遍充了，他們於是反對把「遍充」說作爲推理的前提。

　　陳那等新因明大師卻認爲，能立法與所立法之間的「遍充」是人們有效地進行比量的根本性依據，而且它們是可以相對獨立於具體事物而聯繫起來

─────────────

〔註4〕引自呂澂譯《集量論略抄·現量品》。

的。《理門論》中曰：「爲於所比顯宗法性，故說因言；爲顯於此不相離性，故說喻言。」也就是說，爲了顯示宗有法具有宗法性，故須說出因支；爲了顯示能立法與所立法之間的不相離關係，故須以喻支來表達。《集量論》卷三中亦云：「知有所作處即與無常宗不相離，能生此比量者，念因力故」；「又彼宗法即是因性，說因宗所隨，宗無因不有。」因此，這種「遍充」亦稱爲不相離性，是可以脫離具體事物而連接起來的，後來「遍充」就用以指稱喻支中的普遍性命題。

正是由於因法所作性與宗法無常性之間的不可分離的聯繫，才使因明比量得以有效和順利地進行，成了演繹推理的基礎。陳那以「若是所作見彼無常」這樣的外遍充論作爲比量的前提，是使因明由概然性推理向必然性推理邁進的一個突出貢獻，在印度邏輯史上具有劃時代的意義，從此印度的古典邏輯跨入了演繹邏輯的領域，進展到科學的嶄新階段。

三、因三相是比量成立的根本性基礎

因三相是陳那在批判繼承古印度邏輯思想的基礎上所創建的核心理論，在新因明體系中起著決定性的作用，從而也是比量成立的根本性依據。《理門論》中說，不僅三支論式的建構必須以因三相爲前提和基本框架，而且比量也是在因三相的基礎上產生和進行的：「又比量中唯見此理：若所比處，此相定遍；於餘同類，念此定有；於彼無處，念此遍無。是故由此生決定解。」

比量屬於一種間接知識，是根據已知推出未知的思維形式，比量方法要憑藉一定的理由即「因」來作前提，這個「因」就是因三相。天主《入論》中云：「言比量者，謂藉眾相而觀於義。相有三種，如前已說，由彼爲因於所比義，有正智生，了知有火，或無常等，是名比量。」窺基《大疏》卷八中釋曰：「謂若有智，藉三相因，因相有三，故名爲眾，而方觀境義也。由藉因三相因，比度知有火、無常等，故是名比量。」〔註5〕

如果沒有因三相作爲前提和基礎，僅憑主觀猜測去進行推斷，或者用不具三相的因作爲推理的前提或根據，那麼往往就是一些錯誤推理即似比量。《入論》中說：「若似因智爲先，所起諸似義智，名似比量。似因多種，如先已說，用彼爲因，於似所比，諸有智生，不能正解，名似比量。」《大疏》中例示道：「如於霧等，妄謂爲煙，言於似所比，邪證有火，於中智起，言有智

─────────────

〔註5〕《中國邏輯史資料選》因明卷，第 246～248、252～253 頁。

生。由彼邪因，妄起邪智，不能正解彼火有無等，是眞之流，而非眞故，名似比量。」〔註6〕

　　總之，人們在運用比量這種思維形式時，不僅要求其前提眞實無誤，而且必須遵循相應的思維規律和推理的基本原則及規則，才能形成眞比量。陳那等大師的這一思想與恩格斯有關思維規律的觀點是一致的。恩格斯說：「如果我們有正確的前提，並且把思維規律正確地運用於這些前提，那麼結果必定與現實相符。」〔註7〕

第二節　比量的形成

　　與古希臘亞氏邏輯、中國墨辯相比較，佛教邏輯在探討推理形成方面有其獨到之處，也是印度因明學頗具借鑒價值的地方。然而，在以往的因明研究中一直沒有得到應有的重視。

一、現量與比量

　　陳那認爲，人類的知識應當有兩個部分：一是五根所取的純實在自相，二是表象概念等虛妄分別的思想形式所詮釋的共相。他強調對世界眞實基礎的認識只能是現量，共相是無法感知的，因爲「依他而有」的共相事物具備種種體性，並非自我規定的實在（「體相非一」），或是「多種極微體性之有法，或色香味觸多塵之法，非是根識所瞭解之境界。」從而不能成爲感覺之純對象，眼耳鼻舌身五根「各各明照自境」，眼不緣聲，耳不如色。從另一方面來說，「各根識（現量）所瞭解之境相，亦非名言所能顯示宣說。根識之境，即諸處離言說分別之自相體性。」〔註8〕因此，正確的知識僅有現量和比量而已。

　　從陳那開始的因明家在考察知識來源時，並不是僅從主體方面著眼，更注重認識的對象方面。因爲如果只從主體方面出發，勝論、正理派、彌曼差派等也認同現量和比量是兩種正當的獲取知識的手段，只有從所量對象上才能從根本上將佛家與其他派別區別開來。對於勝論派、正理派、彌曼差派來說，所量的對象即自相之刹那與共相之間並沒有明顯的界限，難免互相混雜。《正理經》上說：「量分爲現量、比量、譬喻量和聲量。所量就是靈魂、

〔註6〕同上註。
〔註7〕《馬克思恩格斯全集》第20卷，第661頁。
〔註8〕法尊譯《集量論略解》，第4頁。

身體、感覺器官、感覺對象、覺、意、行為、過失、再生、果報、苦、解脫。」〔註 9〕烏地阿達克拉因此明確表示，量及所量都不止兩種，能量之間也並非沒有混雜。在正理派看來，既然所量對象的個別與一般是相混雜的，能量手段的現量與比量便無從截然分開，因而反對將二者視為不相屬而彼此排斥的看法。

佛教因明家們卻主張劃開現量與比量，其根據在於所量對象的不同本質。陳那指出，所量之境不外自相與共相。何謂自相？《集量論》卷一中云：「諸法實義，各附己體為自相。」就是說，事物本身或其特定意義各依附著其本身而不通達其他方面的就叫自相。如風聲，無關其他聲音，就是事物本身；只指風聲，不指與其他事物的共通之處，這就叫特定的意義，都屬於自相。而這種自相，只屬於自內證智之所證智，決不是人們思慮說話所能表詮的，如果思慮說話能得到事物的自相，例如以火燒物為它的自相，那麼我們說火時就應燒口，思火想火時就應燒腦，但事實上並不如此，因此所思所說的並非火的自相，而是貫通諸火（廚火、燈火、彈火、野火等）的共相。何謂共相？「假立分別，通在諸法為共相。」《大疏》卷八中亦言：「以分別心假立一法，貫通諸法，如纓貫華，此名共相」。〔註 10〕如「聲」這一詞項，通於人聲、鳥聲、鐘聲、風聲、雨聲等；「無常」這一屬性，通於瓶、盆、草、木、鳥、獸等，都屬於共相。陳那說：「諸種類聲，如說牛羊等，詮說種類義；諸功德聲，如說青白等，詮功德義；諸作用聲，如說供施等，詮作用義；諸實物聲，如說有杖、有角等，詮有實義。總之，緣此等聲所起之心皆屬分別，皆非現量」，〔註 11〕而進入到共相的領域了。認識自相的智慧是現量，正由於它對於現在事物顯現證知的緣故；認識共相的智慧是比量，因為它有待於推度才決定了知的緣故。《理門論》中說：「由此能了自、共相故，非離此二別有所量，為了知彼更立餘量。故依二相，唯立二量。」

二、現量向比量的轉化

接著，陳那闡明了比量形成的過程。由前所述，比量是在真現量的基礎上依據遍充原理、因三相等而進行建構與推演的。例如，過去在廚房等處見火有煙，而在河湖海洋等處則不會看到，明確了煙與火間有因果必然聯繫；

〔註 9〕 引自**沈**劍英：《因明學研究》，第 255～256 頁。
〔註 10〕 《中國邏輯史資料選》因明卷，第 239、247 頁。
〔註 11〕 陳那：《集量論略解》，法尊譯，第 5 頁。

後來眼見隔岸煙起，審此觀察智，憶念到前知，合爲比度，決定隔岸也有火。
這個結論是從瞭解煙與火之間的聯繫和現見煙起的知覺而做出來的。再如，
我們曾經知道「所作物」與「無常」之間有必然的聯繫，後來聽到含有所作
性的動物等聲、風鈴等聲，憶念到前知而進行推度，決定聲是無常。在這裡，
審觀察智是遠因，由於它們不親生智的緣故；憶因之念是近因，是由於回憶
才知道宗因不相離性的，因而從正面瞭解「有煙」應「有火」、「諸所作物」
應是「無常」，從反面也明確無火就無煙、常住就非所作物的道理。可見，決
定智實際上是合審觀察智和憶因念遠近二因而生起的。正如《理門論》中所
說：「謂於所比審觀察智，從現量生或比量生，及憶此因與所立宗不相離念。
由是成前舉所說力，念因同品定有等故，是近及遠比度因故，俱名比量。此
依作具、作者而說。」〔註12〕我們可以把比量的形成過程試解如下：

　　審觀察智（觀察當下情物）──遠因　　　（前提）

　　憶因念（遍充關係）──近因　　　　　　（前提）

　　決定智──果　　　　　　　　　　　　　（結論）

　　所以，比量是從因立名，因從果名，關鍵在於因。對此，《大疏》卷八中
進行了較詳細的說明：「問：言現量者，爲境？爲心？答：二種俱，是境現所
緣，從心名現量；或體顯現，爲心所緣，名爲現量。問：言比量者，爲比量
智？爲所觀因？答：即所觀因，及知此聲所作因智，此未能生比量果，知有
所作處即與無常宗不相離，能生此者，念因力故。問：若爾，現量、比量及
念，俱非比量智之正體，何名比量？答：此三能爲比量之智，近遠生因，因
從果名。」〔註13〕比如伐樹，斧等爲作具（勞動工具），人爲作者（勞動者），
砍倒彼樹，人爲近因，斧爲遠因。同理，現量爲作具，憶因之念爲作者，以
此來建構比量。

　　這裡不是說由現量直接過渡到比量，而是「由先見爲因，乃比度所觸，
謂於彼色，捨離現量行相，由色之總比度觸之總。其現觸之差別，非可顯示
故。」即祇以現量爲「因」，進一步去緣慮色的共相、比度出總的屬性，同時
捨棄現量的特殊性及個體之間的差別，才形成比量。可見，比量雖要以現量
爲參考，但二者似不存在直接的聯繫，在現量的基礎上還必須通過中介，即
加入名言種類差別，才可以轉化爲比量。陳那說：「若現量之境義，能施設名

〔註12〕引自鄭偉宏《因明正理門論直解》，第133頁。
〔註13〕《中國邏輯史資料選》因明卷，第247頁。

言，即由彼聲應成比量。於現量之境義，亦見有比量轉，如由色比所觸也。雖有見此，然比量趣彼義，非如現量。」〔註14〕

第三節　比量的形式或種類

正理派的推理局限於個別事物內涵方面的推理模式，它把比量分爲三類：（1）有前比量，這是由因推果，如看到黑雲密佈就推論將會下雨；或者由以前的經驗而推斷未來的情況，如由過去所知煙與火的關聯，現見隔岸有火，比知有火。（2）有餘比量，這是由果推因，如從洋溢的河水而推知上游有大雨；或者通過淘汰來推知，如聲音或爲一種實體或爲一種屬性或爲一種動作，既然已知聲音不是實體也不是動作，從而推出聲音必是一種屬性。這相當於形式邏輯中的選言推理。（3）平等比量，這是由兩個事物的相似來推斷的，如根據所見物體的位置變換是因爲其有了移動，從而觀察太陽在一天行程中位置不同而推知它也有了移動；或者通過感覺可見事物的屬性來推斷相類似的不可感覺事物的屬性，如已知斧頭工具須有工匠，推斷心爲工具必有作者，即「自我」或「靈魂」。正理派所說的三類比量，正如《正理經》上所說，祇是「將一可能說明事件自與既知者的類似而推定之」，並沒能總結出普遍性命題來進行推理，在形式上是不嚴格的。

彌勒《瑜伽師地論》卷十五里對比量的形式作了重要的補充和拓展。他把比量分爲五類：（1）相比量，是隨所有相狀相屬，或由現在或由先前所見而推斷境界，也就是根據現見事物的相狀並依據經驗中對事物的「相屬」關係的判定而進行的推理。如以面皺髮白等相狀，推斷爲老年；由現見煙故，比知山中有火等。（2）體比量，是由現在所見事物之自體性推斷另一未見事物之自體性，或者由現見事物一部分的自體性而推度其餘部分的自體性。論上說：「現見彼自體性故，比類彼物不現見體；或現見彼一分自體比類餘分」。如以現在推知過去，或以過去比類未來；以眼前事物的本性推度遠處事物的本性；以梨之一分成熟推斷其餘部分亦成熟等。（3）業比量，是以事物的動作情狀、功能特點進行推斷。如見遠物搖動，鳥驚飛起等而推知該處有人；若見環境草木滋潤，莖葉青翠等而推斷有水等。「曳身行處，比知有蛇；若聞嘶聲，比知是馬；若聞哮吼，比知獅子；若聞哮勃，比知牛王」。（4）法比量，

<hr>

〔註14〕陳那：《集量論略解》，法尊譯，第30頁。

是以相鄰相屬之法推斷其餘相鄰相屬之法，即由一事物所具有的某一「相鄰相屬」的性質推知另一「相鄰相屬」的性質。如某物屬於生物可推斷它會老，因它會老推度其會死；由於某物屬於有色彩可見可觸之物，推斷其有處所與有質體等。（5）因果比量，是以事物的因果關係來輾轉推理，即由因推果，亦可由果推因。如見有豐盛飲食推知飽滿，而見有飽滿推知豐盛飲食；若見有人飲食不平衡推度他會生病，而現見他有病推斷其飲食不平衡等。可見，彌勒所說的五類比量基本上停留在「從特殊到特殊」的類比方式上，局限於個別事物內涵方面的比度或因果關係的推斷，並沒有上陞到普遍性命題進行推理，也沒有能夠從外延方面進行類推，在形式上是不嚴密的。

　　陳那之後的新因明強調比量須借助因三相進行推演，使比量具有了嚴格的形式。法稱《正理滴論》卷一中云：「推理的對象如同它的同類，例如我看見的一條牛是特殊的一條牛，它具有某些與其他的牛不同的特徵，而我推論的一條牛是一般的牛，它具有一些其他的牛所共有的屬性。推理是一般的知識。」

　　在新因明大師的著述中，他們對比量的論述具備了形式邏輯裏的三種基本推理形式。《集量論》卷二中云：「謂火與煙，無則不生之繫屬，要先於餘處顯示之後，次於別處，雖唯見有煙，以若處有煙，則彼處有火。亦能顯示成立有火。」這裡講到兩種推理形式：一是歸納推理，火與煙之間「無則不生」（即無火必無煙）的普遍性關係要在餘處（即其他諸多場合）顯示並確證之後才能成立，即「無火必無煙」的一般性知識是從許多特殊性知識歸納總結出來的，而且這些特殊性知識應當是已知為真的。陳那說：「若謂無過，如火、煙相應之地方與無則不生之繫屬，非所顯示，然彼是所比，如是於繫屬亦應爾。」二是演繹推理，從「無火必無煙」這個已知為真的大前提出發，如果我們在某處看見有煙，就可以推出「該處有火」的結論。這個結論是必然得出的，因為「若不爾者，不能顯示各別餘處，所立火與煙，無則不生也。故是顯示共同所依，以說若處有煙，則彼處有火故。」〔註15〕就是說，若先未於其他地方成立無火必無煙的不錯亂關係，則不能在此處見煙即知有火；而今既然成立此不錯亂關係，那麼我們就完全可以從「某處有煙」而得出「該處有火」的結論。這裡將歸納推理與演繹推理放在一起敘述，說明陳那已意識到這兩種推理之間有著一定的聯繫。《集量論》卷三中道：「如瓶是所作性，

〔註15〕陳那：《集量論略解》，法尊譯，第36、71頁。

與非瓶上亦見彼性；然所作性與無常等無處，則不可見。於一切處具因相故，是決定因。」〔註 16〕這裡講的是類比推理形式：瓶有所作性，非瓶的事物如盆碗等上亦有所作性，而在無常性沒有之處則所作性也無，由此一切同品所具有的因相即所作性就可以得出「聲是無常」的結論，這顯然是從同品如瓶與聲的屬性比較中而類推出來的。

《正理滴論》卷二中提出了三種比量，即不可得比量、自性比量和果比量。首先是不可得比量，法稱立量云：「此處無瓶，瓶可得相，雖已具足，而瓶不可得故。」在我們的思維裏已經有了看到瓶的種種因緣條件，如相當的空間、光亮度、實體乃至心理的期待等等，假如真有瓶那樣的東西，一定會見得到的，現在卻不然，人到了那一處所卻沒有見瓶。人們常常要與從前的知識經驗相比較，並隨處用矛盾律作決定，不可得比量可算是一個突出的例子。其次是自性比量，法稱立量說：「此物是樹，以彼本是興遮巴（無憂樹）故。」說這是一棵樹，是由於認識了它是無憂樹的緣故，無憂樹本來就包含了樹的意義。這裡是用詞項外延之間的關係進行推斷的，樹是屬，無憂樹是種，屬包含種，因此無憂樹必然具有樹的屬性。最後是果比量，法稱立量道：「彼處有火，以見煙故。」這依據我們以往的知識，由時常連帶而起的可作普遍性的因果聯繫的兩件事，取它的果來推因。如果某處有煙，便斷定那裡有火。這是因為我們已經認識到煙是火的結果，所以由煙就可以推出它的原因「火」來。人們平常所作的比量大多數採取這種類型。以上三種比量，第一個得到否定的結論，後二個得到肯定的結果，但它們成為正確比量的根據是一樣的，即都以因三相作為基礎。正如法稱所言：「為自比量者，謂於所比，藉三相因，所起正智。」他認為，由於運用方式不同，不可得比量還可以轉化成十一種〔註 17〕，即自體不可得比量、果不可得比量、能遍不可得比量、相違自性可得比量、相違果法可得比量、相違所遍可得比量、果相違法可得比量、能遍相違法可得比量、因不可得比量、因相違法可得比量、因相違果法可得比量。

藏傳因明家也談到比量及種類。普覺・強巴認為，比量是在現覺基礎上繼而進行推理考究所產生的量識，定義為「據自依正確因，直接新生，非欺誑之執著了別，為比量之性相。」這裡的正確因，通常是指具有因三相的推

〔註16〕同上註。
〔註17〕引自《因明研究》，第 358～359 頁。

論根據。他把比量分爲三種：「1、物力比量，謂如以所作性爲因，瞭解聲音無常之比量。2、世許比量，謂如以存在於分別之上爲因，而瞭解將懷兔爲月之比量。3、信仰比量，謂如以經過三種觀察認識到其爲正確之教典爲因，瞭解『施致財富，守法安樂』教典所顯示之意義是非欺誑之比量。」〔註18〕這三種比量是以因的性質來劃分的。物力比量是以物質的作用爲因，以宗因不相離性來確定的。如例示「以所作性爲因」，根據所作性與無常性的普遍聯繫，而得出「聲音無常」的結論。世許比量所依據的因，不是通過事物的內在聯繫及規律來說明所立宗的成立，而是擇出舉世公認、立敵共許的理由來推導。如在古印度「懷兔是月」就是世人沒有疑義的說法。信仰比量是以他人通過考究作爲定論的經典教義爲因，來推論所立宗義的正確無誤。如例示中的「施致財富，守法安樂」，爲龍樹大師在《贈國王言寶鬘》中所言，要使這個說法成立，必須引用大量經典來說明施捨與守戒的功德，既費神又費力，而以「正確之教典」爲因，就十分簡潔可信，因爲龍樹是大乘佛學的奠基人，在佛教大乘宗派中享有崇高的聲譽。這如同今人爲推出某一結論而引經據典一樣。可以看出，在推理過程中，比量所依據的因起著決定性的作用，每一種比量都必須依據一些正確的因才能產生。不過，藏傳因明的比量論不是沿著外延化方向發展，而是轉向內涵方面，不符合現代邏輯精神，這是與其側重於論辯相一致的。

第四節　爲自比量與爲他比量

　　三支因明還將比量分成爲自比量和爲他比量。《集量論》中定義爲自比量是「謂由具足三相之因，觀見所欲比度之義。」而「自由三相因，生有因智，如是爲令他生有因智故，說三相因，是名爲他比量，是因立果名故〔註19〕。就是說，爲自比量是不形之於語言文字以借助因三相而思考所比之義的內心推度，其功能在於自悟；爲他比量是用語言文字把具足三相因的比度之義表達出來的論證方式，其功能在於開悟他人。由於爲自比量是純粹的內心思維活動，因而爲自己而顯示的比量過程應該是必然的，由前提推出結論也應當是順理成章的、意料之中的。爲他比量則是佛教邏輯進行論辯的必要工具和手段，因明家總是通過設立爲他比量來破斥敵者論宗，弘揚自宗教義以開悟

〔註18〕《中國邏輯史資料選》因明卷，第602～603頁。
〔註19〕法尊譯《集量論略解》，第29、60頁。

敵者和證義者的。

　　為自比量與為他比量有著緊密的聯繫。一方面，為自比量是為他比量的前提和基礎，沒有為自比量就無以形成為他比量。《理門論》中云：「如是應知悟他比量亦不離此（即為自比量）得成能立。」《集量論》卷三中亦道：「為他比量者，顯自所觀義。如自以因知有相法，欲他亦知，說三相言，是謂為他比量。」就是說，在為自比量的基礎上，為使他人亦能明瞭立者所推知的意旨，便說出具足三相因的道理。法稱《正理滴論》中說得很簡明：「宣說三相正因，開示他人，是名為他比量。」〔註20〕《大疏》卷八中則講得具體而形象：為自比量「親能自悟，隱悟他名及能立稱，次彼二立明，顯亦他悟，疏能立，猶二燈、二炬互相影顯故。」〔註21〕這是由於所有開悟他人的論式首先必須在立者的頭腦中進行過適當的推敲，如果連自己都思慮不通的比量怎能說服別人、證成自宗呢？因此，要把道理說出來以服人，就得借助為自比量。從行文的次序來看，陳那《理門論》、《集量論》，天主《入論》，法稱《正理滴論》、《釋量論》，窺基《大疏》等等著作，都是先論述為自比量，然後才依其邏輯思路分析為他比量的。對此，第一世達賴僧成在《釋量論釋》中云：「分辯是義非義，須要依靠比量智故。為建立比量智，故先釋自義比量也。」另一方面，為他比量是為自比量的結果和目的，設立為自比量旨在將自宗示之於人，用語言文字表達出來開悟他人，從而獲得弘揚自宗教義、破斥敵者論宗的效果；沒有為他比量，為自比量就不可能達此成效，也達不到因明「悟他」的目的。窺基說：「故知能立必藉於此量，顯即悟他，明此二量，親疏合說，通自、他悟及以能立，此即兼明立量意訖。」「故指如前，有彼為因，釋前借義，由即因由，借待之義，於所比義，此即釋前而觀於義。前談照鏡之能，曰之為觀；後約籌慮之用，號之為比，言於所彰結比故也。」〔註22〕可見，沒有為他比量，為自比量本身也就失去了意義。

　　然而，為自比量與為他比量畢竟是兩種性質根本不同的思維形式。首先，從二者的內涵及實質來看，為自比量是人們「藉眾相而觀於義」的內心推度，實質上是一種推理形式，這是大家一致公認的；為他比量則是立者「欲他亦知，說三相言」，從而去建立論式來開悟他人的外在論辯，通常表現為五支論

〔註20〕引自《因明研究》，第 360 頁。

〔註21〕《中國邏輯史資料選》因明卷，第 238、246 頁。

〔註22〕同上註。

式、三支論式或應成論式等，它實質上是一種論證形式。關於這一點，下一章將進行詳細說明。因此，一內心之「觀」一外在之「說」，一為推理一為論證，二者是涇渭分明的。其次，從二者的思維進程及功能目的來看，為自比量是先有前提後有結論的，其目的在於從已知推出新知，當人們進行推理的時候，並未預料到將會推出什麼結果。譬如，在歸納推理過程中，從特殊性前提出發，既可以得到一般性的結論，如觀察到山、廚房等處有煙，見其遍是「有火」的性質，從而總結出「若有煙處必有火」的一般性命題；同時也可能得不到一般性的結論，如人們在歐洲、美洲、亞洲、大洋洲等地看到的都是白天鵝，卻不能獲得「所有天鵝都是白色的」這個一般性命題。在演繹推理過程中，如從「若有煙處必有火」這一前提出發，可以推出「此山有火」，也可以推出「隔岸有火」、「房屋有火」、「船上有火」等等，其結論也不是預先確定的和唯一的。類比推理亦然，由前提出發，既可以得到相應的結論，如惠更斯以光與聲的類比而發現光的波動性；也可能得不到期望的結論，如神學家以鐘錶與宇宙的類比推出上帝創世說（機械類比的錯誤），總之，類比推理的結論也不是唯一的和確定不變的。但是，為他比量的三支論式等總是先示論題，次出論據，而後進行論證的，其目的在於證實立者已經確定的論宗或者破斥敵者預先確定的論宗，而不能去論證別宗，這是顯而易見的。《入論》卷一中云：「因喻已成，宗非先許，用已許法，成未許宗，如縷貫華，因義通彼，共相智起，印決先宗，分別解生，故名比量。」《大疏》卷一中亦道：「用已極成，證非先許，共相智決，故名比量。」「由況既彰，是非遂著，功成勝負，彼此俱明，故從多分，皆悟他也。」因此，「悟他自悟，論各別顯。」〔註23〕再次，從二者的外在特徵上看，由於為自比量是人們內心的獨立思考，他早於將思考的對象了然於胸，因而在推度過程中用不著進行正反兩方面的比度，也不必把正證和反證非列舉出來不可。一般來說，每一種推理形式在其實際推理過程中都是單一的，在同一推理過程中不可能同時進行兩種或兩種以上的推理，也不可能摻雜其他類型的推理，在從「一般到特殊」的演繹推理中，舉出其他的例證反成為「蛇足」了。相反，為他比量主要是用語言作媒介，提出自己的論宗建立論式加以反覆論證的，在論辯過程中立者都盡可能地進行正反兩方面的論證，也就是正反雙陳、同異並舉，這樣才更有說服力，更有效地開悟他人，更能使敵者屈服，否則是難以奏效的。《理門論》

〔註23〕《中國邏輯史資料選》因明卷，第 25、24、22 頁。

中云：「宗等多言說能立者，由宗因喻多言辯說他未了義，故此多言於論式等，說名能立。又以一言說能立者，爲顯總成一能立性，由此應知，隨有所闕，名能立過。」〔註24〕《入論》中曰：「由此論顯眞而無妄，義亦兼彰具而無闕，簡此誠言，生他正解，宗由言顯，故名能立。」而「宗因喻三，隨應闕減。謂立具足，諸過隨生，僞立妄陳，邪宗謬顯，興言自陷，故名似立。」《大疏》卷一中亦道：「因喻具正，宗義圓成，顯以悟他，故名能立。三支互闕，多言有過，虛功自陷，故名似立。」〔註25〕所以，爲自比量與爲他比量的區別是十分明顯的。

綜而論之，佛教邏輯對推理的諸多論述及推理與論證之間關係的理解是非常深刻的，甚至是精闢獨到的，在邏輯史上應當有其特殊的地位，而且在今天仍有其重大的借鑒意義。不過，以陳那爲代表的新因明所達到的成就畢竟是有局限的。首先，許多基本的因明術語，如「比量」、「所比」、「宗」、「宗法」、「法」、「品」、「相」等等，都不是一義的，往往在不同場合以同一語詞不加解釋地表達各不相同的意義，這就造成了理解、注疏上的分歧和混亂。術語的出現也缺乏順序性，一些在後面幾卷才加以界說議論的概念，常常在前面就出現了，從而導致若干部分的重複、繁瑣與凌亂。其次，因明原籍中的不少提法缺乏前後一貫性，如陳那《集量論》卷一中說量只有現量和比量兩種，但在後面的卷三、卷四及《理門論》中卻容忍「聖教量」、「譬喻量」的存在，後來的注疏者雖然曲爲之解，但說得越多，邏輯上的不一致性也就越明顯。再次，由於因明的主要任務在於探索一條足以「悟他」的論證途徑，因而在比量的形式化、抽象化方面不可能走得很遠，形式化的佛教邏輯體系始終未能建立起來。而且，因明對比量的討論也是不系統的，有關比量的論述通常散見於各典籍及各卷之中，沒有形成一個易爲人們領會、順理成章的體系。最後，在因明體系中引入了許多無法闡明的命題和方法，由此增添了內容上的駁雜性。並且，諸多因明論著拘泥於其特殊的格律，其文字古奧艱深，晦澀難懂，大多囿於對教義經典的比量詮釋，集中於各教派之間學理的辯難，遠離豐富的生產實踐和社會生活，造成了因明比量論等諸多理論的相對貧乏和單調，影響了它的社會化和進一步發展。當然，我們不能用今人的眼光去苛求古人，這些缺陷在當時來說也許並不足奇，有些紕漏則是佛家邏

〔註24〕 引自鄭偉宏：《因明正理門論直解》，第6～7頁。
〔註25〕 《中國邏輯史資料選》因明卷，第23頁。

輯偏重於論辯所造成的。然而，我們今天對因明進行研究，區分其中的精華與糟粕，恰如其分地顯示因明的成就與不足，才能摧破歪曲，澄清誤解與錯謬，給因明一個準確合理的評價；同時，以史爲鑒，古爲今用，對推動邏輯學的普及與發展，提高我國國民的理論思維水準，都是有較大的現實意義的。

第六章　因明論式

第一節　三支論式的邏輯本質

在佛教邏輯發展的歷史上，曾經出現過幾種因明論式，如五支論式、三支論式和應成論式等，這裡我們主要討論三支論式。

陳那的主要貢獻是將古因明的五支論式改造爲三支論式，使因明論式臻於定型和完善，對社會上盛行的邏輯論爭活動產生了不可估量的影響。

關於三支論式的邏輯性質，國內外的因明學研注者〔註1〕習慣於將三支論式與亞氏三段論進行比較研究，幾乎一致認定三支論式在本質上和三段論一樣，都屬於一種推理。我們認爲，這種看法很值得商榷。

一、新因明大師的相關論述

我們先來看看新因明大師們是怎麼說的。陳那《理門論》中云：「於論式等說此多言，名能立故。」天主《入論》中亦道：「此中宗等多言名爲能立。」梵語中的數詞變化有一數、二數、多數三種，三支論式即宗、因、喻三支，因而稱之爲多言。陳那認爲，三支論式說此多言，其原因在於論式的本質是一種能立，也就是論證。《入論》中曰：「已說宗等如是多言，開悟他時，說名能立。」窺基《大疏》卷四中釋道：「宗因喻三，名爲多言。立者以此多言開悟敵、證之時，說名能立。陳那已後，舉宗能等，取其所等一因二喻，名

<hr>

〔註 1〕見《因明新探》中呂澂、虞愚、周文英、楊百順、吳志雄、**沈劍英**、末木剛博等文，《因明研究》中巫壽康、鄭偉宏、張忠義、崔清田、阿旺旦增諸文，以及參考文獻中諸外文。

爲能立。宗是能立之所立具，故於能立總結明之。」

以上論述清楚地說明，陳那等大師都是把三支論式當作立者用以開悟敵者和證義者的一種論證形式。由於世親所建立的宗因喻合結五支論式在三數以上而稱爲多言；陳那的宗因喻三支論式也在三數以上，也稱爲多言，而且它們的本質是一樣的，都屬於論證。《大疏》卷一中說：「世親所造《論軌》、《論式》，彼說多言爲能立，今不違古，故說多言。」

眾所周知，三支論式是以因三相爲核心建構起來的，因而它應當包含著因三相原理。《理門論》中道：「又比量中唯見此理：若所比處，此相定遍；於餘同類，念此定有；於彼無處，念此遍無。是故由此生決定解。」由於因三相本身即由三個命題所組成，所以要顯示因三相原理，就得依靠多言才能做到；在因三相基礎上建立起來的三支論式更不是說一兩句話就能表達得了的，而必須進行多方面的論證。《大疏》卷一中釋曰：「因之三相，即宗法性、同有異無，顯義圓具必藉多言，故說多言名爲能立。又一二之言，宗由未立；多言義具，所立方成。」

爲何要建立三支論式呢？陳那認爲，其目的在於向敵者和證義者論證、說明其未了義（即不明了的意旨），這些未了義可作爲立者論宗。《理門論》中云：「由宗因喻多言，辨說他未了義。諸有問者，謂敵、證等。未了義者，立論者宗。」《入論》中亦道：「由宗因喻多言，開示諸有問者未了義故。」

接著，陳那談及未了義產生的主要原因和出處。就敵者來說有三方面的原因，即無知、猶豫和所持宗派學說的偏執。《理門論》中說：「其敵論者，一由無知，二爲疑惑，三各宗學，未了立者立何義旨而有所問。故以宗等如是多言，成立宗義，除彼無知、猶豫、僻執，令了立者所立宗義。」就證義者來說有六個出處，「其論義法，《瑜伽》等說有六處所：一於王家，二於執理家，三於大眾中，四於賢哲者前，五於善解法義沙門婆羅門前，六於樂法義者前。於此六中，必須證者，善自他宗，心無偏黨，出言有則，能定是非。證者即問：立何論宗？今以宗等如是多言申其宗旨，令證義者了所立義。」

陳那認爲，雖然論式對敵者與證義者的著眼點有所不同，即對敵者用「開」，對證義者用「示」，但所運用的論式在本質上都是相同的，即都是以論證形式來彰顯正理。《理門論》中道：「因由敵、證問所立宗，說宗因喻開示於彼，所以多言名爲能立。開示有三：一敵者未開，今能立等，創爲之開；證者先解，今能立等，重爲之示。二雙爲言開示其正理。三爲廢忘宗而問爲

開，為欲憶宗而問為示。」

　　窺基《大疏》卷一中分析了敵者和證義者對所立論宗的不同態度及其根本差別。第一，立敵之爭是必然的、毫無疑義的；而證義者問立何論宗卻是有諸多原因的。他說：「諸問者通證及敵。敵者發問，理不須疑。證者久識自他宗義，寧容髮問未了義耶？一年邁久忘；二賓主紛紜；三理有百途，問依何轍；四初聞未審，次更審知；五為破疑心，除涉明意。故審問宗之未了義。」

　　第二，證義者對所立宗義並不是真的「未了」，而是有其因緣的，因此應當給予妥當說明以展示之；敵者對所立宗義則是真正的「未了」，其主旨在於進行強辭奪理的狡辯。窺基道：「為其證者論解，但應言多言，開示問者義故，證者久聞而無未了。為其敵論者論，應說言多言，開示諸有問者未了義故，敵者於宗有未了故。問：能立為多，何故一言說為能立？」敵者對立者質問：你說多言才稱為能立，為何你又只說能立一言？敵者顯然是把「能立」一詞所包含的多言內容故意地偷換成該詞的一言使用，從而進行詭辯。《理門論》中解釋說：「為顯總成一能立性。」就是說，使用「能立」一詞是為了闡明整個論式的必然性和論證性，表明所立之宗是成立的、不可懷疑的，而能立所體現的論式本身卻是多言的。

　　人們也許還會產生另一個疑問：既然證義者對論宗無未了，敵者有未了，為什麼又一起說二者都未了義呢？窺基認為，那是由於二者都用多言來表達，本質上均為論證，其實在它們的論說主旨上是有區別的：「今合為文，非彼證者亦名未了，由開示二，故說多言名為能立。」

　　由上述陳那等新因明大師對三支論式本質的一再申述，以及論式活動過程中主體構成（立者、敵者、證義者）、有關未了義的原因和出處等等的詳細論述，都一一說明了三支論式並不是以單個人的推理形式所能夠表現的，而只有運用論證形式才能給予恰如其分的體現和說明。

二、三支論式的性質和特徵

　　三支論式在新因明大師的原典中闡述得最為充分和全面，也是運用得最多的邏輯方法，尤其是在建立三支論式時討論的邏輯謬誤即過失論更是獨具特色的和無以倫比的。

　　事實上，無論從哪方面來看，三支論式作為論證的邏輯性質都是相當明顯的，而與推理相去甚遠。

第一，從思維進程來看，推理是從前提到結論的邏輯順序；論證則是先有論題後引論據進行論證的邏輯進程，言三支亦然，它總是先立論題宗，而後才用因、喻等論據去加以證明，這是與推理的思維次序完全逆向的。

第二，從邏輯結構上看，一般來說，推理都是比較單純的，它通常不可能同時進行兩種或兩種以上不同類型的推理；論證則複雜得多，它往往包含著各種不同類型的推論，每一個具體論證幾乎都是各種推理形式的綜合運用。在三支論式中，不僅具有完全的歸納關係（即從喻依到喻體）和類比關係（即同品、異品與有法的類比），而且具有完整的演繹關係（即從喻體、因到宗的演繹過程），它是先歸納和類比後演繹的有機結合體，從而體現了論證的本質特徵。

第三，從邏輯功能上看，推理主要是從已知推出未知，目的在於獲得新的知識，因而其結論往往不是唯一的和事先給定的。如從「若有煙處必有火」和「現見煙故」這兩前提出發，既可以推出「山中有火」，也可以推出「隔岸有火」、「房屋有火」等等。論證則完全不同，它的主要功能在於確定某一論題的真實性，這一論題在該論證的整個過程中是預先確定的和唯一的。三支論式正是如此，在展開論式進行論證的過程中，必須緊緊圍繞著那個預先確定的論宗給予多方面多層次的論證，而絕不能對這一論題有所偏離去論證別宗，它的主要功能在於確定論宗的真實性，而不在於獲取新知。否則，就會產生「轉移論題」或「偷換論題」的邏輯錯誤，成為無效的論證。

第四，從邏輯規範及邏輯謬誤來看，推理規則都是有關前提及前提與結論之間的形式規定的，它所犯的邏輯錯誤也在外延方面和形式方面，對前提和結論的真實性問題卻沒有明確的規範；而論證規則主要是對論題的同一性和清楚確切性、論據的真實性和獨立性，論據與論題之間的內在聯繫等方面作出規範，違反論證規則所犯的邏輯錯誤也著重在內涵方面。

根據陳那等人的論述，在三支論式中，規定組成論宗的材料（即宗依）必須立敵共許，所立論宗必須違他順自和體義和順，否則就會犯「四不成」和「四相違」等過失。這樣一些內涵方面的邏輯要求及邏輯錯誤對於推理來說簡直是不可思議的，因為推理的結論是推理者本人自行推斷的結果，並不需要與他人進行爭辯，因而也不必得到他人的認可，結論對推論者來說是理所當然的，那些自相矛盾、違背常理之類的結論自然不會作出來。言三支還規定，論據因及其組成材料也必須立敵共許，所立因法必須於同品有異品無，

並且與兩宗依不相違（包括言陳和意許）；喻體必須遵循「說因宗所隨，宗無因不有」的規律，同喻依則應當合因於宗，異喻依應當離宗無因，避免出現「因十四過」和「喻十過」等邏輯謬誤。這些內容上的規範及過失對推理來說也是不可想像的，因爲推理者所自行推論的前提並不需要他人同意，也不太可能羅列出與自己推出的結論相矛盾的前提；而類似喻體、喻依的那些規範及過失對推論來說完全沒有必要，因爲推理者把思考的對象及其關係早已了然於胸，也用不著進行正反兩方面的比度和舉證，在推理過程中同時進行正反雙陳和舉證反成爲蛇足了。關於這一點，我們將在下一節作更爲具體的說明。

另如前述《理門論》中所云：「比量中唯見此理：若所比處此相定遍，於餘同類念此定有，於彼無處念此遍無。是故由此生決定解。」其最根本的意思是，論式從因、喻到宗的論證過程必須有充足理由，才能「生決定解」，即從論據成立必然能證明論題成立，否則就會犯「無能」的過失。《理門論》中道：「若爾何失？此說但應類所立義，無有功能而非立義。由彼但說所作性故，所類同法，不說能立所成立義。又因、喻別，此有所立同法、異法，終不能顯因與所立不相離性，是故但有類所立義，然無功能。何故無能？以同喻中不必宗法、宗義相類，此復餘譬所成立故，應成無窮。」由於古因明的五支論式未能揭示因宗不相離性，如不能顯示若是所作見彼無常的普遍關係，所以若有人問爲何同喻瓶是所作與無常時，便只得另舉一例：如燈；若再問爲何燈亦所作與無常時，就只好再舉例如此以致無窮。這裡缺乏充足理由而犯「無能」之過。而推理基本上是推理者本人的內心思維過程，因此從前提到結論自然是順理成章的、意料之中的，它不一定非得有充足理由。

第五，從思維創新上來看，推理的創新相當有限，它只要有若干眞實且有推斷關係的前提，就可以依據其邏輯結構和規則迅速地得出結論；而論證卻大不一樣，它有了論題之後，怎樣找到足以確定論題眞實性的論據和從論據到論題之間的邏輯論證關係，以及如何選取論據和論證過程的社會化問題，即儘量做到論據被立敵雙方認可，論證步驟簡捷明瞭、易於理解等，並沒有現成的規則和固定的方法可循，從而論證過程是一個極富創造性的過程。應當看到，通過認眞思考和細緻研究而建立一個論證與簡潔嚴謹地表達一個論證是兩回事。三支論式在表述形式上只保留了宗因喻三支及其從因喻到宗的論證過程，而在建立具體論式的研究過程中，則有多種思維方法被綜

合運用或反覆使用，這個研究過程往往是一個非常複雜的、不斷創新的探究過程。我們在因明的許多典籍中（如《攝類辯論集》、《壓服諍論頌》、《因明學啓蒙》等等）可以很清楚地看到，在運用論式於實際的論辯過程中，立者和敵者總是展開針鋒相對、層層追逼的激烈辯駁，其間的迂迴曲折、機智新穎、創見迭出，充分顯示了論式本身所固有的複雜性和創新性。

綜而觀之，三支論式無疑體現著邏輯論證的根本性質及其基本特徵，而與推理有著非常明顯的差別，前述之研究者將三支論式視爲推理顯然是錯誤的。

三、相關的錯誤認識

前述之因明研究者由於將三支論式當作推理，因而對「大前提」即喻支中還存在喻依常常表現出強烈的不滿和遺憾，認爲喻依是論式中不科學、不嚴密的成分，它使言三支不能成爲純演澤性質的推理而遜於亞氏三段論，從而也使新因明體系不及亞氏邏輯體系嚴謹、嚴密和完善，主張將這個「多餘的」喻依省去。然而，我們認爲，喻依是因明立宗的基本前提和關鍵性條件。

首先，喻依是言三支聯接因三相的主要部分和保證新因明邏輯系統嚴密的根本依據。

眾所周知，三支論式是以因三相爲核心建構起來的，而因三相所闡述的實際上是言三支的「喻」：第一相「遍是宗法性」講的是喻體，即凡因法性都具有宗法性，反之亦然，凡不具宗法性者必不具有因法性；第二相「同品定有性」說的是同喻依，即同品必定具有因法性；第三相「異品遍無性」談的是異喻依，即異品遍無因法性。因此，剝離喻依無異於切斷了後二相與言三支的內在聯繫，這就難以說明因三相在論式中的核心地位和決定性作用，因三相因而很難成爲三支論式的本質內容和基本框架，這樣恰恰使新因明體系缺乏邏輯一貫性和理論嚴密性。只有保留喻依，才能使新因明系統理論嚴密、體系完整和觀點一致，才能使言三支與因三相完全貫通起來，而決不應該把喻依看作陳那等大師的疏忽或不嚴格之處。

其次，喻依是三支論式中不可缺減的重要組成部分以及論式證宗的基本環節和必要手段。

如前所述，論式在立因時規定，因法必須於同品有異品無，防止犯「因十四過」中的五種不定過；在立喻時強調，同喻依必須合因於宗，異喻依應當離宗無因，不得出現「喻十過」中的「四不成」和「三不遺」等邏輯過失。

如果廢去喻依，我們就無法理解和詮釋論式中這樣一些重要的邏輯規範及其過失，就有可能再將這些不可缺減的規定等一起排除在論式之外，從而使言三支變得支離破碎、漏洞百出，三支論式也不能成其為三支論式，更無法作為人們克敵制勝的論辯工具。

　　從論證過程來看，一方面，喻依是喻體的基礎和前提，喻體的普遍性命題是從諸多喻依具有的特殊性知識歸納總結出來的，沒有喻依所具有的那些特殊性知識就不會有喻體中的普遍性關係。另一方面，不僅言三支證宗需要從喻體、因到宗的演繹過程，同時也需要從喻依、因到宗的類推過程，缺少哪一環節都是不能成宗的。同時，根據前述，沒有喻依，便不能由喻體、因的成立必然地證明宗的能立，也就是缺乏充足理由而不能「生決定解」，從而犯「無能」的過失。

　　顯而易見，喻依不應當像那些研究者那樣將之視為三支論式的蛇足，也不應該看作可有可無的單純例證，而應當作為三支論式中不可或缺的重要組成部分，也是論式立宗的一個可靠論據。

　　再次，缺乏喻依的「不共不定」似因是三支論式裏必然的邏輯謬誤。

　　「不共不定」似因是指同品、異品都容納不了的因，它對應於九句因的第五句因，如「聲是無常，所聞性故」。這個似因對於將論式視為推理的研究者來說都會感到大惑不解，因為從「諸所聞性皆無常」和「聲是所聞」兩前提是完全能夠得出「聲是無常」這一結論的。因此有人認為，「這個似因不存在，或者說《門論》本身就存在著矛盾。」〔註2〕

　　然而，當我們把三支論式當作事實上的論證形式，那麼這個似因在論式的謬誤分析理論即過失論中是必然要涉及到的，因為所聞性因僅為有法聲所獨有，而論題宗本身不能自己證明自己，它必須依賴論據因喻的反覆論證才能夠確立；因之有法聲作為宗依，它也不能自己證明自己，而應當列舉他物即同品來證明，既然所聞性因只為聲所獨有，那就沒有同品可作正證，也沒有異品可作反證，自然就是一個似因。

　　陳那《理門論》中云：「舉因能立，立來成宗，無喻順成，其宗不立。因闕同喻，宗義無能可成，亦不返成異宗，由此名為不定。」又道：「所聞性因不定因攝宗，同、異相中隨離一故」、「唯彼有性，彼所攝故，一向離故。」《大疏》卷六中解釋道：「所聞性因，唯彼有性有法之聲，彼所攝屬，不唯為同品

〔註2〕巫壽康：《因明正理門論研究》，第6～7頁。

所攝，亦不唯異品所攝屬故，是故不定。或『所聞性』名爲有性，彼『所聞性』唯彼有性『聲』所攝故，二品皆無，由此名不定。此『所聞性』唯闕一相，謂同品定有，由此宗法決定相違。」所以，「夫立論宗，因喻能立，舉因無喻，因何所成？其如何等，可舉方比；因既無方，明因不定，不能生他決定智故。」

至此可知，那種廢去喻依或者將喻依作爲論式中可有可無的的觀點都是很不合理的。

而且，更應當指出的是，有人不僅主張取消喻依，而且認爲可以省去整個喻支（包括同喻和異喻），「只有因才是論證宗所以能夠成立的根據。」〔註3〕這種看法顯然更不合理，它把作爲三支論式核心和具有決定性意義的因三相完全排除在論式之外，徹底割斷了言三支與因三相的聯繫，使因明論式全然喪失了其原有的科學性、必然性和論證性，使更多論式中的邏輯規範及其邏輯謬誤無法進行詮釋和理解，論式也無以爲論式，完全背離了陳那等大師的原旨和眞諦。

前述陳那云，只有「說宗因喻開示於彼」，才能「以多言名爲能立」，「顯總成一能立性。」《理門論》還談到同、異二喻的功能：「前是遮詮，後唯止濫，由合及離比度義故。」窺基解釋道：「前之同喻，亦遮亦詮，由成無以無、成有以有故；後之異喻，一向止濫，遮而不詮。由同喻合，比度義故；由異喻離，比度義故。」《大疏》卷一中說：「因喻具正，宗義圓成，顯以悟他，故名能立」。「由此應知，隨有所闕，名能立過，闕支便非能立性故。」窺基在一千三百多年以前就頗有針對性地提出如下反難：「若但說因，無同喻比，義不明顯，何得見邊？若但同無異，雖比附宗，能立之因或返成異法，無異止濫，何能建宗？沒有兩喻，闕遍宗因，宗法既自不成，宗義何由得立？果宗不決，因比徒施，空致紛紜，竟何由消？故詳今古，能立具足，要藉多言。」可見，僅有一因支，無論如何是不能成宗的，也不可能達到論式悟他的目的。

第二節　三支論式規則

雖然陳那等新因明大師提出了許多邏輯要求，但尚未對論式規則進行過

〔註3〕《因明論文集》，第 97 頁：石村：《因明述要》，中華書局 1981 年版，第 56頁。

闡述和概括。而我們探討三支論式規則對於規範和指導人們的論辯活動，準確地識別和有力地駁斥各種邏輯謬誤，進一步提高人們的論辯能力和水準，都是極有裨益的。

前述的研究者通常認為，因三相是三支論式規則。我們在第二章中已論述過，這種看法是十分錯誤的，如果把處於核心地位並具有決定性意義的因三相作為論式規則，那無異於將整個新因明變成僅僅有關規則的詮釋及其體系而已，這既不合理也不符合實際。因此，很有必要對三支論式規則加以深入研究和總結。

一、三支論式規則及謬誤

三支論式與其他論證形式一樣，都是由論題、論據和論證方式三個部分組成的。下面我們就其規則分別進行探討。

1、關於宗的規則

規則 1　兩宗依必須具足且立敵共許

三支論式是指宗、因、喻三支所構成的因明論證方式。宗相當於形式邏輯所說的論題，它由有法和宗法這兩個宗依構成。新因明規定，這兩個宗依必須具足，不可缺減，因為只有有法則有體無義，僅有宗法則有義無體，都是不完整的。宗支是一個命題，只有一個詞項顯然無以為宗。

共許也稱極成，是指立敵雙方認識一致、共同認可的意思。兩宗依共許就是要求，立敵對宗中有法和宗法都應當給予認可。這是保證宗的明確性和同一性，避免那些因對其中詞項的看法不一而造成無謂爭論的基本條件。如果立宗時違反了這一要求，就會犯如下的過失：

（1）能別不極成。這是宗支謂項宗法即能別不能得到敵者認可的過失。如中醫對西醫立「腳氣病是濕氣」。該宗法「濕氣」並不為敵者西醫所認同，從而成為似宗。

（2）所別不極成。這是宗支主項有法即所別不能為敵者認可的過失。如有神論者對無神論者立「上帝是完善的」。該有法「上帝」是無神論者所不承認的，因而也是似宗。

（3）俱不極成。這是敵者對宗中有法和宗法都不認可的過失。如有神論者對無神論者立「上帝是造物主」。無神論者對該宗的二個詞項都不承認，這無疑也是似宗。

規則 2　立宗必須違他順自，體義和順

宗是整個論證所圍繞的中心和立敵爭辯的焦點，應當是立者所許敵者不許的命題，即符合「違他順自」的規則，才能造成爭論。否則會出現以下過失：

（1）相符極成。這是立敵對所立之宗競無異議的過失。如立「聲是所聞」，這是立敵都不會否認的命題，宗不能「違他」，自然不會引起論辯，其實也沒有立宗的必要。

（2）自教相違。這是立宗有悖自身教義和學說的過失。如勝論師立「聲是常住」。勝論師一貫主張「聲是無常」，而所立之宗與之矛盾，不能順自，是不應當拿來立論的。

而且，立宗還必須體義和順、義理通達，避免產生以下過失：

（1）現量相違。這是立宗與現量即直接經驗相矛盾的過失。如由現量已知「聲是所聞」，而立「聲非所聞」就犯了這種邏輯錯誤。

（2）比量相違。這是立宗與比量即推論知識相矛盾的過失。如從「若是所作見彼無常」和「聲是所作」出發，必然得出「聲是無常」的結論，而立「聲是常住」就與此相悖，成為似宗。

（3）世間相違。這是立宗與人們普遍認同的常識相矛盾的過失。如當時印度人都認為「懷兔是月」，若立「懷兔非月」就成了似宗。

（4）自語相違。這是立宗與其自身蘊涵之義相矛盾的過失。《入論》中云：「自語相違者，如言我母是石女。」既言「我母」，就決不會是「石女」，因為石女在生理上有缺陷，不能生育，因此有法「我母」與總法「石女」不相符順，這是一個自相矛盾的似宗。《理門論》中有言：「一切言皆是妄。」這是外道提出的命題，認為一切言詞都是虛妄的。那麼這句話本身是否虛妄呢？顯然自相矛盾。有趣的是，這一命題在《墨經》中也有：「一切言皆悖。」在古希臘則表達為「說謊者悖論」。這說明人類思維、世界邏輯具有共同性。

總之，對於宗的建立，一是宗必須由前陳有法與後陳宗法二項組成，二者缺一不可；二是組成宗的兩個宗依必須為論辯雙方共同認可；三是宗的前、後陳之間應當具有內在的本質聯繫；四是所立之宗必須是立者主張敵者反對的論題。遵守了這些規則就能真正立宗，而違反了這些規則卻會犯這樣或那樣的邏輯錯誤。

2、關於因、喻的規則

在三支論式裏，因、喻是作爲證宗的論據同時出現的。陳那《理門論》中云：「爲於所比顯宗法性，故說因言；爲顯於此不相離性，故說喻言。」窺基《大疏》卷四中說得更爲清楚：「二喻即因，俱顯宗故」、「因及二喻，成此宗故，而爲能立。」因此，我們把它們放在一起進行討論。

規則 3　因法必須立敵共許，並與宗法和因三相相符

從詞項上看，因支由有法和因法二項構成，新因明立因首先要求這兩項爲立敵雙方共許。由於有法不共許即「所依不成」過已在立宗時以「所別不極成」的謬誤討論過，這裡無需贅述。所謂「能依不成」是指所立因法不能爲敵者認可的過失。如立「人是有智慧的，上帝所造故。」該因法「上帝所造」是敵者無神論者所否認的，因而不能成立。

三支因明是以因法爲樞紐連接、溝通其他各方面的理論系統，因而要求因法不能與宗中有法和宗法相違，不允許出現以下過失：

（1）有法自相相違。這是因法直接與有法相矛盾的過失。如立「聲是無常，眼所見故。」聲音不是眼睛能夠看到的，因而該因法「眼所見」明顯與有法聲相矛盾，成爲似因。

（2）有法差別相違。這是因法與有法的暗含之義相矛盾的過失。如立「我是常，非積聚性故。」因明的「我」有兩種含義：一是神我即靈魂，是非積聚的精神性的東西；二是假我，由五唯（色香聲味觸）積聚而成的物質性的東西。該因法「非積聚性」與有法我的第二種含義相矛盾而成爲似因。

（3）法自相相違。這是因法與宗中宗法明顯相矛盾的過失。如立「聲常，所作性故。」該因法所作性顯然與宗法常住性相矛盾而成爲似因。

（4）法差別相違。這是因法與宗法的蘊含之義相矛盾的過失。如立「世界有第一次推動，自在之物故。」該因法「自在之物」與宗法「第一次推動」的差別義即上帝存在著矛盾，因爲自在之物意爲世界從來就是如此，無需受任何外在力量（包括上帝）的支配和約束。

根據因三相原理，因法必須於同品定有於異品遍無，防止產生以下不定過：

（1）共不定。這是因法相容全部同品和異品的過失。如立「聲常，所量性故。」該因法所量性的外延極大，囊括了所有同品瓶盆等和所有

異品虛空等，不能必然成宗，從而成爲似因。

（2）不共不定。這是因法雖排斥異品卻包含不了同品的過失。如立「聲是無常，所聞性故。」該因法所聞性外延過窄，它僅爲有法聲所獨有，無同品可舉而陷於不定之中。

（3）同分異全不定。這是因法只容納部分同品而包含全部異品的過失。如立「鯨魚非魚，水生動物故。」其同品有海豹（生活於水中）、金錢豹（生活於陸地）等，因此該因法水生動物只包含部分同品卻包括全部異品即各種魚類，從而犯了不定過。

（4）異分同全不定。這是因法包容全部同品和部分異品的過失。如立「草魚是魚，水生動物故。」該因法外延過寬，雖然包含其他魚類作同品，但是也混進了海豹、鯨魚等部分異品，成爲不定過。

（5）俱分不定。這是因法融入部分同品和部分異品的過失。如立「孔子爲男性，教師故。」該因法教師包括了部分同品的男教師和部分異品的女教師，從而陷於不定之中。

規則 4　立因必須立敵共許，清楚確實

因支是因明證宗的主要論據，它必須得到立敵一致認可，並眞實確切，不能猶豫不定，避免出現以下過失：

（1）兩俱不成。這是立因得不到立敵認可的過失。如立「鱔是魚，生息陸地故。」該因支「鱔生息於陸地」是個虛假論據，立敵雙方均不承認它是眞的。

（2）隨一不成。這是立因得不到敵者認可的過失。如立「人有理性，上帝所造故。」該因支「人由上帝所造」是無神論者堅決反對的。

（3）猶豫不成。這是敵者對立因存有疑問的過失。《理門論》中云：「又若猶疑，如依煙等起疑惑時成立『大種和合火有，以現煙故』。」遠遠望去「爲塵、爲煙、爲蚊、爲霧」疑惑不定，立者卻認爲是煙，進而去推斷「有火」，這是有過失的。如果把尚有疑問的東西作爲論據去證宗，這在形式邏輯中稱爲「預期理由」的邏輯錯誤。

規則 5　同喻體必須因宗所隨，喻依應合因於宗

同喻由同喻體和同喻依組成。新因明立喻時要求，同喻體必須反映事物屬種之間的必然聯繫，將因法與宗法有機聯成普遍性的命題，用以證明特殊性的宗。陳那《集量論》中批評古因明的五支論式：「如說瓶所作故無常，聲

亦如彼，此唯類同。瓶是無常，復當說所類故，則成無窮。」就是說，五支論式的同喻衹是顯示聲、瓶具有所作性與無常性，而未能揭示若是所作見彼無常的普遍關係，所以若有人問為什麼同品瓶是所作與無常時，便只得另舉一例：如盆；若再問為什麼盆亦所作且無常時，就只得再舉他例，如此追問下去，以致無窮，從而造成「無合」的過失。

同喻體的建構應採取合作法，即先因同而後宗同，「倒合」的過失則是先宗同而後因同。如「若是無常見彼所作」這個喻體，不僅是詞序上的顛倒，也是屬種關係的倒置，搞亂了因法與宗法之間的包含關係而流於荒謬，因為雷電等雖有無常性但不是人造作出來的。

同喻依是同喻的重要組成部分，同喻體的普遍性命題是從喻依蘊涵的諸多同品具有的性質歸納出來的，因此要求同品具有因法性和宗法性，不允許產生以下過失：

（1）能立法不成。這是同品雖與宗法相合但與因法即能立法不合的過失。如在同喻「若是所作見彼無常，如電」的例子中，同品電雖有宗法無常性但無因法所作性，因而該喻依是不成立的，這也是九句因中第八句因不能成為正因的理由之一。

（2）所立法不成。這是同品雖與因法相合但與宗法即所立法不合的過失。如在同喻「若是合群見彼昆蟲，如馬」的事例中，同品馬雖有因法合群性但不屬於宗法昆蟲之類，因此該喻依是不成立的。

（3）俱不成。這是同品與因宗均不相合的過失。如在同喻「若是所作見彼無常，如兔角」的事例中，同品兔角並不具有所作性和無常性，從而該喻依更是不能成立的。

規則 6　異喻體必須宗無因不有，異喻依應當離宗無因

異喻由異喻體和異喻依兩部分構成。就異喻體來說，三支因明要求它必須符合「宗無因不有」的規律，否則會出現「不離」的過失。商羯羅主在《入論》中云：「不離者，謂說如瓶，見無常性，有質礙性。」因為它「不能明無宗之處因定非有」，只說於瓶見有無常性和質礙性，作為異品的瓶不能遠離宗法無常性和因法質礙性，犯了「不離」的邏輯錯誤。

異喻體的建構應當採取離作法，即先宗異而後因異。「倒離」的錯誤在於先因異而後宗異，不能離宗無因。如異喻體「若非所作見彼常住」，它完全顛倒了因宗的屬種包含關係，使其荒謬頓現，因為雷電霧雨諸物雖非人工造作

出來，但並不是常住的，從而產生「倒離」之過。

按照「宗無因不有」的規律組織起來的異喻體是以異喻依中異品不具有宗法性和因法性為前提的，因此要求異品必須排除或遠離宗法和因法，以免出現以下過失：

    （1）所立不遣。這是異品不能排除宗法的過失。如在異喻「若是其常見非所作，如霧」中，異品霧雖遠離了因法所作性，但未排除宗法無常性，是不遣所立的錯誤。

    （2）能立不遣。這是異品不能排除因法的過失。如在異喻「若非昆蟲見彼不合群，如馬」中，異品馬雖遠離宗法昆蟲但未排除因法合群性，是不遣能立的錯誤。

    （3）俱不遣。這是異品不能排除因宗二法的過失。如在異喻「若是其常見非所作，如筆」中，異品筆未能排除因法所作性和宗法無常性，是不遣因宗二法的錯誤。

綜而觀之，對於因喻的建立，一是因支及其詞項必須為論辯雙方認同且無疑義；二是所立因法必須於同品有於異品無；三是建構喻體必須符合「說因宗所隨，宗無因不有」的規律；四是同品應當合因於宗，異品應當離宗無因。遵守了這些規則，就能獲得真實可靠的論據；違反了這些規則就無以證宗，從而產生各種有關因喻的邏輯謬誤。

3、關於論式方式的規則

由於三支論式運用了各種推理形式，因而在論證過程中要遵守相應的推理規則，然而這不是論式所要解決的問題，因為有關推理規則的討論是在詮釋、分析推理的過程中進行的，探討論式方式的規則應著重放在如何通過因喻來成宗這一關鍵問題上。

規則7　因喻具正必使宗義圓成

我們提出以上一條論式方式的規則，是陳那在《門論》中要求三支論式必須「生決定解」這一充足理由而設立的，「能立，悟敵及證義者，由自發言，生他解故。」正如窺基《大疏》卷一中道：「因喻具正，宗義圓成，顯以悟他，故名能立。」陳那認為，如果論式違反了這一規定，就會犯「無能」的過失：「如世間所說方便，與其因義都不相應。若爾何失？此說但應類所立義，無有功能，非能立義。由彼但說所作性故所類同法，不說能立所成立義。又因

喻別，此有所立同法、異法，終不能顯因與所立不相離性。是故但有類所立義，然無功能。何故無能？以同喻中不必宗法、宗義相類，此復餘譬所成立故，應成無窮。又不必定有諸品類，非異品中不顯無性，有所簡別，能為譬喻。」古因明的五支論式因其不能由因喻的成立去必然成宗，因此犯了「無能」的邏輯錯誤。對三支論式來說，由因喻具正（論據充足並無錯誤）就必然有充足理由去獲得宗義圓成，達到悟他的論證目的。

二、相關兩個問題的討論

1、關於推理規則與論證規則

雖然推理規則與論證規則都是人們在邏輯活動中為了進行有效的推理論辯、防止邏輯謬誤而製定出來的具有主觀真理性的邏輯規範，但事實上兩者的區別還是相當明顯的，推理規則主要是對推理前提的外延以及前提與結論之間形式結構有效性所作出的具體規定，著重於形式結構和外延方面；論證規則主要是對論題的同一性和明晰確切性、論據的真實性和獨立性、論據與論題之間本質的內在聯繫等方面作出詳細規範，著重於內涵實質方面。可以看出，我們以上所總結出來的論式規則無一不是關於論證的，而不是關於推理的。

首先，從宗的規則來看，三支因明規定，組成宗支的有法和宗法必須立敵共許，立宗必須違他順自和體義和順，否則會犯各種過失。這些對推理來說簡直是不可思議的，因為推理的結論是推理者本人自行推斷的結果，並不需要拿來與他人論辯，因而其構成結論的詞項也不必得到他人的認同；結論對推論者來說是理所當然的，自相矛盾、違背義理之類的結論自然不會得出來。

其次，從因喻規則來看，言三支要求因支及其組成部分應得到立敵共許，所立因法必須於同品有於異品無，並且不違背兩宗依，喻體必須符合「說因宗所隨，宗無因不有」的規律，同喻依應當合因於宗，異喻依應當離宗無因，防止出現有關的諸多過失。這些邏輯規範對推理來說更是不可想像的，因為推理者進行自行推論的前提並不需要得到他人認可，也不可能羅列出與自身推出的結論相矛盾的前提，由於推理者早已把思考的對象及其關係了然於胸，因而在推理過程中用不著正反雙陳和反覆舉證，那些關於喻體和喻依的邏輯規則對推理來說是完全沒有必要的。

再次，從論式方式的規則來看，新因明提出，由因喻具正必能使宗義圓成，亦即因喻具足，正而無邪，就有充足理由證明宗的成立，避免產生「無能」的過失，這純粹是內涵方面的規範。而推理祇是推理者自身的內心推度，一般來說，從前提到結論是順理成章、意料之中的事情，它不一定要有充足理由，只要前提中的詞項之間具有外延包含關係和形式結構正確，就能得出合乎邏輯的結論。

總而言之，三支論式規則顯然是新因明的論證規則，而不是前述研究者所認為的推理規則。

2、關於三支論式規則的獨到之處

與古希臘亞里斯多德邏輯和古代中國的墨辯邏輯相比較，印度因明準確地表述了具體的規範論式，這在世界邏輯史上具有開創性的意義，因而我們在上面總結出來的三支論式規則是相當獨特的，其借鑒意義也是很明顯的。

一是論式規則更為具體細緻和嚴格。就論證的邏輯要求來看，墨辯雖然談及了諸如「三物必具然後足以生。夫辭以故生，以理長，以類行者也」，但並未對論辯過程作出具體規範；亞氏邏輯也沒有明確的具體論式，祇是就論題和基本論證過程作了一般性規定。三支因明則不僅在命題方面對宗因喻三支分別作了具體的規範，而且對組成三支的各個詞項都有詳細的規定，它不僅對有關論證過程有嚴格的要求，而且在建立論式時就有了非常細密嚴謹的限制，其嚴謹細緻的程度是獨一無二的。

二是論式規則中的諸多過失是最為豐富的和獨具特色的。墨辯雖然涉及到悖、謬、妄、亂、過、狂舉等邏輯謬誤，但沒有專門進行論述的篇章；亞氏邏輯雖有專門的《辯謬篇》，但只占其邏輯著述的很小部分。新因明的主要任務則在於排除各種錯謬，建立一條足以悟他的論辯途徑，因此其過失論佔了因明著述的很大一部分，是迄今還沒有哪一個邏輯系統可與之相比的。

三是論式規則在人們宣傳真理、駁斥謬誤的時候有著極強的針對性和實用性。真理總是與謬誤相比較而存在、相鬥爭而發展的，由於論式規則最為詳盡細密，對邏輯謬誤的敘述也最為廣泛和具體，因而使人們的論辯活動更為規範和科學，對各種謬誤的識別更加顯而易見，所以在人們宣傳真理、破除謬誤的過程中有著更強的針對性和實用性，直到今天依然有很高的參考價值。所以，進一步研究三支論式，真正領悟其中的深層義蘊，對於提高人們的思辨能力和實際論辯水準是有其重大意義的。

第三節　應成論式

應成論式是大乘佛教中觀應成派用來駁斥他人主張、維護自身義理的一種特殊的論證格式。古印度各宗教派別爲了維護本派教理，排斥異己學說，經常以因明論式作爲論辯手段，論辯的勝敗除了觀點本身的因素之外，還往往取決於使用論式的能力及其熟練程度。所謂中觀應成派，就是以佛護、月稱等論師爲首的中觀派大師以應成論證格式解說龍樹《中觀根本頌》而得名的一種大乘佛教流派，他們總是用這種只破不立的論式去駁斥他宗。陳那《理門論》、《集量論》中也常使用「反破方便」和「順成方便」等一些論辯中的變通論式，但尚未把它們正式列爲一種能破的專門論式。法稱《釋量論》在「爲他比量品」中又明文反對應成論式是能破的正式論式。

這種源於印度的論證格式傳到藏區後，恰巴·曲森的《量論略義集》起到開創性的作用，宗喀巴等則直接繼承了中觀應成派的法統，並得到廣泛應用和充分發展，它充斥著一切辯論文章和口頭辯駁的每一環節，所有藏傳佛教的高僧大德都以大乘佛教中觀應成派的傳人而自居。此後五百多年來，應成論式成爲藏傳量論的主要論式，是藏傳因明區別於其他因明的主要特點之一。今天我們研究藏傳因明，應成論式是一個新的很有意義的研究課題。

一、應成論式的基本特點

「應成」就字面上來看是「應當成爲」的意思。應成論式是指立者所立之宗被敵者所反對，但因與實遍爲敵者承認或由量識成立，並且由這些因和實遍得到立者所立之宗，從而迫使敵者放棄原來的觀點、接受立者主張的一種反駁性論證方式。由於這種論式在語言表述上出現「應成」二字，因此稱之爲應成論式。如「有法聲音，應成無常，所作性故。」

在論辯主體上，參與應成論式的人員一般有立者、敵者和證者（或裁判者）三類，其中每一類又各分爲眞、似兩種。眞立者是自己所立理由意許之義不能被他人破斥的立論者；似立者則是自己所立理由意許之義能被他人破斥的立論者。眞敵者是由於論式立宗正確，從而放棄其錯誤觀點而接受立宗之義理的敵論者；似敵者則是雖然論式立宗正確，但仍堅持其錯誤觀點的敵論者。眞證者是那些具有裁決立論者與敵論者勝負的能力和資格的裁判者；似證者則是那些不具有裁決立論者與敵論者勝負的能力和資格的裁判者。證者又可以分爲三種：一是裁判證者，他能不偏不倚的判別論辯雙方的優劣；

二是隨言證者，他雖不能裁決立敵的優劣，但能持公正態度，並能正確地轉述各方的言論；三是懲罰證者，他對論辯的優勝者給予讚揚，對劣敗者以輕蔑態度責令其放棄原來的觀點，如果劣敗者仍執迷不悟，則有權實施驅逐其出境等懲罰。

應成論式「有法聲音，應成無常，所作性故」這一論證格式，是針對那些認為「聲音是常住，並且聲音是所作性」的人而言的。立者論宗「聲音應成無常」，恰恰與敵者「聲音是常住」的主張相違背，是敵者所不能接受和承認的。論式以敵者所承許的「聲音是所作性」（因成立）和「若是所作見彼無常」（實遍成立）作為論證根據，論證「聲音應成無常」這一敵者所不承許的論題宗。換言之，應成論式是根據敵者所承認的論點或理由合乎邏輯地得出敵者所不承認的論題，即「從對手的立場引出必然結果用以駁斥它」，這種論證方法在反駁對方錯誤觀點的過程中顯現出其特殊的效能和價值。

仔細考察應成論式結構，不難發現它具有以下的特點：（1）有法與因法所組成的單稱命題，如「聲音具有所作性」，藏傳因明簡稱為「因或因事」，作為論式論證的一個理由，是立者和敵者所共同認可的，或者是由量識（現量或比量）所證實的；（2）因法和宗法所組成的全稱命題，如「若是所作見彼無常」，一般是因宗不相離性的普遍性命題，藏傳因明簡稱為「實遍」，是論式論證的另一個更為重要的理由，也是立者和敵者所共許極成的；（3）有法與宗法所組成的單稱命題，如「聲音應成無常」，是立者所立而敵者不許的論題，是整個論式所圍繞的中心，是立敵雙方爭論的焦點；（4）在「因」和「實遍」成立的前提下，合乎邏輯地導出立者論宗，從而迫使敵者放棄原來的主張，承認或接受立者所立之宗。這裡有兩種情形：一是論式立宗正確，敵者放棄其錯誤觀點而接受立宗之義理；二是敵者論宗被量識所否定，使敵者明顯感到正是自己的錯誤觀點所引生的謬誤，從而放棄自己的錯誤論宗，承認立者之宗。如果此時敵者仍堅持錯誤，就只能沿著謬誤的深淵繼續走下去，從而產生更為明顯和嚴重的錯誤，導致敗壞宗譽和被人恥笑羞辱的後果。

由上述特點可知，應成論式與連因論式是有區別的。連因論式是工珠·元丹嘉措在《量學》中使用的一種論證方式。喜饒大師說：「立論者以自己的觀點立宗，且具有因、宗所法、宗有法三個部分的論證語句是連因論式。立論者所拋出的立宗為敵論者所不許，經依因論證，使敵論者自動承認立論者

觀點的論述語句是應成論式。」〔註4〕可以看出，雖然從論式的組成形式上這兩種論式都是由宗有法、因事和宗所法這三個部分所構成，但二者在組成原則和功能方面是有很大區別的。一個正確的連因論式必須是一個因三相俱全的完整論式，就是說，這一論式的宗法、後遍和遣遍皆能成立且完美無缺。所謂宗法成立，是說論式具有一個正確的欲知宗法，即有一個對立宗有欲知願望，且承認有法與因事之間具有相容、因果等邏輯關係的敵者；所謂後遍和遣遍成立，是說論式的因法與宗法之間的不相離關係，即有因法則有宗法、無宗法則無因法，並且因法屬性只存在於同品之中而不存在於異品之內，這是正確連因論式的基本論證原則。而一個正確的應成論式，其論證原則本身不講究完整的因三相，敵者必須是一個對立宗沒有欲知願望，相反是一個對所立論宗持有完全不同看法的人；敵者承認因事成立，也就是承認有法與因事之間的邏輯關係，這本是敵者的主張；其因事與宗所法之間的關係是實遍關係，即只要求因宗的不相離，而不要求因法在同品上遍有在異品上遍無。下面我們以實例來稍加分析。

　　連因論式「有法聲音，是無常，所作性故」，與應成論式「有法聲音，應成無常，所作性故」。二者的組合成分基本相似，「聲音」為諍事有法，「無常」和「應成無常」為宗所法，「所作性」為因事。但它們的論證原則和功能卻劃然有別：連因式的敵者是一個已知聲音有所作性、但不知聲音是否無常、且欲知聲音是否無常的人，敵者還知道因事「所作性」唯獨存在於宗法「無常」之中且僅為同品所具有，而不存在於非宗法「常住」之中且不為異品所具有，這便是因三相中的後遍和遣遍，是立者為啟悟對方而進行的正面論證；而應成式的敵者是一個主張聲音是常住、不承認聲音是無常的人，但敵者認可聲音是所作性，並同意若是所作見彼無常的實遍關係，它是專門用來駁斥敵者主張即「聲音是常住」的觀點的。因之，如果敵者只認同聲音是常住，而未承許或未被量識認定聲音具有所作性這一因事時，那麼上述的應成論式就不是一個正確的論證形式。

　　普覺・強巴指出：「謂有執本論式為正確應成論式的敵論者，卻對此論式不能作屬實回答之真應成語為真應成論式之性相。」〔註5〕意思說，真應成論式必須是一個被敵者所承認的論式，其論式的因事和實遍關係與敵者的主張

〔註4〕　《喜饒嘉措文集》第三卷，青海民族出版社1984年，第382頁。
〔註5〕　普覺・強巴：《因明學啟蒙》，青海民族出版社1982年，第174頁。

相符合，故敵者不能作「因不成立」或「周遍不定」的回答，只能答作「同意」或「意許」，意爲同意論式之宗。其實論式所立之宗又是敵者不能承許的，所以敵者對此論式無法做出屬實的回答，這樣的應成語句才是正確的應成論式。一個正確的應成論式必須具有駁斥敵者錯誤觀點的特殊功能，應成論式的立宗，對敵者來說，或者被量識所否定，或者與其本人的承諾相違背，這是應成論式的主要特點之一，否則就不是一個真應成論式。

二、應成與駁斥

宗喀巴高足克主傑大師說：「駁斥與應成同義」〔註6〕。那麼，是否凡是駁斥皆爲應成呢？對這一問題，藏區因明學家早有爭論。

我們認爲，從用詞的規範上看，應成與駁斥是有區別的，在內涵上，應成是指具有駁斥功能的因明論式，而駁斥則指反駁與自己不同觀點的行爲動作，藏文中多數理解爲具有反駁性質的論著及其論式；在外延上，駁斥的外延要大於應成，也就是，凡是應成皆爲駁斥，但駁斥並不一定是應成，屬於周遍不定。色・阿旺札喜認爲，凡是在某一論著中含有應成論式，這一論著也可稱爲應成。普覺・強巴則說：「論著中雖含有應成論式，但此論著並非應成，因此論著並不具備淨事有法、宗所法和因事等應成論式的三個組成部分」〔註7〕。普覺・強巴的看法是有一定道理的，是符合因明論式規則的，具有駁斥功能或內含應成論式的論著不一定就是應成，因爲它不是一個應成論式。

藏傳因明家一致認爲，凡是應成皆爲駁斥。一切應成式的論證格式都是用來駁斥他人主張和錯誤觀點的，只有正面論述而無駁斥功能的論證格式一定不是真應成論式。根敦珠巴大師在《量理莊嚴論》中說：「因與周遍被敵論者所承認，而又是否定敵論者原來承許的語句爲應成的定義，若不能否定其原有承許，則不是真應成。」〔註8〕正如上述，這裡的因事與周遍分別是指因法與有法組成的命題、因法與宗法之間不相離的邏輯關係，它們與連因論式中宗法、後遍的涵義相似，但不是其全部涵義。在應成論式中，因與周遍是敵者所認可的，而所立之宗是敵者所反對的，這種論證格式正是立者爲駁斥對方的觀點而採用的。譬如，某人認爲聲音是常住，而由量識認定凡是常住

〔註6〕克主傑：《七部量論莊嚴疏》，民族出版社1984年，第371頁。
〔註7〕普覺・強巴：《因明學啓蒙》，青海民族出版社1982年，第172頁。
〔註8〕根敦珠巴：《量理莊嚴論》，拉卜楞寺木刻板，第166頁。

皆非所作，立者就可作出「有法聲音，應成非所作性，常住故」這一論式，其因「聲音是常住」是敵者的觀點，周遍關係「凡是常住皆非所作性」由量識認定，立敵雙方所共許。其立宗「聲音應成非所作性」是立者駁斥對方的具體語言，如果敵者承許「聲音是非所作性」，就與量識認定的「聲音是所作性」相違背，因此敵者的觀點被量識所否定；如果敵方不承認「聲音是非所作性」，就得放棄聲音是常住的觀點。所以，這一論式完全具備駁斥他人觀點的功能，而且是依據他人承認的論點進行論證的，最後得出他人不能接受的論宗反過來駁斥敵者。可見，駁斥與應成是既有聯繫又有區別的兩個概念，從本質上講，應成是駁斥的手段，駁斥是應成的目的。

三、真似應成的判定及其種類

　　應成論式與連因論式一樣有真似之別，但應成論式的真似不完全等同於連因論式的能破與似能破。普覺・強巴道：「真應成論式之性相者，謂本身既是有立論者之真應成論式，復由立論者執本身為真應成論式，卻對本論式又未能答中意義之真應成語。」「似應成論式之性相者，謂由及時之答覆能夠駁倒對方之應成語。」〔註9〕也就是說，真應成論式是由立者本身所持、不能被對方駁回的規範和正確的應成語；似應成論式則是能被對方駁回的應成語，它形似應成實則不是應成，是一種虛假或錯誤的應成論式。判定一個應成論式的真似是藏傳因明的核心問題，一個不瞭解應成論式規則的人，他也無法判定一個應成論式的真與似，因此需要我們對組成真應成論式的條件作進一步的探討。

　　一個真應成論式必須具備規範和正確這兩個條件。所謂規範是指論式必須具有諍事有法、宗所法和因事三個組成部分，需依序排列，並且因事與宗所法不能相容。如果論式組成裏少了其中任何一個部分，或三個部分的次序顛倒，或論式的因事與宗所法是相容的，就不是一個規範的應成，當然也就不是一個真應成論式。不規範應成是論式形式結構方面的謬誤，一般比較容易辨認。所謂正確是指論式必須具有駁斥他人的功能，而又不被他人所駁回。如果論式本身不具有駁斥他人的性能，或者雖有駁斥功能卻也依此論式而被他人駁回，那麼這一論式首先失去了「應成」的意義，自然也不是一個真應成。不規範和不正確的應成論式都不是真應成，而是似應成。

〔註9〕《中國邏輯史資料選》因明卷，甘肅人民出版社 1991 年，第 558、564 頁。

　　我們在判別一個應成論式是否正確時還應當把握以下兩個前提：一是弄清對方主張什麼，反對什麼。以對方所承許的事理為根據來駁斥對方，如「有法聲音，應成無常，所作性故」這一論式，是針對一個主張聲音常住、反對聲音無常的敵者而言的，論式之宗「聲音應成無常」是敵者所反對的，明顯具有駁斥對方觀點的性能，這就具備了正確應成論式的先決條件。如果對方（敵者）也主張聲音無常，反對聲音常住，那麼該論式就沒有駁斥對方的性能，因而就不是一個真應成論式。二是論式的因與周遍必須是敵者所承許的或者是由量識認定的。如在上述論式中，敵者必須承認「聲音是所作性」，並具有「凡是所作皆是無常」的正確判斷；如果論式的因事與周遍或其中之一不被敵者所認可，該論式同樣不是真應成論式，因為對方可以用「因不成立」或「周遍不成立」來給予駁回。

　　一個應成論式的正確與錯誤，除了在其形式結構方面的規則之外，還要看論式有無針對性，如果論式無駁斥對象或其針對性不強，它就不是真應成。論式的論證要緊緊圍繞敵者的觀點來進行，脫離開敵者的觀點而構造的論式也只能是一個似應成。依據對方的觀點來駁斥對方，這是真應成的論證機制和主要手段，而依此組合的真應成有多種表現形式，在藏傳因明家的著述中大致可以概括為以下七種：（1）論式的因與周遍已由量識成立，立宗與敵者所承許的觀點相違背；（2）論式的因與周遍為敵者所承許，而立宗被量識所否定；（3）論式的因與周遍為敵者所承許，立宗與敵者的承許相違背；（4）論式之因由量識成立，周遍為敵者所承許，立宗被量識所否定；（5）論式之因由量識成立，周遍為敵者所承許，立宗與敵者的承許相違背；（6）論式之因為敵者所承許，周遍由量識成立，其立宗被量識否定；（7）論式之因為敵者所承許，周遍由量識成立，立宗與敵者的承許相違背。這七種論式形式是依據敵者的觀點來駁斥敵者的真應成論式，一應成論式只要符合上述形式中的一種便是真應成論式，否則就是似應成論式。這是辨別真似應成論式較簡單而明確的方法之一。

　　然而，判定真似應成論式是一個複雜的思維過程。在實際論辯中，當立者向敵者提出多種（正確或錯誤）應成論式發難時，敵者必須認真思考每一應成論式是否符合真應成的論證原則，若有機會便可以反駁；如果立者的應成論式正確無誤，敵者只得認可其所立之宗；如果論式之因或周遍存在弊病，敵者以「因不成立」或「周遍不定」、「周遍相違」等語進行反駁。一般情況

下，眞應成論式之因與周遍是敵者所承許或由量識成立，否則應成論式的駁斥功能便難以體現和發揮。因此，不論立者還是敵者，都必須認眞考慮論式之因與周遍是否成立，如果立者所建立的論式之因或周遍不成立，就給敵者有機可乘，敵者就可以抓住論式之因或周遍不成立的弊病向立者進行反駁。可見，在實際論辯中，眞似應成論式的判定過程是立者爲了駁斥對方，組織多種應成論式向敵者發難的過程，也是敵者思考每一論式向立者進行反駁的過程。

　　普覺・強巴關於應成論式的分類是較爲詳盡的，他從兩種不同的角度進行劃分：一是首先分爲眞、似兩大類，在眞應成論式中又分爲射理由與不射理由兩類，前者再分爲四種射自體和十六種射他體的情況。二是從立式方面分爲四類七種及十四種，其四類七種可列表如下：

類別	真應成論式	似應成論式
一	因、遍二者皆不成立，如「聲非所量，常住故。」	若對敵宗未作駁斥，則成爲似應成論式。
二	因不成立，如「聲非所作，常住故。」	同上
三	周遍不成立，如「聲常住，所量性故。」	同上
四	1、因、遍皆由量識成立，如「聲無常，所作性故。」敵者意許聲是常，我意許駁斥之。	如果敵者並不意許聲常，立者意許中未予駁斥，則此式爲似應成。
	2、因、遍由意許成立，如「聲常，眼識所見故。」敵者意許聲無常。	如果敵者未意許聲無常，則此式爲似應成。
	3、因由量識成立，周遍由意許成立，如「聲常，所作性故。」敵者由量識意許聲是無常。	如果敵者未由量識許聲無常，則此式爲似應成。
	4、周遍由量識成立，因由意許成立，如「聲非所作，常住故。」敵者由量識成立聲是所作。	如果敵者未由量識成立聲是所作，則此式爲似應成。

　　十四種應成論式是：（1）周遍與因俱不成立；（2）因不成立；（3）周遍不成立；（4）遍、因由量識成立，而對其宗未予駁斥；（5）遍、因由意許成立，而對其宗未予駁斥；（6）因由量識成立，周遍由意許成立，而對其宗未予駁斥；（7）周遍由量識成立，因由意許成立，而對其宗未予駁斥。這七種論式是就觀待立式時的敵者而言的，均爲似應成論式。（8）因、遍由量識成立，而對敵宗則以意許駁斥；（9）因、遍由意許成立，而對敵宗則以量識駁

斥；（10）因、遍由意許成立，對敵宗也以意許駁斥；（11）因由量識成立，周遍由意許成立，對敵宗以量識駁斥；（12）因由量識成立，周遍由意許成立，對敵宗以意許駁斥；（13）周遍由量識成立，因由意許成立，對敵宗以量識駁斥；（14）周遍由量識成立，因由意許成立，對敵宗以意許駁斥。這七種論式是就觀待立式時的立者而言的，它們都是真應成論式。實際上，真、似應成論式的根本區別在於能否利用敵者所承許的因和周遍來駁倒敵宗。

所謂以量識駁斥，是指敵者同意立宗後陳的意許之義，而對敵宗在量識上加以駁斥。如「聲有法，應是常住。」如果敵者認同這一論式之宗，則必須承認「聲是常住」，但是「聲是常住」這一觀點已被量識所否定，因此我們能夠以量識來駁倒敵宗。所謂以意許駁斥，是指根據敵者所承認的因事和周遍關係來駁倒敵宗。如敵宗「聲是常住」，但敵者已經同意因事「聲是所作性」，並且認可「若是所作皆是無常」這一周遍關係，由此導出「聲是無常」的結果，從而駁倒敵宗。普覺‧強巴還指出：「所謂應成論式之因，已由量識成立，乃是說必須承認彼應成論式之因，與彼應成論式之欲知有法上，已由量識成立。」〔註10〕

四、論辯法與答辯法

因明從最初形成時便十分注重有關論辯與答辯的方法，藏傳因明重弘古風，對這兩類方法進行了深入研究，並多有闡發。

首先，在論辯的對象方面，必須明確「對何物展開辯論」。藏傳因明規定只有以下三類事物才可作為論辯的對象：一是以直接經驗就可以證知的事物，即現見事物；二是依據因明論式才得以證知的事物，即隱秘之玄理；三是著名高僧大德的言論中的事物，這屬於極隱秘事物。我們只能以這三類事物進行論辯，其他的事物則應擯棄於論辯之外。

其次，關於論辯法，認為提問方法有三種：「1、謂問差別依；2、謂問其上之差別法；3、謂問彼之理由。」要求論辯「必須決定論辯之自性（性質）；為使詞能達意，必須熟練與法修辭；必須思考以彼成立時之意義。」具體說來需要：（1）在論辯的素質和因素上，應當「有天賦之聰慧，對聲明與量理（即因明）有修養，善習自他之論典」。（2）在論辯的品德上，要「態度端莊，和顏悅色，語有意義，口詞清楚溫柔，既不懈怠，亦無驕傲」；「思想風格高

〔註10〕《中國邏輯史資料選》因明卷，第567頁。

尚，謂渴望領悟而敬重對方；欲消除對方之邪見而憐憫之；欲對論敵示以甚深法義之慈悲心等」；不射出詆毀對方的詞箭，引證及理路都須清楚銳利，沒有拋棄理路的欺詐與愛憎，對自己、他人的詞義和教理都須尊重等。（3）在論辯中所使用的譬喻上，「美雅之比喻，謂消除自他之愚昧，猶如車輪；不被駁斥之風所動，猶如須彌；不被詞義蒙蔽，猶如能仁（佛）之子。」與此相反，對「心術惡劣，謂欲令論敵低下之憤恨；欲使自己居高之，貪婪；欲放棄理路之詭辯伎倆等」、「惡劣之比喻，謂用倉促之間，猶如敵人臨頭；面容變色，猶如拔劍出鞘；言詞不美，猶如鬼怪來嚎」等，應當給予嚴厲的批駁痛斥，並堅決拋棄之，因為它們「非但不能成為解脫之因，還將成為纏縛於輪迴之大因。」〔註11〕

再次，「答辯法有三種：1、謂答一頭；2、謂分辯答；3、謂沉默以答。」（同上）舉例來說，如果論式之所立法「無常」於有法「聲」之上，該宗已由量識成立，那麼為了使自己的主張不犯相違的過失，就必須回答「同意」；如果論式之因法「非所作性」於有法「聲」上，未由量識成立，那麼為了避免自己的觀點犯相違的過失，就應當回答「因不成立」；如果論式之因法「所作性」與宗法「常住」之間的關係，既未由量識成立，也不被自己所意許，那麼就只能回答「周遍不成立」。

復次，在論辯活動中，如果參與論辯的各方不按事先規定的要求去進行論辯，那麼就要受到懲罰。龍朵活佛列出了參與各方受懲罰的具體情況：「立論者，實際上是答問者變為受懲罰的情況：滲入已共許、相違的東西立宗（提出命題），問而不答，以不合格的事物立宗，未到時候就拋出所成立的事理（宗），對自己意許的東西不提供理由，提出不成立、不肯定的宗依，安立不須瞭解的理由等。敵論者，實際上是提問者變為受懲罰的情況：對所提問題雖已意許卻置之不理，滲入已共許、相違的東西，提問的時機未到即提問難，雖對對方有過失可指但未指出，非過失指為過失，未到時候就指出過失等。證者變為受懲罰的情況：不裁判真偽，對勝、負顛倒裁判，辯論未終結即進行裁判。」〔註12〕

最後，論辯的結果一般分為兩種：「1、不美妙之辯論結果，謂如自己被煩惱擾亂意識；遭到千百萬人譏毀；將於來世感召不悅之異熟果報。2、純

〔註11〕《中國邏輯史資料選》因明卷，第570～571頁。
〔註12〕引自楊化群《藏傳因明學》，第298～299頁。

正之辯論結果，謂增悟解，自身滿意；美譽遠揚，將獲護教法王之稱譽。」
〔註 13〕論辯者是將個人的生死榮辱和後世果報等統統繫於論辯活動之上的。

　　論辯的勝負可能有三種情況：一是「立論者設立眞能立，若敵辯者不能揭過，則敵辯者屬敗方」；二是「立論者設立似能立，若敵辯者揭眞正過，則立論者屬敗方」；三是「彼設立似能立，然而敵辯者不能揭過，或詮說相似過，總之若不知拔除立論者之毒刺，則彼二者無勝敗」、「妄語、狡詐、離義之欺騙，亦不能維護宗派見，無勝負之分。」〔註 14〕利用胡言亂語、狡詐詭辯以及轉移論題等不正當手段進行辯護，都不能維護自己的理論，不能算勝者。總之，論辯可分勝敗，也可不分勝敗，總以得到眞理者爲勝，而不像時下的各種論辯賽不以眞假論勝負。

　　對論辯之失敗者的處置，「若依世俗者，則以剝奪生命和珠寶等、臉塗灰、施杖棍等方法排斥之，隨而剝奪其權勢。」這是比較嚴酷的，有性命之憂。而「智者拋捨微細過，隨取締實義，如是輔助性，守護疆域之國王，兼取二法謂之。」（同上）對於「智者」，只要改邪歸正就可以了，這大概是上智與下愚的區別，愚人不可理喻，自然要嚴加懲處；作爲統治者，則前面二法兼用。

〔註 13〕《中國邏輯史資料選》因明卷，第 571 頁。
〔註 14〕薩班・貢噶堅贊：《量理寶藏論》，臺北東初出版社 1995 年，第 454～456 頁。

第七章　語言邏輯

在古代印度，論辯爭勝盛行各種場所，成為當時社會生活的一大特色。論辯之風促進了因明的產生和發展，各個學派或教派在論戰中竭力研究論辯的方式和技巧，非常注重從言說的角度入手及討論，佛家於是總結出一個獨特的語言邏輯體系。

第一節　佛家對語言的規定

佛家各派別之間的論辯通常要設立論場，辯論過程須遵循一定的儀式和一系列具體的規定。玄奘游學印度期間，應戒日王之請，在曲女城召開著名的無遮大會，大會設一寶床，玄奘坐為論主，遣那爛陀寺沙門明賢讀示於大眾，別令寫一本懸於論場之外示一切人，經十八天無一人解難。這就是被大乘佛教人人奉為「萬世立量之正軌」的「真唯識量」。

從言說主體來看，只有三方參與的論辯才是可行有效的：一是立者，由他來確立論題；二是敵者，他不明了立者的論旨或以其教派立場出發辯駁所立宗義；三是證者，他必須公正守則，並有足夠的能力來斷定立敵雙方的勝負。因此，因明一開始就很重視對語言的訓練和運用，因為只有語言運用嫻熟的論者，才有可能在論辯中符合儀式規定，並有望在強敵如林的論辯場合辯勝。

為了更有效更順利地進行論辯，佛家對論辯活動做出了種種規定。在佛經中有五問四記答，指的是問難及回答的方法，它們與論式的成立密切相關。早期佛家典籍《長阿含經》卷八「眾集經」中云：「復有四法，謂四記論：決

定記論、分別記論、詰問記論、止住記論。」《佛地經論》卷六作如下的解釋：「一向記者，如有問言：一切生言決定滅耶？佛法僧寶良福田耶？如是等問，應一向記：此義決定。分別記者，如有問言：一切滅者定更生也？佛法僧寶唯有一耶？如是等問，應分別記：此義不定。反問記者，如有問言：菩薩十地爲上爲下？佛法僧寶爲勝爲劣？如是等問，應反問記：汝望何問？默置記者，如有問言，實有性我爲善爲惡？石女兒色爲黑爲白？如是等問，應默置記：不應論故，長戲論故。」這是強調在論辯中，先要把問題搞清楚，該答的答，該反問的反問；有的則不作回答。

《俱舍論》中也提出「五問四記答」，說及的五種問難是：不解故問、疑惑故問、試驗故問、輕觸故問、爲利樂有情故問；四記答與《阿含經》上相同。《瑜伽釋論》對四記答的講述略有不同：（1）一向記，指對問者的話沒有異議，一向認同。如問：「懷兔是月否？」答：「懷兔是月。」（2）分別記，指對問者的話僅有部分認可，須分別作答。如問：「一切死者皆當生否？」答：「有煩惱者當生而非餘。」（3）反詰記，指對可分別作答的而用反問形式作答。如問：「云何爲法？」答：「法有多種，汝問何法？爲過去、爲未來、爲現在？爲善、爲惡、爲無記？」（4）捨置記，指對問者的話不足答或根本不用回答，所以不答。如問：「五蘊與有情爲一爲異？」答：「有情無實故，一異性不成，如石女兒（石女的兒子）、白黑（白的黑）等，如何捨置而記名，以記彼問言，此不應記故。」佛經上所作的這些規定，目的是讓論辯雙方能直截了當地切中論題，起到宣傳、維護佛學眞諦的作用。

很明顯，佛經中的五問四記答是從運用語言的角度進行論述的。現在看來，它的四記答還具有現代語言邏輯的意義，如語義悖論與複雜問語所帶來的難題可以用分別記、反詰記或捨置記來解答。以分別記（反詰記）解決說謊者悖論：是指「我正在說的話是假的」這句話是假的呢？還是指我現在正說的話是假的呢？這就把對象語言與元語言及其功用作了明確的區分，只要弄清這兩個不同層次的語言就不易導致悖論了。對「你停止打你的父親了嗎？」這句複雜問語可以用捨置記（反詰記）來作答：你是指我過去打我父親呢？還是指我現在打呢？我從未打過我父親，你的這種問話我不予回答。這就使複雜問語的難題得到了解決。

小乘論師《方便心論》中所說的四品對四記答作了具體化的闡述。一是明造論品，是對論辯方法的論述和言辭的說明。有八種立論方法：譬喻，是

「爲明正義」，須「凡聖同解」，因此應以淺喻深、以近譬遠、以具體類比抽象，分爲具足喻和少分喻，相當於同喻和異喻；隨所執，所立宗義要依靠四種量，即現見、比知、喻知、隨經書，立宗不可一切同，而要「違他順自」；語善，即論辯中的語言要「不違於理，不增不減，善解章句，應相說法」；言失，指與語善相反的過失，分爲義無異而重分別（義同名異）、辭無異而重分別（名同異義）、言之無物、有義理而無次第；知因，指論辯中的理由、根據；應時語，強調語言在內容、時機上要有針對性；似因，指有過失的論據，分爲隨言生過、同異生過、疑似因、過時語、類同、說同、言異、相違；隨語難，隨順敵者的義理而進行反駁。關於言辭方面有以下幾種：譬喻語；教義眞理，分爲知覺、推理、比較和經典；語言卓越，指所用文字既非不適當亦非過多，其理由及譬喻均善於表達；語言瑕疵，指語言不適當或一字多義或異字同義等；比度知識，有先天、後天與常見之理；適當或應時的語言；謬論；謬誤理由的採用。

二是明負處品，分析論辯中的過失。有十種負處：顚倒，如「立因不正，引喻不同」；遲昧，指使用的語言曖昧不明、前言不答後語；不知彼過；生正義過；獨自不悟；問答違錯；語輕疾，語音輕細而快速，聽者不悟；語少、語多、無義語、非時語、義重；舍本宗，指轉移論題；以疑爲違，把敵者的疑惑當成否定宗義。在言辭方面有九種過失：不易理解、不善言辭、秘而不宣、陳述過少、陳述過多、毫無意味、不及時、不連貫、傷及論題。

三是辯證論品，主要是對社會輿論的評價與認可，用舉例說明的方法闡明論辯中何以爲正、何以爲負，分別對有、無、阿羅漢果、涅槃、神我、無常等辯題進行了分析。

四是相應論品，考察論式中宗、因、喻之間是否有內在的聯繫，具體指敵者反駁立者所造成的過失，有二十種：增多、損減、同異、問多答少、問少答多、因同、果同、遍同、不遍同、時同、不到、到、相違、不相違、疑、不疑、喻破、聞同、聞異、不生。在言辭方面有對類比不當的說明、非理由比較、同存比較、互缺類比、疑問類比、相反譬喻類比等。

可見，這裡所講的大多是語言的運用，屬於辯論術的範圍。龍樹在其中應當起到關鍵的作用，前蘇聯科學院院士舍爾巴茨基認爲，「龍樹引進或遵循了佛教作家們的習慣，專門寫作了辯論術的小冊子」〔註1〕，因此，龍樹應列

〔註 1〕 舍爾巴茨基：《佛教邏輯》，第 35 頁。

入人類偉大哲學家之一：「龍樹的奇異文章風格總是令人感到有趣味、大膽，使人無法回答，有時也彷彿驕傲」，而且，「我們在黑格爾的辯證法和龍樹的辯證法之間或者可以發現更大的親切的類似。」

第二節　七因明對語言邏輯的構建

　　大乘佛教邏輯系統最初的形式當是瑜伽行派始祖彌勒所寫《瑜伽師地論》第十五卷中的「因明處」，它包含論體性、論處所，論所依、論莊嚴、論墮負、論出離、論多所作法，即「七因明」。

　　論體性，對語言和言語的本性作了全面的分析，認爲在論辯中使用的語言可分爲六類：（1）言論，「以聲音爲性，言說是體；聲音是相，言詞是用，是三差別」，它包括了一切議論，即「一切言說、言音、言詞」。（2）尚論，指人們普遍認同的符合道理的言論，有兩種：一是大眾所認可推崇的言論；二是各宗各派所崇尚的教義學說。（3）諍論，指不同的意見觀點，有三種：以諸欲（利益）所起的爭論；依惡行所起的爭論；依諸見所起的爭論。（4）譏謗論，指懷有某種目的惡意中傷他人的言論。（5）順正論，是解說道理，斷除人們的疑惑，使人得到正確知識導致合適行爲的言語。（6）教導論，是引導人們修行，獲得眞智、覺悟和解脫的言語。在這六者中，順正論和教導論是眞正符合佛學眞諦的言語，「是眞是實，能引義利，所應修習」，它們能直接使人獲得眞正的智慧，在論辯中使用它們可以「出言有則」，顯示宗義，不致陷入漫無邊際的無謂爭論。

　　論處所，是論辯所應善擇的場所，即論辯時「證義者」所在之地，計有六處：王家、執理家、大眾中、賢哲者前、善解法義沙門婆羅門前、樂法義者（尋求眞理者）前。在不同的處所須用不同的方法、方式和語言，否則很難起到應有的效果。這在語境上對辯論中使用的語言和方式作了較嚴格的限定，使立敵雙方對語詞的理解不易產生歧義，這是符合現代邏輯精神的。

　　論所依，是論辯所依據的知識和邏輯形式，分爲兩部分。就所成立義（論題）有兩種：自性（主詞）和差別（賓詞）。就能成立義（論據）則有八種：立宗，按自意樂來構造一個論題；辨因，這裡尙未涉及因三相，對因的認識還是比較粗淺的；引喻，就是因所依據的具體實例，要求立敵共許並易爲人們所理解；同類，指具有宗法性的事物，同類事物有五相似，即相狀、自體、

業用、法門、因果上相似；異類，與同類事物相應，異類事物有五相違；現量，指純感覺，有三種，即非不現見現量、非已思應思現量、非錯亂境界現量；比量，指推理知識，有五種，即相比量、體比量、業比量、法比量、因果比量；正教量，即聖教量，這些言論「不違聖言，能治雜染，不違法相」，有六種，即增益損減門、決定非定門、差別無別門、因果相違門、染淨相違門、假實相違門。這裡把因明論式及其所依循的知識前提相併列，顯然是以語言的運用爲主導和引生的。

論莊嚴，是對一個人在論辯中的言語甚至姿勢態度等所作的具體規定，主要講審美方面的要求。首先闡述五種莊嚴：（1）善自他宗，對立敵雙方的學說及意旨理解透。（2）言具圓滿，即要有熟練的遣詞表達能力，只能用語言來闡明論宗，不得借助語言以外的動作來增強說服力，具體說有五德：不鄙陋，即不使用生僻粗俗的語言；輕易，即語言簡潔有序；雄朗，即口齒清；富於節奏和用語確當豐富；相應，即辯詞前後一致；義善，即辯詞含義不能錯漏顛倒。（3）無畏，無論什麼場合論辯者都應該無所畏懼，堅強自信，理直氣壯，這是論辯者的心理和辯態方面的要求。（4）敦肅，指論辯中的一種禮貌要求，說話者應語言流暢，語句連貫，他人不可中途打斷。（5）應供，規定說話時應抑揚頓挫，使聽眾心情愉悅，應機說法，因勢利導，引導他們理解宗義，而且要與人爲善，語言柔和隨順。然後對運用語言的技術作了二十七種更爲具體的限定，如言必信受，要有自信，於自宗旨知殊勝德，於他宗旨深知過隙，於所受論情無偏黨，於他所說速能了悟，於他所說速能酬對，具語言德令眾愛樂，辯才不盡，令對論者心生淨信等。這些言語要求和規定無疑有著深遠的歷史意義和重大的實用價值。

論墮負，說明論辯中墮入負處的種種語言表現。分爲三類：（1）舍言，是論者捨棄原來的主張而服輸的言語，列出十三種，或是承認自己的言論不完善，或是自認不善於觀察事理，或是承認己方詞窮理屈，或是要求中止辯論等。（2）言屈，是立者對論敵表示屈伏的言語，也有十三種，或藉口退卻，或轉移論題，或以發脾氣自我掩蓋，或表現爲傲慢沉默，或惡語傷人，或顧左右而言他等。（3）言過，是論者在論辯中說話不切題、不明了、不連貫等，列有九種，即雜亂、粗獷、不辯了、無限量、非義相應、不至時、不決定、不顯了、不相續。

論出離，指論者在論辯之前從三方面觀察論端，以權衡能否立論：（1）

觀察得失，考慮於人於己有無損害；（2）觀察時眾，分析與會眾人是否偏執、賢正與善巧；（3）觀察自身能力，能否建立自論，免墮負處，克敵制勝。可見，這三方面的內容純粹是論者在興起論辯之後對自己是否有利及其有利程度來考慮的，也就是依據論題、對象、知識能力、論辯場所氣氛等諸多條件而考慮是否參與論辯。

論多所作法，指參與論辯的資格條件，即論者設立言論應多有作為。包括三個方面：（1）善於瞭解自宗和他宗，如是則於一切法能起言論；（2）勇猛無畏，如是則在大眾面前不怯場，言語順暢；（3）辯才無竭，如是則隨所問難皆能不絕地作答。顯然，這是從論者的知識文化、表達能力和語言心理素質上提出要求的。

由上所述，七因明對論辯中人們運用語言的語境、語形、語義、語用等諸多問題均進行了論述，初步建立起了佛教語言邏輯的基本框架，為以後的邏輯發展奠定了的基礎。

第三節　新因明的語言交流和形式理論

「因」是因明的核心和樞紐，因而在以陳那為代表的新因明對因也給予特別重視，它把廣義上的因分解為若干單元，並一一作了分析，深刻地闡釋了立敵雙方的語言交際過程。

由於在辯論中總有立敵雙方，從而首先將因分為「生因」和「了因」。陳那《理門論》中說，從立者方面看，任務在於開悟論敵，這就必須援引充足理由來啟發敵者的智慧，「如種生芽，能別起用故，名為生因」；從敵者方面說，在立者啟示下，終有所解悟，「由能起用，如燈照物，能顯果故，名為了因。」此二因又分別與言、義、智相聯而成「六因」。

在生因方面，立者通過言論使敵者解悟的原因稱為言生因；智生因是立者發言的智慧，因為要使論敵改變原來的觀點主要在於立者的言論，而立者的言論起源於立者的智慧，因此智生因又是產生言生因的原因；義生因是立者用講道理、擺事實的方式使敵者解悟的原因。這三種生因是不可分割的，因為智慧是決定言論的，而任何言論要使聽者有所收益，必須有充實的義理；因明立論的目的在於悟他，立者只有通過語言說出自己的義理才能使論敵解悟，因此言生因是主因，智生因和義生因則體現在言生因之中，因為立者所

說的事實和道理是經立者再三思考過的。

在了因方面，智了因是敵、證者得以瞭解立者宗旨和義理的智慧；言了因是敵、證者通過立者的言論而解悟宗旨之所由立的原因；義了因是敵、證者對立者所說的事實和道理的解悟與領受。此三了因是統一的、互相聯繫的，其中以智了因為主，因為立者的言論只有通過聽者的智慧才能領悟，而在智了之時，立者所說的事實和道理也同時為敵、證者所接受，因此言了因和義了因都包含其中了。

窺基《大疏》卷二中說：「分別生了雖成六因，正意唯取言生、智了。」因為「由言生故，敵、證解生；由智了故，隱意今顯，故正取二，為因相體，兼餘無失。」綜觀六因，「智了因唯是生因果，而非生因因；智生因唯是生因因，而非了因果。言義二生因，為智生因果，為智了因因；言義二了因，為智了因因，非為智了果，得為智生果。」在這裡，基師把立敵雙方的語言交流過程清楚地展示了出來：從敵者方說，立者所說的義理及事實促使他在頭腦中進行思考，進而領悟，因而「智了因唯是生因果」；從立者方說，只有在頭腦中深思之後才得出自己的宗旨及所支持的事實和道理，從而「言義二生因，為智生因果」。而敵者接受立者通過言語說出的事實和道理後就在思想上引起思考，因此言、義二生因又「為智了因因」；敵、證者的言義二了因是由於立者在頭腦中考慮成熟後並說出義理才導致的，因而「得為智生果」。同時，敵、證者只有在言語及事實義理上對立者所說的東西得到了解悟，才能進一步思考立者的宗旨，所以言義二了因又「為智了因因」，而不是智了因的結果。這樣，六因說從「立敵對揚」的視角對論辯雙方的語言交際過程作了細緻剖析，這在邏輯史上是沒有先例的，也是後來的其他邏輯系統所沒有涉及到的，這正是佛教邏輯的特質和價值所在。

六因說與因明論式是緊密聯繫的。陳那說：「於論式等說此多言，名能立故。」而「由宗因喻多言，辯說他未了義，諸有問者，謂敵、證等。」由於立敵雙方在論辯時總要建立一定的論式，必須符合一定的程式和規範，以便有效地悟他，因此「如前二因於義所立，立者之智久已解宗；能立成宗，本生他解，故他智解正是了因。言義兼之，亦了因攝。」窺基也說：「方生因者，謂之論者立因等言，能生敵論決定解故，名曰生因。故此前云，此中宗等多言名為能立，由此多言開示諸有問者未了義故。智生因者，謂立論者發言之智正生他解，實在多言。智義兼生攝，故論上所說多言，開悟他時名能立等。」

　　由宗因喻組成的論式是新因明的證明理論，它也極其重視對語言的運用，體現著語言邏輯的本質和特徵，這明顯地表現在其中的一個顯著特點，即「共許極成」。所謂共許極成是指立敵雙方對論式中的所有概念（宗法、因法、有法、同品和異品）和除宗「隨意樂立」經一番論證才能達到一致之外的其他命題（因喻），必須取得一致的認可，才能充當論辯的材料。

　　就概念方面來說，凡是被立敵雙方共同認可的概念就稱為「有體」概念，否則就是「無體」概念，然後又有兩俱與隨一之分。雙方共同認可（或不認可）的概念是兩俱有體（或無體），如彌曼差派和佛家都認為「聲」、「常」、「無常」等是兩俱有體概念，「龜毛」、「兔角」等是兩俱無體概念。只有一方認可（或不認可）的概念則稱為隨一有體（或無體）概念，如數論派認同而佛家不承認的「神我」。對隨一概念還可細分為「自隨一有體或無體」（僅立方認可或不認可的概念）和「他隨一有體或無體」（僅敵方認可或不認可的概念），其實這二者是相通的，自隨一有體就是他隨一無體，反之，他隨一有體就是自隨一無體。然而，因明對概念作如此細緻的劃分，完全是基於語言的豐富多樣性而十分強調語言的明確性和同一性，只有運用取得共許的概念才能有效地進行論辯，否則使用異議（不共許極成）的概念就難免有強加於人的缺憾，從而出現各種過失使論式不能成立。如立宗中有能別（宗法）不極成，所別（有法）不極成和俱不極成等過失；辨因中有能依（因法）不成，所依（有法）不成和五種不定過；引喻中，從同品角度上看有能立法（因法）不成、所立法（宗法）不成和俱不成。從異品角度上看有所立不遣、能立不遣和俱不遣等過失。

　　就命題方面來說，宗因喻三支也有有體與無體的區別。由於其主項大多是實體概念，因而一般是根據命題主項是否得到立敵雙方共許極成來劃分有體與無體，即凡是雙方共許極成的命題就稱為有體，否則就稱為無體或隨一無體，從而出現有體宗與無體宗、有體因與無體因、有體喻與無體喻這些分類。只有運用雙方共許極成的有體命題才能直接參與論辯，讓人信服，否則就會產生各種過失而導致論式不成立。如立宗中有現量相違、比量相違、世間相違、自語相成、自教相違等過失，辨因中有隨一不成、兩俱不成、猶豫不成等過失，引喻中有無合、倒合、不離和倒離等過失。

　　以上所述可以看出，運用「兩俱有體」的概念、命題來組織論式可直接進行論證，也是最有說服力和論證性的。但這樣一來，論辯的範圍豈不太局

限在那些盡人皆知的義理的狹小範圍了嗎？因明是用簡別的方法來打破這一局限的。簡別也從注重言說出發，是立敵對諍時進行限制，藉以明確觀點所依，避免過失的一種手段。它祇是在「隨一有體」的概念或命題前面加上簡別語，以示是哪方的言論。如表示立者認可的加「我」、「我立此意」、「如我所言」等詞；表示敵者認可的則用「汝執」、「執」、「所言」等語。如果是立敵雙方共同認可的，一般無須簡別，但有時爲了避免誤以爲「世間相違」之過，可以用「勝義」、「眞故」、「極成」、「第一義」等詞來加以區別。經過簡別之後，就使立敵雙方對論辯中運用的言詞有一個統一的認識，不易產生歧義和誤解，進而擴大了論諍的範圍，祇是經簡別而進行的論證不及兩俱有體所組成的論式那麼有效、具有普適性和說服力。

第四節　語言分析

在古希臘，人們早就有許多關於語言的探討和論述，而亞里斯多德的論述是最爲系統的，對後人的影響也是最大的，他在《解釋篇》中說過一句名言：「說出的詞是心靈經驗的符號，而寫下的詞是說出的詞的符號。」〔註2〕不僅在中世紀而且在現代，尤其是在不同的學科，這句話常常被人們引用，被看作亞氏關於語言和思維的經典論述，並因此被稱爲符號學的創始人。實際上，佛教邏輯關於語言的論述並不遜於亞氏的語言分析，我們可以從以下兩方面來進行比較說明。

一、範疇分類

在亞氏的著述中實際上有兩個範疇分類，一是在其著名的《範疇篇》裏提出來的，它區分出十種範疇，即實體、量、質、關係、地點、時間、位置、狀態、活動和遭受，建立了一個完整的範疇理論。二是在《論辯篇》裏提出來的，它與十範疇理論稍有不同，區別在於它的第一個範疇是「本質」，而不是「實體」。

在《論辯篇》中，亞氏建立了他的四謂詞理論，認爲謂詞對主詞的表述關係有四種，即定義、固有屬性、屬和種差，也就是說，對於一個形如「S 是P」的句子，P 表述的可以是定義、固有屬性、屬或種差。在此基礎上，他爲謂詞對主詞的表述作了進一步的說明：「我們必須區別發現了上述四種形式的

〔註2〕The Works of Aristotle,Vol.I.Ed.By Ross,16a4、103b20～29、1b25～27.

謂詞的類。這些類是十種：本質、量、質、關係、地點、時間、位置、狀態、活動、遭受。任何事物的偶性、屬、固有屬性和定義都應在這些範疇之中，因爲任何通過這些謂詞所形成的命題都表達事物的本質，或者事物的性質或量，或者其他一些謂詞。」〔註3〕在《範疇篇》中，亞氏認爲，語言形式分爲簡單的和複雜的，前者叫「非復合的運算式」，如「人」、「牛」、「跑」等；後者叫「復合的運算式」，如「人跑」、「人獲勝」等。他說：「非復合的運算式表示實體、量、質、關係、地點、時間、位置、狀態、活動或遭受。」〔註4〕從這兩段說明可以清楚地看到，亞氏談到主詞和謂詞，分析主詞與謂詞的表述關係而得出十種範疇；他談到簡單和複雜的語言形式，以此把詞和句子區分開來，並且從詞區分出十種範疇。因此，可以毫無疑問地說，亞氏得出十種範疇乃是基於對語言的分析。

　　自恰巴曲森以來，藏傳因明的一大特點是將因明範疇「攝類」排列成一個體系，標誌其範疇理論在形式上的成熟和系統化。恰巴曲森最初列出十八對範疇，即顯色白與紅、實有法與假立法、相違與不相違、總與別、相屬與不相屬、異與同、合遍與離遍、因與果、有法與能別（因）、能相與所相、多因與多宗法、彼此相違、直接相違與間接相違、彼此互遍、是與非、是的反面與非的反面、確知是與確知非、了知事與了知常。這十八對範疇大部分與語言、邏輯有關，僅僅「能相與所相」是直接講認識論的。

　　薩班・貢噶堅贊在《量理藏論》的前八品中重點論述了七對範疇，即境與心、能量與所量、總與別、成立與遣他、所詮與能詮、相屬與相違、性相與所表，在其具體闡述中涉及到因與果、自相與共相、現量與比量、一與多、同與異、排入與立入、質與體、合遍與遣遍、排除他具與排除不具、常與物、立與破等十一對範疇，這樣仍然是十八對範疇，它們也是與語言、邏輯緊密相關的。不過認識論的內容有所增加，如境與心、現量與比量等。

　　宗喀巴在《因明七論入門》中講了二十對範疇，即境與具境、所知與所量、物與非物、因與果、親因與疏因、有與無、比量與現量、所詮與能詮、量與非量、分別與無分別、謬誤與非謬誤、自證與他證、心與心所、相違與相屬、遮與立、總與別、一與異、排入與立入、性相與所表、質與體等，特別對境與識、所詮與能詮、相違與相屬、總與別、遮與立、量與非量、一與

異等作了新的闡發。以後，龍朵活佛的《因明學名義略集》、工珠・元丹嘉措的《量學》等著作對攝類範疇均有相似的表述。

普覺・強巴的《因明學啓蒙》集「攝類」之大成，共提出二十多對範疇，即物質與心識、境與具境、能量與所量、總與別、成立與遣他、現量與比量、自相與共相、所詮與能詮、相屬與相違、性相與所表、因與果、量與非量、一與多、同與異、立與破、常與物、排入與立入、遮無與遮非、質與體、後遍與遣遍、下遍與違遍、排除不具與他具、否定與肯定、是與非等等。顯然，普覺・強巴在範疇分類上更爲合理和全面，在敘述上也更加細緻和清楚。

可見，藏傳因明的範疇分類比亞氏更爲詳盡，在概念的解釋上也更爲明確，這一方面是因爲因明有著更強的論辯性和應用性，另一方面也是基於對語言的分析。

因明家一般把人們的認識對象分爲外境與具境。宗喀巴說：「可知曉或可明瞭，爲外境之性相。」「能理解或能明瞭，爲具境之性相。」前者爲客觀認識對象，後者爲主觀認識對象，它們分別以「所詮」和「能詮」作爲認識手段，而這二者及其種類都是以語言作爲媒介並加以呈現的：「由名言而瞭解，爲所詮之性相。分爲二：由言語動機之心識執著之力，從語言所瞭解之義，爲執著所詮之性相；由言語動機之分別識顯現之力，從語言得知瞭解，爲由執著所詮引出直接所詮之性相」。「由語言之力使能理解所詮意義，爲能詮之性相。從性質方面分爲：名、句、文三種。唯能詮表境物之性質，爲名之性相，如言瓶子。能結合境物之性質與差別而詮表，是句之性相，如說小瓶子。能結合詮表境物差別法行止之事，爲文之性相，如說用小瓶子盛水來。能詮從講說時分爲：執著之能詮及由彼說出之直接能詮二種，後者如說瓶之『聲總』。」〔註5〕

以上引述可知，藏傳因明無疑是從語言動機或語言之力的有意義的表述中得出諸多範疇的，而且這裡也使用了亞里斯多德提到的語言形式：非復合的運算式即「名」和復合的運算式即「文」。從用詞的角度來看，因明的表述顯得更爲合理和全面，亞氏的非復合的運算式祇是一些簡單的純名詞，復合的運算式實際上是語句，如「人跑」在日常語言中表示爲「人在跑」，卻遺漏了復合詞的運算式，像「小瓶子」、「《水滸傳》的作者」、「鐵桶」之類的復合詞是亞氏的兩類語言形式所無法表達的，而因明用「句」這種語言形式正好

〔註5〕《中國邏輯史資料選》因明卷，第 423、426～428 頁。

彌補了這一缺憾。

在因明家看來，事物的自相本身和我們對它們的正確感知（眞現量）是無分別的，當人們用諸名言種類即各種範疇去稱謂、認識、理解、談論事物時，就產生有分別的共相或比量，在人們的意識之中也就產生了分別識。宗喀巴認爲，這種分別識實際上是在語言的基礎上產生的：「將語言之名和名言之實事義結合而執之識，爲結合語言分別識之性相，分別識從所見境方面分爲三種：1、如未熟諳語言者之相續中，見瓶之聲總之知覺，爲唯見聲總之分別識。2、如未熟諳語言者之相續中，見瓶之義總之知覺，爲唯見義總之分別識。3、如熟諳語言者之相續中，執瓶之分別識，爲兼見聲總義總二者之分別識。」〔註6〕事物個體的屬性是無限多的，有普遍屬性，有特殊屬性，要熟諳所有語言才能把握其全部性質，而這是不可能的，因此，我們只能用未熟諳語言的範疇這些分別識去談論事物的屬性，主要是撇開事物的特殊屬性而把握其普遍屬性，也就是將語言的名稱與詞項（名言）所表達的意義相結合而產生諸範疇。顯然，這裡是從人類運用語言的局限性的分析中而區分出各類範疇的。如遮止與排他這對範疇，普覺·強巴指出：「謂以執自（事物本身）分別，由直接阻止所遮而了別，爲遮止之性相。謂以詮自之語，於自己所遮之遮止處，既是投執自分別之所量，又是成立之相符事，又爲緣是遮止之相符事，爲遮自身非是之排他性相。」〔註7〕

二、區分謬誤

亞里斯多德關於謬誤的論述是非常出名的，他在《辨謬篇》中區分出十三種謬誤，對這些謬誤進行了分析，指出了解決它們的方法。著名的亞氏學說研究者羅斯認爲，亞里斯多德的這個理論「考慮了許多推理所面臨的最難以捉摸的危險。在這方面，如同在他的整個邏輯方面一樣，他是先驅。」〔註8〕

亞里斯多德主要把謬誤分爲兩大類，一類是依賴於語言的謬誤，有六種；另一類是不依賴於語言的謬誤，有七種。我們主要看他關於依賴於語言的六種謬誤的論述。

亞氏認爲，在表達的時候，有些詞是有歧義的，因此會產生兩種謬誤，一種是語詞歧義。比如「知道口信的人才能獲知傳達給他們的口信，因此知

〔註6〕 《中國邏輯史資料選》因明卷，第432～433頁。
〔註7〕 　《中國邏輯史資料選》因明卷，第581頁。
〔註8〕 羅斯：《亞里斯多德》，王路譯，商務印書館1997年，第68頁。

道的人獲知」，這裡「獲知」一詞既可以表示使用知識來進行「理解」，也可以表示獲得知識，因此是有歧義的。另一種是語句歧義。比如「談論無聲是困難的」，這個句子顯然有歧義，如果「無聲」作「談論」的賓語，表示談論的對象是無聲的，意思可以是「關於無聲的談論」；而如果「無聲」作「談論」的狀語，表示談論本身是無聲的，意思就可以是「無聲地談論」。此外，同一個運算式在分開說與合著說時其意思往往不一樣，由此會出現兩種謬誤，一種是合謬，如「一個人能夠端坐和行走，能夠寫字和不寫字」，它給人一種感覺，有人似乎可以邊坐邊走、同時寫字和不寫字，這顯然是荒謬的；另一種是分謬，如「5 是 2 和 3」，用 5 表達的東西用「2 和 3」來表達是不合適的。最後兩種依賴於語言的謬誤是錯放重音和變形謬誤。前者與句子的讀法有關，有些詞在重音讀法不同時會導致句子的意義發生變化，如「王某是一個好說話的人」，如果「好」字讀上聲（音郝），那就表示王某性格隨和、容易採納別人意見；如果「好」字讀去聲（音浩），那就表示王某是一個饒舌者。變形謬誤涉及陽性、陰性、中性詞以及動詞和分詞的變化，如一篇文章標題「評魯迅論孔子」，詞語結合關係不同會有不同的意義，若是「評/魯迅論孔子」，意為「評魯迅對孔子的論述」或「評魯迅的孔子觀」；若是「評魯迅/論孔子」，意為「評魯迅並且論孔子」。顯而易見，亞氏的這些研究主要是為了澄清詞的意義和句法結構的意義，與語言分析緊密相關，可以說，這是典型的純粹的語言分析。

　　佛教邏輯關於謬誤的論述及分類更是無以倫比的，它談得最多的是論式和語言方面的謬誤。前面第七章我們已經敘述了出現在論式中的謬誤即過失，實際上，由於這些過失是在論辯活動中產生的錯誤，因此其大部分的過失都是涉及語言的，如宗過中的三種不極成過、相符極成過和自語相違過，因過中的四種相違過和三種不成過，喻過中的三種不成過和三種不遣過等，這裡不再贅述。

　　關於語言方面的謬誤，因明稱為過類和墮負。從現存文獻來看，對過類的論述可能始於小乘論師，《方便心論》的「相應品」中列有「問答相應」二十種。《正理經》採取了小乘論師概括的相應法，並闡發了二十四種誤難。陳那是過失論的集大成者，他在前人研究的基礎上加以刪訂，約為十四種過類。所謂「過類」，是指與能破相類而實有謬誤的一種反駁方式。陳那認為，能破與似破（即過類）都是與語言密切相關的：「此中能破闕等言者，為前說闕等

言詞諸分過失，彼一一言皆名能破，由彼一一能顯前宗非善說故。所言似破謂諸類者，諸同法等相似過類名似能破，由彼多分於善比量爲迷惑他而施設故，不能顯示前宗不善，由彼非理而破斥故，及能破處而施設故，是彼類故，說名過類。」〔註9〕就是說，能破是人們運用語言將論式中的各種過失一一揭示出來，以顯示敵者觀點的錯誤；而似破則是不能運用語言來揭露敵者觀點的謬誤，或者是對本來無錯的比量而橫加指責所產生的過失。與論式中的區分謬誤相似，陳那也按宗、因、喻來劃分十四過類。

似宗過破只有一種，即常住相似。敵者運用偷換詞項的手法，將「聲是無常」換成「聲的無常性恒隨於聲」，用「恒常」一詞說明其宗「聲是常住」也成立，從而進行反難。這種顚倒責難的手法是明顯錯誤的。

似因過破有以下八種：（1）可得相似，敵者在立者以因證宗時指責說，所立之宗也可以由其他的詞項作爲因法來證成，從而使立者原來使用的因陷於不定之中。如以「勤勇無間所發」爲因證「聲是無常」，敵者說閃電、太陽光等並不是勤勇所發，卻也能證成宗，因此，勤用所發因不一定是無常宗的正因。敵者以因法不遍及所立法爲由來難破是毫無道理的，因爲這兩個詞項是屬種關係，而不是全同關係，因此敵者自陷於似不定因破之中。（2）猶豫相似，敵者橫加指責立者使用的因是不確定的，如說因法「勤勇無間所發」一詞有顯發和生成兩種不同的涵義，這就使得「聲是無常」不能確定究竟是隱顯無常還是生滅無常。這相當於亞氏所論述的語句歧義。（3）義準相似，敵者非難道，如果立者以勤勇所發因來證無常宗，那麼就可以說非勤勇所發者如電、光等是常住的。本來電、光等應是無常的，敵者通過歪曲這些詞項的涵義來指斥立者之因爲不定因，自然是相似過類。（4）至非至相似，敵者以因法通於所立法或不通於所立法都有過失來進行非難，認爲若二者相通（至）則因法與所立法沒有什麼差別，因便不成爲能立；若二者不相通（不至）則因法與所立法無關，因也不成爲能立。顯然，這是通過混淆「相通」與「等同」這兩個涵義不同的詞項來詭辯的，因此是一種至非至相似的錯誤。（5）無因相似，敵者以在三種時間上因不成爲能立來相難，認爲若因在宗之前就已成立，那它以何者爲成立的對象呢？若因在宗之後，則宗既已建立，又何必要因呢？若因與宗同時並舉，則二者猶如牛之兩角分離而不相關。如果三時無因能夠成立的話，那麼一切因皆非正因，任何論宗都無法加以證明，

〔註 9〕引自鄭偉宏：《因明正理門論直解》，第 140～141 頁。

敵宗也不可能成立，正如「說謊者悖論」一樣，這種責難的言語本身都是無法證明的，因此是一種明顯的似因過破。（6）無說相似，它是敵者運用未說因之前無因以證宗來相難。如敵者反駁云，立者若用「勤勇所發」因來證「聲無常」宗，那麼在此因說出之前便什麼理由都沒有，既然沒有因，無常宗也就不成立。這是敵者增加了一層與原論題意思無關的語句「未說前」來難破的，因此是一種似不成因破。（7）無生相似，它是敵者以宗有法未顯生之前其因便不存在來駁難。如敵者認爲，聲音在未顯發之前不存在勤發因，勤發因既然沒有，「聲是無常」宗就不能成立。這也是敵者強加了一層與立者論旨無關的語句「未顯發之前」所引生的謬誤。（8）所作相似，它是敵者以割裂作爲因的語詞的涵義來相難。如敵者難破曰，立者以「所作性」因、「如瓶等」喻來證「聲無常」宗，但是瓶之所作與聲之所作是不一樣的（瓶是繩輪所作，聲是咽肌所作），故瓶之無常與聲是無關的。這是割裂詞項因的特殊性與一般性之間的聯繫來非難的謬誤。

其餘的過類爲似喻過破，有五種：（1）同法相似，它是以異法喻依代替同法喻依從而顚倒成立相違之宗的過失。如敵者駁難說，立者既以聲與瓶都有勤勇無間所發性而說聲與瓶一樣是無常的，那也可以說聲與空都是無質礙的，故聲與空都具有常住性。這實際上是以涵義相反的語詞來替換原來的語詞所產生的謬誤。（2）異法相似，它是以同法喻依取代異法喻依而顚倒成立相違之宗的過失。如敵者難破道，立者以異喻虛空上無勤勇所發性從而常住，來反證聲既爲勤勇所發就定是無常，然而作爲同品的瓶倒可以作爲異品，因爲瓶是無常而有質礙，聲既無質礙就應是常住。這是以涵義相反的詞項作爲同喻依而成立矛盾之宗，因此是一種似喻過破。（3）分別相似，它是敵者以同喻依的其他涵義來難破所產生的過失。如敵者責難云，同品瓶上有可燒、可見的屬性故而無常，而聲卻沒有這些屬性，故聲是常住。顯然，這種錯誤相當於亞氏所說的語詞歧義。（4）無異相似，它是敵者將同喻依與宗有法無差別地合爲一體所產生的過失。如敵者破斥言，若聲與瓶同爲勤勇所發性和無常性，那就使得二者在其他屬性上也沒有差別，即瓶的一切屬性聲都應當具備，聲與瓶便合成一體，而事實上聲與瓶不可能成爲一個事物，因此若瓶是無常則聲應是常住。這在語詞上是一種將「分同」偷換成「全同」的謬誤。

（5）生過相似，它是敵者以同喻依尚未得到證明相難。如敵者反難道：你說同品瓶上有無常屬性，又有什麼原因予以證明呢？這是一種強詞奪理、胡攪

蠻纏的謬誤，因為瓶具有所作性本來是立敵共許的，並且僅憑現量（直接經驗）就可以得到證實，無需另因證成，所以敵者以此設難是毫無道理的，也表明敵者已到了黔驢技窮的地步，只好借助扯野要賴來狡辯，是相似過破。

堕負即堕入負處，指在論辯中由於誤解或不解對方的論旨，或違反邏輯，或缺乏論辯技術等而導致敗北。對此，陳那指出：「又於負處，舊因明師諸有所說，或有堕在能破中攝，或有極粗，或有非理如詭語類，故此不錄。又此類過失言詞，我自朋屬論式等中多已制服。」〔註10〕這是說，所謂負處，有的原本已包含在能破的過失之中，有的很粗疏，有的屬詭辯一類，而且這些過失大多已被納入論式之中加以解決了，因此不再專論這個問題。我們認為，在有關論式的過失論裏並未包括所有負處，而這些負處著眼於語言分析，有必要重新加以討論。關於堕負，《方便心論》和《如實論》都有專章論述，我們著重於前者的研究。

《方便心論》「明負處品」一章列有十七種負處，但多數祇說負名而未加例釋，茲試解如下：（1）語顛倒，即陳述理由舍近求遠，不說產生結果的直接原因而說其原因的原因，從而陷於負處。（2）立因不正，即以似因為論證的根據而堕入負處。如隨言生過似因是隨著對方的言語予以曲解而生的過失，像「那婆」（nava）一詞有新、九、非汝所有、不穿等義，有人說「我所服者是那婆衣」，意為穿的是新衣，而敵者卻故意曲解為「穿了九件衣」、「非汝所有衣」、「不穿衣」等，橫生是非而導致過失。這實際上是語句歧義的錯誤。（3）引喻不同，即在用詞上將反喻的性質（如瓶上所作性）作為自己實例（虛空）的性質來確認，從而破壞自己的宗義而堕負。（4）應問不問，指在不明了對方言語時未及時發問。（5）應答不答，指論辯一方對某言詞雖作了三次說明，聽眾也已理解，而另一方還是答對不出，從而陷入負處。（6）三說法不令他解，指有辯者儘管把話說了三遍，卻仍不能使對方和聽眾明白，從而堕入負處。（7）彼義短闕而不覺知，指論辯對方已出現言語謬誤而未覺察，從而自陷負處。（8）他正義而為生過，指論辯對方的言論本無過失而橫加詰難，致堕負處。（9）眾人悉解而獨不悟，指論辯一方已將自己的言論作了多次說明，聽眾也已瞭解，而唯獨另一方不理解，這是愚昧的表現。（10）違錯，即違反「說同、義同、因同」的過失。說同者，如一方言「無我」，另一方若不瞭解此言的涵義，就應「還依此語，後方為問」，然後再加以回答；

〔註10〕引自鄭偉宏：《因明正理門論直解》，第 213～215 頁。

義同者，指對言詞不僅在音、形上一致，而且在意義上有同一的理解；因同者，即「知他意趣之所因起」，真正瞭解對方之所以會如是說的原因。如果回答時完全違反這「三同」，就墮入負處。（11）不具足，指回答時不能同時滿足上述「三同」而缺其一，就陷入負處之中。（12）語少，即言詞過少，缺少論式中某一支而犯的過失。（13）語多，指論證過程中講說因喻（理由）的言語過多而墮入負處。（14）無義語，指只有文辭而無義趣的言語。（15）非時語，指辯者於論證時缺少因、喻等言語，經對方指出後方才補救，但為時已晚，「此語過時，如舍燒已盡，方以水救」，已於事無補。（16）義重，指所說的言語在意義上的重複，即同義語反覆。（17）舍本宗，指辯者受到對方的責難而放棄原來的主張。這有兩種情況：一是辯者在遭到他人難破時以急速轉換話題來應對，出爾反爾，從而捨棄本宗；二是辯者在急速轉換話題之後，反誣對方也犯有違宗的同樣錯誤。可以看出，以上負處的討論是與語言分析緊密結合在一起的。

　　由上所述，佛教邏輯所區分的謬誤比亞里斯多德的分類更為豐富和完善，由於因明具有更強的論辯性和應用性，因此對語言的分析也就更為細緻和深入，使其在語言方面的謬誤研究大大向前推進了一步。這對語言邏輯的發展是大有裨益的，它的獨特的理論價值和重大的現實意義也是不言而喻的，值得我們做更為深廣的探索。

第五節　用元語言表述的因明邏輯規律

　　對象語言與元語言的區分，最初是為了克服自然語言的歧義所帶來的各種問題而提出來的。塔爾斯基說：「第一種語言是『被談論』的語言，是整個討論的題材；第二種語言是用來『談論』第一種語言的語言，我們將把第一種語言稱為『對象語言』，把第二種語言稱為『元語言』。」〔註11〕就是說，對象語言是被斷言、被分析的語言，元語言是進行斷言、分析的語言。應當指出，所謂對象語言與元語言的區分只具有相對的意義，例如，當我們把討論的對象應用於「元語言」的語句上去時，原來的「元語言」就成為了我們討論的對象語言，而用來討論該對象語言的語言則稱為「元元語言」。

　　在自然語言中，如果不注意區分這兩種語言，就容易混淆語言層次而產

〔註11〕馬蒂尼奇編：《語言哲學》，商務印書館 1998 年，第 93、91 頁。

生語義悖論。容易產生悖論的語言也稱爲「語義學上封閉的語言」。西方邏輯、墨辯邏輯、佛教邏輯都提出了這一問題，西方邏輯中表達爲「所有克裏特人都是說謊者」，墨經中有「言盡悖」，佛教邏輯則是「一切言皆妄」。這表明，使用「語義學上封閉的語言」避免不了語義學悖論。塔爾斯基指出：「我們已暗含地假定在悖論被構成的語言中，不僅包含了這種語言的運算式，也包含了這些運算式的名稱，同時還包含了諸如指稱這種語言中的語句的詞項『眞的』這樣的語義學詞項；我們還假定所有這些決定這個詞項的適當使用的語句都能在這種語言中得到斷定。具有這些性質的語言以後將被稱爲『語義學上封閉的』。」〔註12〕現代邏輯不僅嚴格區分了對象語言與元語言，而且將元語言劃分爲語法語言與語義語言，「形式系統本身的語言是某種特定的人工符號語言，是被討論的對象，稱爲對象語言或形式語言。討論形式系統時所使用的語言，稱爲語法語言」；「對形式系統的解釋需要一套語義語言，相對於對象語言或形式語言，語法語言和語義語言則稱爲元語言。」〔註13〕一般說來，有效的推理形式是邏輯學的直接研究對象，用來表達推理形式的語言可以稱爲對象語言。關於有效推理形式的研究通常稱爲語法學，關於推理及其形式結構的解釋或理論往往稱爲語義學，用來表達語法學和語義學的語言分別稱爲語法語言和語義語言，它們又合稱爲元語言。

從對象語言與元語言的區分去認識佛教邏輯是一個十分重要的方法和手段。邏輯的主要研究對象是推理論證，它是從形式結構上研究推理論證的有效性的。人們在認識事物的基礎上形成思想，思想可以通過語言材料表達出來，邏輯就是要通過大量的語言材料，分析其中的思想，尤其是推理論證是否合理。關於分析思想中的推理論證是否合理，西方與東方存在著不同的方法。西方邏輯在西方語言的影響下，通過探討和總結一些命題形式和推理形式來確定推理論證的可靠性；佛教邏輯由於受東方語言的制約和影響，沒有把一般的命題形式和推理形式作爲直接的研究對象，沒能通過西方式的研究來討論推理論證的有效性，而是慣用典型的具體推理來體現推理方式，並通過對這些具體推理論證進行分析，概括出有關思維的邏輯規律的理論。表達這些推理論證的語言當然是對象語言，但是佛教邏輯卻主要表現爲用元語言來表述的邏輯規律，雖然這些表述不夠精確，但表明因明學已經進入形式邏

〔註12〕同上註。
〔註13〕《公理學、元數學與哲學》，上海人民出版社1983年，第32頁。

輯領域。

在形式邏輯中，邏輯基本規律一般包括同一律、矛盾律和排中律。佛教邏輯中雖然沒有對這些規律進行明確的理論闡述，但在其邏輯思想中卻有相當的篇幅用元語言的方式論及邏輯基本規律的初步認識，這在因明論式的過失論、因三相和九句因中表現得較為明顯。

一、同一律

關於同一律的思想，古希臘哲學家巴門尼德已經模糊地表述出來了，他提出通向真理有兩條截然不同的途徑：「第一條是，存在物是存在的，是不可能不存在的，這是確信的途徑，因為它通向真理；另一條則是，存在物是不存在的，非存在必然存在，這一條路，我告訴你，是什麼也學不到的。」〔註14〕當然，這裡的同一律首先具有本體論意義，然後才具有認識論和邏輯學的意義。柏拉圖在《斐多篇》中指出：思維必須與其自身一致，而我們所有的確信都必須彼此一致。墨辯提出了名實相當的「正名」思想：「彼彼此此可：彼彼止於彼，此此止於此。彼此不可：彼且此也。彼此亦可：彼此止於彼此。」（《經說下》）在這裡，「彼彼」等於「彼」，「此此」等於「此」，但「彼此」不等於「彼」，也不等於「此」。「彼」與「此」可以看作變項，可分別代入任何兩個互相排斥的名詞。墨辯還深入研究了一名多實與多名一實的情況。後來，經過歷代邏輯學家的整理，同一律被作為思維的規律加以表述，其基本內容是：在同一思維過程中，一切思想都必須與自身保持同一。更具體地說：在同一思維過程中，必須保持概念、命題自身的同一，否則就會犯「混淆概念」或「偷換概念」、「轉移命題」或「偷換命題」的錯誤。

在同一律的語言表述上，因明的抽象程度不如古希臘邏輯和墨辯，它對同一律的理解主要體現為在具體論式中所運用的詞項和因支、喻支命題必須立敵「共許極成」，不共許極成的必須用「簡別」的方法加以限制，也就是對這些思想必須保持一致性的邏輯要求，否則就會犯諸多「不成」的過失。

在宗支上違反同一律的有三種過失：「能別不極成」、「所別不極成」、「俱不極成」等，這些都是關於詞項的過失，或主詞或賓詞或同時兩者不被共許。然而它不要求宗支命題必須共許，把「相符極成」作為一種過失完全是基於論辯的主旨所需。

〔註14〕《古希臘邏輯哲學》，商務印書館 1982 年，第 51 頁。

在因支上也有三種過失：「兩俱不成」、「隨一不成」、「所依不成」等，前二者是有關命題的過失，後者是有關詞項的過失，它要求因支及其組成部分都必須立敵共許。

根據因明原則，有關喻支命題及其所含詞項的共許極成也是合理論式的一個必要條件，不過陳那等大師並沒有展開論述，窺基在《大疏》卷一中則道：「陳那能立唯取因喻，二者正而無邪，離十四等故。二者成就，能依、所依俱無過故。由此論顯真而無妄，義亦兼彰具而無闕，簡此誠言，生他正解。」〔註15〕

另外，如果立敵雙方對某一詞項或命題不共許，因明創造出一種「簡別」的方法，也就是在某一詞項或命題之前加上「自許」、「汝執」等字樣，就能夠防止諸如此類過失的出現。

可以看出，要建立一個合理有效的論式，因明要求所使用的詞項或命題都必須得到論辯各方的認可，在詞項上必須具有確定不變的內涵和外延，在同一意義上使用，表達同一概念，指稱同一對象或同一屬性，避免出現混淆詞項或偷換詞項的錯誤；在命題方面則必須清楚確切，有確定的內容，即表達同一判斷，陳述同一事物情況，擁有同一真值，而不隨意變更，防止產生轉移命題或偷換命題的錯誤。這些要求與形式邏輯是基本相同的。所以，因明是用「共許極成」來表述同一律的思想的。在這裡，對上述詞項、命題的要求及其過失是「被談論」的對象語言，而「共許極成」和「簡別」的方法就是用來「談論」的元語言。

二、矛盾律

中外許多古代思想家都有思維不能自相矛盾的思想。在古希臘，亞里斯多德對此給予了最明確的表述，他在《形而上學》一書中指出：「同一事物，不可能在同一時間內既存在又不存在，也不允許有以同樣方式與自身相對立的東西。」「對立的陳述不能同時為真。」「對於同一事物相反的主張決不能是真的。」這實際上把矛盾律同時表達為存在的規律、邏輯的規律、語義的規律等。《墨經》中用其特有的語言表述了矛盾律：「或謂之牛，或謂之非牛，是爭彼也。是不具當，必或不當，不當若犬。」（《經說上》）這裡充分論述了互相矛盾的命題具有不能同真也不能同假的性質，因此人們在思維中不能

〔註15〕《中國邏輯史資料選》因明卷，第23、110頁。

對互相矛盾的命題同時加以肯定。如針對同一動物，有人說「這是牛」，有人說「這不是牛」，這是兩個互相矛盾的命題，它們之間的眞假關係是「不俱當，必或不當」，即不能同眞，必有一假。這與形式邏輯的看法是非常契合的。

因明家沒有亞氏和墨家表達得那麼明確，他們是從反面、從排除矛盾的角度來表述矛盾律思想的，即在因明論式中必須排除「相違」等過失。

在宗過中違反矛盾律的有五種：「現量相違」、「比量相違」、「自教相違」、「世間相違」和「自語相違」等。爲什麼？窺基《大疏》卷四中云：「立論之法有義有體，體據義釋，立敵共同；後不同前，義不符體，標宗既已乖角，能立何所順成？故此五違皆是過攝。」〔註16〕其主旨爲：相違是說前言不答後語，前陳的體與後陳的義不符，五違正是如此所造成的邏輯錯誤。這是與矛盾律的基本內容十分接近的。例如，人們從感覺上都能證實聲是所聞，而有人說聲非所聞，這就構成了「現量相違」的過失。天主舉自語相違的例子是：「如言我母是石女」，既說「我母」就不會是「石女」，因爲石女是不能生育的婦女，因此「我母」與「石女」之間互相牴牾，存在明顯的自相矛盾。

在因過中有四種：「法自相相違」、「法差別相違」、「有法自相相違」、「有法差別相違」等。這裡的「相違」是說所舉因支中的有法或因法（包括公開聲明的言陳和暗含的意許）正好與自己所立之宗相矛盾，從而不能成立己宗。在九句因中是第四句、第六句和第八句的邏輯錯誤，也與因三相的要求相違反。

十種喻過中違反矛盾律的有：「能立法不成」、「所立法不成」、「俱不成」、「所立不遣」、「能立不遣」、「俱不遣」等。前三者是說同喻依與先前所立的因法和宗法之一或二者相矛盾，從而無以成宗。異喻依本應該與立者所立之因法和宗法相排斥的，後三者不遣過卻是指異喻依不能遠離因法和宗法之一或同時二者，從而構成矛盾，不能作爲證宗的依據。

可以看出，因明不僅敘述了矛盾律的理論內容，而且更具體地提供了違反矛盾律要求所犯的邏輯謬誤的類型和例證。上述對三支論式的有關要求及過失是「被談論」的對象語言，而關於矛盾律的表述（相違、不成、不遣）則是元語言。

〔註16〕同上註。

三、排中律

亞里斯多德明確表述了排中律:「在對立的陳述之間不允許有任何居間者,而對於同一事物必須要麼肯定要麼否定其某一方面。這對於定義什麼是真和假的人來說是十分清楚的。」《墨經》中則作了一些基本規定:「彼,不兩可兩不可也。」(《經上》)「謂辯無勝必不當,說在辯。」(《經下》)「所謂非同也,則異也。同則或謂之狗,或謂之犬;異則或謂之牛,其或謂之馬也。俱無勝,是不辯也。辯也者,或謂之是,或謂之非,當者勝也。」(《經說下》)因此,排中律的基本內容是:兩個互相矛盾的思想不能同假,必有一真。它的邏輯要求是:對兩個互相矛盾的思想不能都否定,必須肯定其中一個,否則會犯「兩不可」的錯誤。如說「牛馬非牛也未可,牛馬牛也未可」,就違反了這一規定而犯了模棱兩不可的錯誤。因明對互相矛盾的思想都加以否定或持模棱兩可的態度也視之為謬誤。

在因明過失中違反排中律的是「猶豫不成」和「六不定」。天主《入論》中道:「於霧等性起疑惑時,為成大種和合火有,而有所說,猶豫不成。」要成立論題「遠處有大種和合火」,有人用霧氣等作論據而頓成猶豫之因,因為「西方濕熱,地多蓁草,既足蟊虻,又豐煙霧。時有遠望,屢生疑惑:為塵、為煙、為蚊、為霧?」〔註17〕就是說,用霧氣等為因,既不能作為肯定宗的論據,也不能成為否決宗的理由,實質上是違反排中律要求所犯的邏輯錯誤。窺基《大疏》卷六中釋曰:「說因依有法,決定可成宗;說因既猶豫,其宗不定成,名猶豫不成。」〔註18〕

根據因三相原理,在九句因中只有第二句因才是正因,而六不定過中的「共不定」、「不共不定」、「同品一分轉異品遍轉」、「異品一分轉同品遍轉」、「俱品一分轉」(九句因中分別為第一、五、七、三、九句因)等,卻是同品異品雙有或雙無或部分有無、或同品與異品相容有因,有違因三相原則,以其作為論據,既可以證成宗,也可以證成反宗,其實也是違反了排中律而陷入模棱兩可的錯誤。「相違決定」亦然,窺基說:「若二別因,三相雖具,各自決定,成相違宗,合敵、證智,不隨一定,名相違決定。」〔註19〕對兩個相互矛盾的論題並未肯定其中之一,沒有明確表態,實際上也是違反排中律

〔註17〕《中國邏輯史資料選》因明卷,第 166、159、175 頁。
〔註18〕同上註。
〔註19〕同上註。

要求所犯的邏輯錯誤。同樣明顯的是，這裡對矛盾律的表述（不成、不定等）也是運用元語言的形式。

四、充足理由律

關於充足理由律是不是邏輯基本規律，在學術界存在著不同的意見，其中占主導地位的意見似乎是認為它不是邏輯基本規律，而祇是邏輯論證的規律。

在西方，公認最先明確表述充足理由律的是德國哲學家、數學家萊布尼茨（1646～1716），他說：「我們的推理是建立在兩大原則上，即是：（1）矛盾原則，憑著這個原則，我們判定包含矛盾者為假，與假的相對立或相矛盾者為真；以及（2）充足理由原則，憑著這個原則，我們認為：任何一件事如果是真實的或實在的，任何一個陳述如果是真的，就必須有一個為什麼這樣而不那樣的充足理由，雖然這些理由常常總是不能為我們所知道的。」[註20]

佛教邏輯和墨辯都是一種論辯性很強的邏輯，因此它們都非常重視對論證規律即充足理由律的研究。墨辯說「夫辭以故生」，指一個論題必須借助充足的理由才能成立；如果提供不了充足的理由，那麼該論題就是虛妄不實的，就缺乏論證性和說服力（立辭而不明於其所生，妄也）。《經上》云：「故，所得而後成也。」《經說上》把「故」分為二種：「小故，無之必不然，有之不必然，體也，若有端。大故，有之必然，無之必不然，若見之成見也。」作為充要條件的「故」具有「有之必然，無之必不然」的性質；作為必要條件的「故」具有「無之必不然，有之不必然」的性質。墨家認為，分析事物之間的條件關係和因果聯繫，說出一個命題成立的充足理由，就可以達到論證的目的，讓人無可置疑，所以《經說上》言：「必也者可勿疑。」

因明論式是佛教邏輯的主要內容，因此對充足理由律思想的表述是比較豐富的。它要求對組成論式的詞項的極成、因喻的共許，同時要求作為論據的因喻的真實性和合理性，並由這些真實而充足的因喻即能證得論題宗的成立。這是與當今有關充足理由律的要求是一致的，具體有以下三點：（1）對所要論證的觀點必須給出理由，（2）給出的理由必須公認為真實，（3）從給出的理由必須能推出所要論證的論點。

陳那指出，古因明五支論式的最大缺陷是無窮類推，從而無以證宗而犯

〔註20〕《十六～十八世紀西歐各國哲學》，商務印書館1975年，第488頁。

「無能」的過失。《理門論》中云：「此說但應類所立義，無有功能，非能立義。由彼但說所作性故所類同法，不說能立所成立義。又因、喻別，此有所立同法、異法，終不能顯因與所立不相離性，是故但有類所立義，然無功能。何故無能？以同喻中不必宗法、宗義相類，此復餘譬所成立故，應成無窮。」〔註21〕由於五支論式在喻中不能顯示因宗不相離性，祇以瓶等作為例證，若再問瓶何以所作與無常時，又得以燈等為例證，如此以至無窮，因此沒有立宗的功能，達不到成立宗義的目的，在過失論中也稱為「無合」的過失。只有建立因法與宗法之間的普遍聯繫，才能避免這種過失，正如窺基《大疏》卷四中說：「我若喻言，諸所作者皆是無常，譬如瓶等。既以宗法、宗義相類，總遍一切瓶燈等盡，不須更問，故非無窮，成有能也。」其他喻過如「倒合」、「不離」、「倒離」等，也是違反充足理由律的要求所犯的邏輯錯誤。

陳那認為，如果在比量中以因三相作為因即根據，那麼就可以「生決定解」：「又比量中唯見此理，若所比處此相審定，於餘同類念此定有，於彼無處念此遍無，是故由此生決定解。」所謂「生決定解」，就是說因三相是比量成立的充足理由。窺基說：「因喻具正，宗義圓成，顯以悟他，故名能立。」就是說，作為論據的因喻具足、真實無妄，就能完滿地證得宗的成立，達成悟他的論證要旨。這些思想與我們今天形式邏輯中關於充足理由律的內容是不謀而合的。這裡，對論式中詞項和命題共許極成以及從論據到論題的關係是「被談論」的對象語言，而「有能」、「無能」、「生決定解」等則是用來「談論」的元語言。

以上所述僅僅是擇其要者所作的簡略分析，然而由此即可看出，因明對語言及其本性、規則、規律等等的研究與其他邏輯系統雖有許多共同的地方，但它的諸多精闢獨到之處更是其他邏輯派別所不可比擬的，尤其是建立在三支論式基礎上的科學的語言邏輯體系，迄今仍有其重大的參考價值、實用意義和獨特功用。總之，佛教邏輯確是一門注重語言並加以深入研究的邏輯學，甚至可以說它是古代印度佛家的自然語言邏輯，非常值得我們特別關注和探討。

〔註21〕引自鄭偉宏：《因明正理門論直解》，第 109～111 頁。

第八章　因明與佛教

　　佛教是釋迦牟尼於公元前六世紀創立的。在流傳早期，佛學偏重於倫理教誨，強調道德實踐即人生歸宿問題。它從婆羅門教中借用「業報輪迴」的說法，但不像婆羅門教那樣崇拜偶像，否認梵神創造世界萬有和主宰一切的說教，而主張眾生自救，斷除私心邪念，止惡行善，通過長期艱苦的修行求得解脫，轉凡成聖，成爲大徹大悟的覺者，即「佛陀」。由於這些思想更符合廣大中下層人民尤其是當時統治階層的要求，因而逐漸壓倒了婆羅門教而獲得日益廣泛的普及。公元一世紀左右，婆羅門教有所復興，佛教在對抗婆羅門教的過程中出現了大乘佛教與小乘佛教的歷史性分裂。大乘佛教以普度眾生到彼岸世界爲標榜，並從倫理教化轉向思辨的細密探究，指斥原始佛教和部派佛教只著眼於個人解脫，是小乘佛教。

　　大乘瑜伽行派在繼承正理學派的邏輯思想的基礎上，經彌勒、無著、世親等大師的發展，至公元六世紀陳那創立新因明，使因明具有了一個較爲完整的邏輯體系。顯然，佛教與因明有著極爲密切而重要的聯繫，但一直沒有引起學術界應有的重視。反而在國內外的因明學界，有相當一部分研究者爲了強調因明是一種古印度的邏輯學，而否定因明與佛教的聯繫，認爲「佛教邏輯」或「佛教論理學」的提法本身就是錯誤的。雖然有些學者不同意這種看法，但是他們的論述卻太過寬泛和空洞，從而顯得論據不足、說理不夠、論證不充分。所以，我們必須深入到因明和佛教的典籍及其內容之中，全面地進行比較研究，才能充分揭示因明與佛教之間的因緣繼隨關係。

第一節　從緣起實相論到因三相

佛教的「緣」是指事物所賴以生起的條件，「起」是生成、發生之意；所謂「緣起」就是說一切事物都是無自性的，其生起必須依持一定的因緣條件，它的重點在於「緣」，「起」不過是緣的一種功能和結果而已。佛家的宗教實踐是以他們所理解到的宇宙人生實相爲依據的，他們的實相論始終與因果關係分不開來，自稱爲「內明」，而用以區別其他學說的特點就在於正確地說明因果聯繫，並配合「已作不失，未作不得」的業報法則。因此，佛教的實相論總是和緣起說連在一起，主要從緣起的現象觀照出眞實的意義即實相，也就是在緣起現象上作實相的判斷，側重於價值方面，而不同於單純的客觀解釋。因此，緣起實相論著重論述的是現象界的生起、因由和次第，以及本體與現象的複雜關係，它包含了世界生成論和本體論的雙重內容，並與佛教的價值論、認識論交織在一起，爲其宗教實踐作論證。

隨著佛家實踐的日益豐富，他們對緣起實相論的理解也不斷發展，內容逐漸充實，層層累積成十分龐大完整的體系。就其主要的學說來講，凡有三種，並且在此基礎上進展至陳那新因明的因三相。

一、業感緣起實相論

業感緣起實相論是佛家最早的緣起實相理論，它是以我們當前的人生現象，依循生命成長的邏輯次序分析爲十二部分（從「無明」到「老死」）來立論的。這十二部分也稱「十二有支」或「十二因緣」，它們之間以「緣起」貫穿在一起構成一系列的因果。以緣起說因果，這是佛教解釋因果關係的一個重要特點。當時，印度思想界有二種主要的因果說：一是「轉化說」，主張從一種總因輾轉變化爲世界萬象；一是「積聚說」，主張從多因（分子）以各種形式結構形成萬千世界。佛教認爲，這些看法都不正確，世界各種事象本來是由於互相依持、互相作用才得以存在的，因而要變革一切事象，必須從相互依待、相互影響的因緣條件上著手，除此別無他法。

十二因緣按照緣起規律構成的人生，由於其存在的環境不同，有些比較留戀而執著，有些比較可惡而遠離。更深層的原因在於行爲所引生的習慣力即業力有善惡的不同，業力決定了人生的各種現象，這也給個人提供了選擇的機會，爲自己創造自己的命運開闢了「轉機」，由此區別佛家的其他緣起說，叫做「業感緣起」。佛教解釋人生現象，先著眼於較成熟的階段，因爲人生過

程生化無常乃至終歸衰滅是極爲顯然的，那麼「老死」依據什麼而來的呢？自然是「生」，只要有生存，人生就刻刻的、念念的有老死，新陳代謝，刹那不停。要是聯繫到環境來看人的生存，就有一定範圍來限制它的性質，佛教通常稱爲「欲界」，這就是「有」。人成年後，貪欲轉盛，對外界一切周遍企求，執著不放，所以有「取」。爲何要取？因爲渴愛、貪戀得不能自己，於是有了「愛」。愛的發生乃出於心境相接的感受，由此有「受」的一支。受又以內外界接觸構成的心象爲根基，這就發現了「觸」。觸源自感覺，必須運用感覺器官作門徑，因而有「六入」即眼耳鼻舌身意，也稱「六處」。六入要依託於人體，這由五蘊構成，從而推到「名色」一支。人體需由人格的意識、精神才得以永續和統一，從而特別提出「識」。識的開展又必然跟隨種種行爲而來，當然有了「行」。在人們還未徹底認識實相的時候，人的行爲難免盲目，所以最後歸結於「無明」。在這裡，「業」是人們行爲及其後果的普遍法則，它驅使人們不斷地從此世傳生到下一世，構成世界永恆生成與發展的過程。雖然業力把人縛於生死輪上，但佛教排斥控制「業」的超越力量，於是，「業」便可以轉換成一種道德精神，也就是「善有善報，惡有惡報」。

從十二因緣上所見的人生是以盲目的無明作嚮導，加以無厭的愛取相推動來展開的。有欲望而不導入正軌，自然不會滿足，欲望的程度愈深，失望也愈大，如此構成痛苦的根源，因而人生現象就帶著苦的意味。生死，不消說痛苦的生死，即便是生死之外的各支，與生死相關的，也一樣是苦，這就是人生現象上所見到的實相之一：「苦諦」。由於「行」的反覆，積習成性，隱然有某種力量支配著行爲，偏向始終不能遽改，造成苦的現象連綿不斷，從而獲得人生實相的另一層意義：「集諦」。佛教談「行」著重於人生相續的一面，自然與其業力說聯繫起來，並進一步從人的心理現象尋找根據，以爲心理作用的發展自有一種意識連接前後，構成渾然一體的感覺而發生自我認識，即「我見」。從輪迴方面而言，佛家側重於道德的責任感，對自己，應覺悟到人生的可貴，不使空過，一切行爲均對自身將來負責，絕非一死了之，這是「永感」的意蘊；對他人，應覺悟到生存相依，互生影響，個人的行爲需對全體負責，將來業力相酬，無異於身受，這是「共感」的意味；再從自身受他人的影響來說，過去的作爲會與當前人生相連貫，現在的作爲則是繼續古人的業績行進，責任所在，更不容辭，這是「類感」的含義。從這些意義上去體會，就不會把佛教的輪迴說混同於靈魂的因果報應之談。在這裡，

自業與共業、自利與利他都有了統一的看法，由煩惱的囂動趨於寂靜，由煩惱的雜染趨於純淨，即佛教所說的「苦滅」，從而得到人生現象的更深一層的實相：「滅諦」。滅苦關涉人生的全程，果然全滅了，豈非人生也隨著取消？佛教認為，人生的轉變含有「本質不同」的意義，聯繫到身心形式也有所不同。譬如，以前的生和老死是連著愛、取、有而來的，現在愛、取、有的涵義沒有了，儘管現象遷流，剎那不停，但不再是原來的生死了。按照佛教根本的主張，滅法即涅槃，是現法所得，現在能夠證知，能夠遊履，那麼自然的人生現象雖還存在，但依著它的趨向和運用不同，從前受到自然規則的約束壓迫，現在則能根據必然獲得自由，這可說是「無住涅槃」，而不單純是生死了，因此得到以實現理想境界的途徑的實相：「道諦」。佛教常說道是八正道（正業、正語、正思維、正命、正見、正勤、正念、正定），即是從身口意三行能獲得其應當施行的正軌的，這些同業的延續猶如因果酬應一樣，也有它們的勢力，可以促使人生趨向苦滅。

可見，就個人來說，每個人都是世界之網上的一個紐結，每一紐結都不能獨存，人生由相依關係構成，個人並非只靠自己的力量便能生存，就如一粒種子若缺乏土壤和水分而不能萌芽生長一樣。每個人的生存在物質方面和精神方面，都必須借著其他人的因緣，才能展開多姿多彩的人生。就整個社會來說，個人是一切人的緣，因此個人的命運與所有人的命運息息相關、休戚與共。無論是政治還是經濟，只有人類的彼此合作，才能形成一個和諧的社會，佛教的道德關係就是建立在這樣一個互相依賴的世界之網上的，認為自己與他人相互依賴而存在，害人等於害己；反之，能令別人離苦得樂也等於自己離苦得樂。這是從橫的方面來看人與人、人與社會的關係。若從縱的方面看，地獄、餓鬼、畜生、阿修羅、人、天在六道輪迴中生死流傳，不但素不相識的人可能在前世是你的親人，而且鳥獸魚蟲等也可能是你的父母兄妹。人生既然由相依關係構成，那麼人與人之間就應該彼此尊重，體貼關愛。佛教這種眾生平等、自利利他的學說有助於形成一個和諧的社會整體，對建立一國安定團結的政治局面有一定的積極意義。

二、受用緣起實相論

受用緣起實相論是在業感緣起的基礎上，從認識方面著眼於主客觀交織而形成的人生現象，分析其因果關係來立論的。佛教用「五蘊」、「十二處」、

「十八界」三科來解釋這一緣起現象，其中五蘊最簡略，十八界最詳細，十二處居中，而便於說明這一緣起特徵的是五蘊。

五蘊以客觀的色蘊起始，以主觀的識蘊結束，兩邊交涉發生作用的是中間的受、想、行三蘊。因為識與色的接觸以感覺作為原始形式，感覺發生後，不管程度深淺及範圍寬窄，它必定從受到想再到行，順次展開。受是領受或接納，它將客觀所生的印象結合主體生活上的諸多要求，自然有苦、樂或不苦不樂的感受，因而區別出喜歡與厭惡，以決定其後的心思、行為趨向，可以說人們的一切心思行為總離不開受的導引，所以這一類現象可歸結為受用緣起。它與業感緣起是相通的，這主客之間的關係即是業感。從人生的意義上說，人們當前所處的環境無異自業、共業預先做好了的安排，隨道德觀的增強而對將來的境遇有其道德的責任，不容苟安於現狀而不求變革。所以從受用緣起的法則上看是頗有現實革新價值的。

從十二處和十八界可更深一層地瞭解受用的涵義。「處」是發生受用的門徑，有了主觀的「根」和客觀的「塵」，就會發生受用的交涉。像平常人事的接觸一樣，依印度風俗，先見面，次問訊，再受沐浴塗香、上味飲食、臥具侍奉，後才談問題，由此次第而安立眼耳鼻舌身意六根，相應地分別攝取它們的境界，即色聲香味觸法六塵，這些根塵交涉隨著好惡的反應自然發展到以攝取外界一切來豐富自己的生活。「界」是就受用性質不變的根據的經驗、類別而言，須先有了能受用、所受用及受用自體的種種經驗，而後繼起的受用才保持其本質的一貫性。由蘊、處、界的現象上，我們可以明瞭受用緣起是以取（能受用）、所取（所受用）為根本的，而在其後面有個人的我執支持著，又是不待深究的。

就受用緣起的現象來觀實相，是用認識的究竟處「絕對的真」作標準的。當周遍所取的我執還未破除的時候，認識被偏私的見解所蔽，自然無從體認到實相，所見的祇是「虛妄」。這並非否認認識對象的存在，更不是輕視它們有切實支配人們的功能，而是說明它們的生起、增長的純在因緣誑惑耳目，彷彿一成不變，其實在人生的意義上隨時可以改觀、變革。有關人生受用的現象在認識範圍內是千差萬別的，它們的實相相當於一般所說的事物「自相」，也是各各相異的。但是，按大乘佛教的看法，由圓滿的智慧所得到的最高認識對一切自相是無不了然的，而只有佛才能獲得諸法的究竟相，即共同實相，這就是諸法無有自性的「空」或「空性」。佛家用「諸行無常，諸法無

我，涅槃清靜」這三法印來分析和說明空性，認爲一切事象都是隨因緣和合變化無常的，而要在無常的事象上尋求主客觀常一自在的實體自然是矛盾的、不可能的，即「無我」。再進一步說，由於我執的逐步稀薄以至根絕，所有煩囂躁動的心理，使人生走向痛苦不寧的行爲，都跟著消失了，終歸於寂靜。這不是說人生活動的停止，而是重新建立起整然的秩序，由此才會有順理成章的一切行爲，最後完成空性體認，達到完全清靜的地步。這正是佛家理想的究竟處，即當前就可以做到涅槃的證得和遊履。

受用緣起的一切現象在空性的基礎上才顯現出它們的實相，它始終需要比平常更加殊勝的智慧去體悟其境義，所以稱爲「勝義諦」。在勝義認識的前後及其過程裏，與一般認識的聯繫或交涉還需要有溝通的途徑，這是另一種實相即「世俗諦」。它在勝義認識的前後，性質自然不同，不過只要能正確地運用名想（概念），同勝義配合，作爲溝通其前後理解的一條道路，便足以成爲眞實，得名爲「諦」。證成勝義之前用世俗諦之名爲的是由俗入眞，《大般若經》上說：「不壞假名而說實相」。不過這樣的世俗諦只能算作階梯，不能視爲究竟。至於證成勝義後的世俗諦是爲了由眞化俗，《大般若經》中認爲，這是「不動眞際安立假名」，它隨順世間所理解的種種概念而有所設施、安立，於無方便中作方便，無差別中爲差別，向更高的層次發展。由此在眞俗二諦互相交涉的長期過程裏，依照受用緣起現象的逐步轉變，或因我執的漸減而受用的意味不同，其間由俗而眞，由眞而俗，漸次提高，趨向究竟，其情形一再反覆而相當複雜，並非僅僅停留在眞俗二諦的對立狀態上。

三、自性緣起實相論

分別自性緣起可以看作受用緣起的進一步擴展，它涉及整個宇宙人生，是以此求得因果轉變的法則來立論的。本來人生的徹底變革應當就全人類著眼，不必擴大到整個宇宙的範圍，但所謂自性依舊是人們認識事物的各種現象，而它的具體內容用五位百法來分類也可以囊括無遺。然而，這樣的自性差別構成全依據人們通過名想對這些事物自性的認識、理解才各各區分的。名想不局限於言說，心理上所有表象、觀念均包括在內，不過名想的認識一旦發生，必然在心理上留下它的痕跡，以作爲再次認識的依據，猶如在後來的認識中重新發現一樣。如此作用，平常謂之「習氣」或「熏習」的，就其能發生再認識來說可以稱爲「種子」，佛教稱爲「阿賴耶識」。這種習氣在存

留之中受其他名想的影響，會不自覺地演變、發展，增加它的勢力或能量，到達一定程度便有再發現的趨勢，這就是佛教的「轉變差別」。至於從分別自性緣起現象去體認實相，依然取決於表象是否與本體相符以及本體自身存在的價值如何等等問題，內容錯綜複雜，大乘瑜伽行派概括爲「三性」或「三自性」。

一是「遍計所執自性」。在人們的正確認識還沒有達到完全圓滿的階段，隨處都有關於人我執的偏私和法我執的僻見，人們主要運用名想去周遍計度一切事象，因而所得的價值判斷無非是從名想來構畫對象的自相，把概念實體化了。這不但不能表達對象的本體，積習成性，反而在本體之上加了一重虛妄的蔽障，因此謂之「遍計性」。

二是「依他起自性」。由於按照遍計分別所指導的行爲不符合事實，因而導致痛苦、顚倒，始終局限於業感緣起的苦集、受用緣起的二取虛妄的範圍。如果對此有了覺悟，憑藉對症下藥的途徑作有意識的矯正，那麼就會逐漸減輕乃至斷絕有關人、法的執著，不再落入名想虛構的窠臼，而能獲得對象本體的認識了。這對執著的根源來說，首先體會到的是事物生起借待因緣，而不是原有整體自然生出的，在因緣相續之間，雖然各個現象保持著比較固定的形式，但不能由此斷言它們絕無變化，因此取得對現象的一種評價，即事象沒有自體的性質，而是「依他性」的。這和名想無必然的聯繫，有時超脫了名想分別才更確切地理解它的實在，所以也稱爲「離言自性」。

三是「圓成實性」。在依他性的基礎上，遠離遍計所執的謬誤，屏除對現象的虛妄分別，這樣的理解習慣了、確定了，在認識上對象本體的顯露便同人生的正面導向相一致，它的實相是由苦集而滅道，由二取而無取，從雜染到清靜逐漸轉變著，這是要通過實踐來加深對事象本質的認識，以至於成就究竟圓滿，因此稱之爲「圓成性」。

三性也可以說是三諦。三性的實相以圓成性爲最高標準，遍計性和依他性在染淨轉變過程中只具有相對的實相意義，完全是爲了隨順圓成性來立義的。

綜觀以上三種緣起實相論，從業感到分別自性是由個人的生存體驗進展到整個宇宙人生的變革，大致包括了所有對象的緣起法則；對於實相的認識也由部分的苦集發展到全體的圓成，從而在認識論上揭示了個人生活、社會交往和自然界運行的內在本質及其規律。而且，在緣起實相從低級層次逐漸

向高級層次的轉變過程裏，始終貫穿著社會實踐的、逐步更新的、不斷完善而趨向圓滿的意義，這一轉變的關鍵和基礎又與人們的主觀能動性、積極向上的人生價值相聯繫，這是頗具創新精神的，也是我們應當特別加以關注的。

四、從三性論到因三相

古因明的佛教學家無著、世親傳承了三性論，並作爲解釋一切事象的眞假、有無的理論準繩。他們認爲，三性論實際上是關於有無、眞假的正確知識，遍計所執自性純是出於周遍計度的執著，表達不了對象本體，因此不是有而是無；依他起自性是遍計所執自性生起的根據，是有，但它與遍計性相順，所以不是實有而是假有；圓成實性是離戲論而有，也就是除掉了安立在依他起自性之上的遍計所執自性，顯現出事象的眞實本體，從而這個有才是實有。這樣，認識了三性，也就認識了有與無、假有與實有，因而獲得了全面的無偏見的認識，在空性基礎上臻於不偏不倚的中道之境，稱爲「中道觀」。世親《如實論》中說：「我立因三種相，是根本法，同類所攝，異類相離。是故立因成就不動。」這裡的第一相是指「一切法自相成就，各自安立己法性中」；第二相意爲，具有相同性質的事物爲「因」所包含；第三相是說，具有不同性質的事物與「因」相離。這可以看作陳那因三相的雛形。

陳那《掌中論》中對三性認識的發展步驟以譬喻的形式作了生動的說明：如在黑夜裏行走，誤執繩爲蛇，這是「遍計所執自性」；隨後觀察到它是繩非蛇爲「相無性」，僅僅知道是繩，其本身仍屬非究竟的知識，祇是「依他起性」；對治這種迷惑，必須進一步瞭解它們的本體，知道繩是人用麻所作的，具有所作性，而蛇卻不是人工所作的，它是自然生成的，因而蛇是繩的異品。陳那發現，具有所作性的事物除了繩以外，還有瓶盆碗等等許多事物，它們都可以作爲同品，因此，凡是人工所作之物都具有無常性，都不會常住的，所作性屬於「因法」，無常性屬於「宗法」，這就是因宗不相離性。如此才眞正達到了「圓成實性」，是遍滿一切而無缺減、眞實而無虛妄的眞如法性，把握了究竟圓滿的實相，獲得了一切事象的最完備最眞實的認識。《集量論》卷三中云：「知有所作處即與無常宗不相離，能生此比量者，念因力故」；「又彼宗法即是因性，說因宗所隨，宗無因不有。」以往的因明家祇是列舉某物具有某種屬性，而陳那則闡明了兩種屬性（因法性與宗法性）之間不可分離的必然聯繫，這一偉大發現在因明史上具有劃時代的重大意義，它是使因明具有

科學論證性和邏輯必然性的根本前提，是由古因明向新因明轉變的關鍵，從而使因明進入科學發展的嶄新階段。

陳那在分析三性認識的基礎上，正確地總結出因三相這一新因明的基本原理。《理門論》中道：「若所比處，此相定遍；於餘同類，念此定有；於彼無處，念此遍無。是故由此生決定解。」第一相意爲「因法遍有宗法性」；第二相是說「同品必定具有因法性」；第三相是指「異品遍無因法性」。由此奠定了整個新因明的基礎，三支因明的其他理論都是在此因三相的基石上建立起來的。

第二節　三法印說與因明量論

一、佛教三法印說

初期佛教認爲，無明即無知是人生痛苦的最後根源。所謂無明就是不瞭解人生「無常」、「無我」的道理。爲了論證人生是無常、無我的，佛教提出三法印說，即「諸行無常」、「諸法無我」和「涅槃寂靜」，作爲佛教與其他異教學派的分水嶺。

1、諸行無常

「行」是遷流轉變之意。佛教認爲，一切事物都是因緣和合而成的，世間所有造作之物無一不是遷流轉變、不遑安住的，這叫「有爲法」，也稱爲「行」。因爲事物和現象眾多，故稱爲「諸行」。所謂「諸行無常」，簡單說就是世俗萬物都是因緣和合而成的、變化無常的，正如佛書上所言：「一切有爲法，如夢幻泡影」。

無常分爲兩種：（1）一期無常，是指一切事物在某一期間遷流轉變，不斷代謝，最後歸於壞滅。人的生老病死，物的生住異滅，世界的成住壞空，雖經歷的時間長短不一，但都屬於一期無常的顯露。（2）念念無常，也叫「刹那無常」，是說一切事物在沒有壞滅之前，刹那念念之間都在遷流不息，不得停止。佛教宣稱，這兩種無常是無始無終的，人有生老病死，但生前仍有生命體，死後又轉化爲其他生命體，相續不絕；事物由因緣和合而生，因緣散離壞滅後又轉爲其他事物；世界按成住壞空的過程周而復始，不絕循環，因此世間一切永遠生滅變化，無始無終。

諸行無常印其實是對日常的現象世界所作的一般性思考。日月不斷運

行，其光乍生乍滅；草木鳥獸不斷生長衰亡，無窮變遷；人類社會以及人生活動也變動不居，永恆流動。佛教就把這些事實加以概括和抽象，作爲世俗世界的一般原理，以反對婆羅門教的「常見」（自我常住不變）的思想。

2、諸法無我

按照瑜珈行派的解釋，「法」是憑持自身的特性、形相和能爲規範而使人理解和認識的事物，能知所知也是法，一切都是法，因而「一切法」也稱爲「諸法」；「我」是靈魂、主宰、實體之意。佛教反對婆羅門教「梵我」即神我觀（「我」是恒常不變的實體，具有自我主宰的功能），從無常必須推出兩種無我：（1）人無我。人的欲望是無限的，因而無法得到充分的滿足而陷於痛苦之中；而且，人都希望美好生活能常住不變，但這個願望與瞬間即變的現實產生矛盾，從而也招致痛苦，「無常故苦」，「無常即苦」，人生既有苦惱，就是不自在，不能自己主宰自己，也就是無我，稱爲「人無我」。（2）法無我。由於一切事物都由因緣和合而成，時刻都在流轉變化，也不能說有一定的自體，因而稱爲「法無我」。所謂「諸法無我」，是說一切事物都沒有獨立不變的實體或主宰者，也沒有起著主宰作用的我或靈魂。

諸法無我印顯然是對人生經歷和現實經驗世界所作的一種總結。佛家根據生活常識、生命事實，認爲人類最容易把自身執著爲實有，所以突出強調人無我、眾生無我。因爲人是心物和合而成的存在者，是由色、受、想、行、識五蘊（五種元素）構成的，離此心與物、精神與形體的共存活動就沒有人的實體可得，猶如梁椽磚瓦和合而成房屋，離開梁椽磚瓦也沒有房屋。人的生理和心理的存在狀態都是無常的，死亡是五蘊的消散，而一個新的生命體又隨之而成，它同樣是無我的。但世俗之人不懂得這個道理，在身體、情感、意志、認識各方面生起貪念，把人執著爲實在的我體，熱衷於彼此的差別，產生和增長貪欲、瞋恚、愚癡三毒，形成各種煩惱，進而造種種業，因而陷入生死流轉不已。所以「我執」是萬惡之本、痛苦之源，必須全力破除。並且，人以外的其他事物也都是各種因素的聚合體，也都沒有獨立自存的實體，世界上沒有自我決定的永恆事物，是法無我。一切事物都是合成的、相對的和暫時的，但眾生不明白這個道理，把事物執著爲實在的我體，防礙了對佛學眞諦的領悟，因而也要竭力破除這個法我執。

瑜伽行派指出，雖然世間萬物變化無常，不存在永遠保持同一性的實體，但它們各有其性質，即「法有自性」，這是人們區分和認識不同事物的基本前

提和標誌。如果事物沒有自性，就難以劃清事物的不同界限和範圍，思維就會處於一種完全捉摸不定的混亂狀態之中，從而識別不了任何事物。

3、涅槃寂靜

「涅槃」的最初涵義是寂滅，滅煩惱，滅生死因果。唐玄奘譯為「圓寂」，圓者圓滿，不可增減；寂者寂靜，不可變壞，是涅槃體周遍一切，真性湛然。所以，遠離煩惱，斷絕患累，寂然常住，就稱為「涅槃寂靜」，它實際是熄滅煩惱無明之後淨化了的精神境界。

佛教由探討宇宙萬物的本性、本質，進而尋究世界的根據、本原，並歸結為「萬法唯識」，為眾生超凡轉聖、成就為佛提供依據。龍樹認為，涅槃與世間的本性是一致的、無差別的，兩者都是「空」，是不可言說的「妙有」，從而肯定了空性是一切事物的本性、本質。眾生追求的目標應當是正確認識萬物的「實相」（本來面目），去掉一切戲論以「顯示實相」。世間事物的實相就是涅槃的內容，涅槃境界就是對實相的體認和運用，所以世間與涅槃是統一的。龍樹說，人們如果沒有真正的智慧，就會對事物產生顛倒分別，從而招致人生的無窮痛苦；相反，如果真正能夠體會一切事物本來與人們的主觀執著無關，沒有一般人所構想的那種實體，即體會到「空」（無自性），還事物以本來寂靜的面目，也就達到了涅槃境界。他強調人們為了達到實相涅槃必須永不停頓，由於發願要普度眾生，即使自身已覺悟到佛的境地，也決不進入涅槃，這是所謂以大智故，不住生死；以大悲故，不住涅槃，也稱為「無住涅槃」。按照世間的實際而行動就是與涅槃相應，而這種踐行趨向涅槃是一個逐漸由染污轉為清淨，由駁雜轉為純淨的過程。

佛教從諸行無常、諸法無我，最後顯現出涅槃寂靜之理。由於一切因緣和合的事物都是無常的，眾生就產生厭世之苦而追求出離世間，然後進一步認識到萬物都是無我，捨棄我執，離棄所有愛欲，擺脫一切煩惱，也就必須無所依止，歸結於滅，證得涅槃解脫，從而為眾生指明宗教的出路和未來理想。涅槃寂靜作為佛教的最終理想境界，也被認為是宇宙萬物的實相，進而還原為宇宙萬物的真理。

三法印的根本內涵是揭示一切事物和現象的絕對的真──共同實相，即空性、空。三法印後來成為衡量、判斷佛教學說是否正確的標準，也是佛學與其他學派相區別的重要標誌，並被人們認為是佛教的三大綱領、整個佛學的理論樞紐和佛法中不可動搖的根本原則。

二、因明量論對三法印說的體認

1、四種真實

瑜珈行派認為，我們眼前的一切不過是夢幻，是尚未覺悟的錯亂，「又色等境非色似色，非外似外，如夢所緣。若覺時色皆如夢境不離識者，如從夢覺知彼唯心。」但在萬物之後應當有一個最根本的永恆本體，它區別於現象界又表現於現象界，這個本體就是所謂的「真如」、「涅槃」。他們從認識主體的角度討論事物現象的真實性問題，將真實分為四個層次：世間極成真實（一般人所承認的事物知識）、道理極成真實（人們關於世間萬物的系統知識，也涉及到佛理）、煩惱障淨極成真實和所知障淨極成真實（這兩種真實為佛教肯定的超驗界，即真如本體）。這樣，世界就被區分為本體之真與經驗界之假。

2、自相與共相

瑜珈行派不承認外在的客觀，但認為具體事物的自相是實在的，即所謂的「法有自性」。由於事物是無常的，因而事物自相也是隨生隨滅的剎那實在，平時我們認為持續存在的事物祇是錯覺，因為任何第一剎那的實在並不能留存至第二剎那，前後兩剎那的自相是各不相關的，剎那自相即生即滅，各各獨立，所以一切事物處於永恆的遷流不息當中。然而，剎那自相不過是隱藏在事物表象背後的共相的影相，是共相所構築的表象活動。

何謂自相、共相？陳那《集量論》中曰：「諸法實義，各附己體為自相。」如風聲，無關其他聲音；聲性只指風聲自性，不指與其他共通的性質，這種專指事物本身或事物特定意義而不通到其他方面的，就稱為自相。而「假立分別，通在諸法為共相。」如「聲」通於人聲、鳥聲、樹聲、風聲、雨聲等等，「無常」通於瓶盆及草木鳥獸等等，這種可以貫通至其他事物和性質的都屬於共相。實際上，自相與共相分別對應於四種真實中的前兩種真實與後兩種真實，以及三法印中的自性與實相。在陳那看來，萬物的個體自性與其自相是相通的：「彼說諸法各別，局附自性，各為自相。」深藏於感性直觀之後的共相與實相涅槃也是相互聯通的：「此之共相全無其體，設定心緣，因彼名言行解緣者，即是假智，依共相轉，於諸法增益相狀，故是無體，同名言論所依共相。」這是說，共相與實相都超出了世間萬物的生滅流轉變化，都是以空性或無體為其本質的。

3、現量與比量

佛教的刹那無常論不僅透露出時間的持續僅僅是各不相關的刹那實在的前後相隨，從而證明時間祇是假想分別，而且還顯示出空間也是互不相關的刹那的相鄰排列，從而證明空間也是自相的增益假立。而由眞到妄、由自相到共相、由本體到現象的認識發生過程正是因明量論的中心問題。

因明量論主要基於對正理學派量論的揚棄與改造。正理學派認爲，作爲知識來源或方法的量有四種：現量、比量、譬喻量和聲量。現量是由人的感官直接與外界對象接觸而獲得的知識，它大致有三個特徵：（1）無誤，即不是錯誤的知識；（2）決定，即這種知識直取外界本身，毫無增減；（3）不可顯示，就是離開名言概念只與外界相接觸的純知覺。比量是由兩個特殊的事例（如廚房與山）的相同性質而推得結論（此山有火）。譬喻量是由已知物的相似而進一步瞭解未知物，它所得到的知識，爲「名稱與實物一致的知識」，如見一動物，因聞水牛有似家牛而知這就是水牛。聲量是得自可信之人的言說的知識，它有二類：一謂可見境，如醫師說某藥能治某種病；二謂不可見境，如行善得生天，此爲仙聖所言。

陳那認爲，因明立具唯有現量和比量，因爲所量之境（知識對象）不外自相與共相，所以能知的量也不可增減：「緣自相之有境心即現量，現量以自相爲所現境故。緣共相之有境心即比量，比量以共相爲所現境故。除自相共相外，更無餘相爲所量故。」譬喻量說曾經見過家牛，後見一動物才知是水牛，其實這曾經見過家牛和現見水牛都屬於現量的範圍，無須另立譬喻量；聲量稱可信之人的言說，如果是指說者的可信，那它屬於比量，如果是指所言事物的可信，那它屬於現量，都不必另立聲量。

何謂現量？陳那《理門論》中說：「此中現量除分別者，謂若有智於色等境，遠離一切種類名言假立無異諸門分別，由不共緣，現現別轉，故名現量。」即說現量緣境是以正智爲指導，在感知過程中不能介入一切主觀的分類和名言區分，而且色聲香味觸等是由五官（五根）分別獨立去緣知的，相互間尚未產生聯繫，因而是純感覺。這種現量正是認識事物自性或刹那自相的工具和手段。

陳那將現量分爲四種：（1）五根現量，即由五識的見分去緣知的境相，這是最重要的現量。如眼識變現的色境呈現在眼根（視網膜）上，從而形成顏色的感覺。（2）五俱意現量，即當眼耳鼻舌身等五識的見分緣境時，第六

「意識」中的一部分同時參與緣境而成的現量。佛教認爲，意識緣境最初祇是「率爾墜境」，並無分別，故仍屬現量。（3）自證分現量，雖然見分緣知相分時偶爾會陷入貪瞋癡三毒而生起分別心，所得非量，但自證分是以見分本身爲自相所緣境，故在自證分來說仍得現量。（4）定心現量，就是修行者撇開教義，用禪定的智慧來直接緣知自相而得到的現量。

現量有現量和似現量。眞現量簡稱現量，它應具備三要素：正智（無迷亂）、無分別和各根識分別緣知自相，而一切違反這三要件的都是似現量。陳那《理門論》中說：「但於此中了餘境分，不名現量」。就是說，在自相境中不能如實親證，而「分別」爲虛妄的境相或共相境，就成了似現量。它分爲七種：憶念、比度、希求、疑智、惑亂智、一切世俗智和有翳膜。憶念是對過去事物的追憶，佛教認爲事物都是「刹那生滅」，所以追憶過去的事物祇是一種虛妄的境界，屬似現量；比度是依據共相境而專門思構立名，是比量而不是現量；希求是對未來的追求，佛教否認未來是實在的，故亦是一種虛妄境界的似現量；疑智是見分在緣境時猶豫疑惑，缺乏正智指引，故亦不能成爲眞現量；惑亂智是神智不清時而得的錯覺，如鹿在熱渴中誤以爲陽焰爲水；世俗智是習慣依據事物的相似性而產生了分別，如對事物假立名言類別；有翳膜是白內障患者好像看到空中有蓮花、有雙月等。

陳那強調對經驗世界自相的認識只能是現量，而共相是無法感知的，「依他而有」的共相具備種種體性，並非自我規定的實在（「體相非一」），或是「多種極微體性之有法」，或是「色香味觸多塵之法」，因而不能成爲五根之純對象。他說：「根識（現量）瞭解之境象，非名言所能顯示宣說，根識之境，即諸處離言說分別之自相本性。」簡言之，五根所取的純是實在自相，而表象概念等虛妄分別的思想形式即比量所詮釋的是共相或實相。

形成比量要有三個必要條件：一是必須以三相具足的正因作爲比度所依據的「念」；二是必須當下緣知其共相；三是要以正智爲指導。陳那說：「謂於所比審觀察智，從現量生或比量生，及憶此因與所立宗不相離念，由是成前舉所說力，念因同品定有等故，是近及遠比度因故，俱名比量。」這是說，引生比量智有二種因：一是近因，即對宗因不相離關係的憶念，這或從現量生或從比量生，如「所作性」因，不是事物自身的自相，而是通達其他事物的共相，進而決定「聲是無常」宗。從現量生不是直接依據於現量，因爲「雖有所見，然比量取彼義，非如現量」，也不是說可由現量直接過渡到比量，而

是「由先見爲因，乃比度所觸，謂於彼色捨離現量行相，由色之總比度觸之總。」意思是，祇以現量爲「因」，進一步去緣知色的共相或實相才形成比量。二是遠因，即審觀察智，如過去在廚房等處見火有煙，而在河湖海洋等處則不會看到，明確了煙與火間有因果必然聯繫，由於它們不親生智的緣故，所以是遠因。總之，比量雖要以現量爲「參考」，但二者卻不存在直接的聯繫，而是一種比較間接的關係，決定智實際上是合審觀察智和憶因念遠近二因而生起的。

比量分爲自比量和爲他比量，前者是不形之於語言文字以借助因三相而思考所比之義的內心推度，其功能在於自悟；後者是用語言文字表述爲論式，以開悟他人的外在論辯形式。比量亦有眞比量和似比量，眞比量簡稱爲比量，在論式中直接體現爲能立和能破；似比量則相應表現爲似能立的廿九種過失和似能破的十四種過失等。兩種比量重在立破依據，以此弘揚佛教學說。

綜上可知，陳那的因明量論在很大程度上基於對佛教三法印說的詮釋，運用無迷亂、無分別的現量去緣知世間刹那無常、本性無我且各自獨立的萬物之自相或自性，使用以正智爲指導、以因三相爲基礎的比量去體認以空性爲本質的涅槃寂靜之理，即作爲萬物根基的實相或共相，以此來闡明佛學與因明之間不可分割的內在的因緣關係。正如窺基《大疏》開首所說：「因明論者，源唯佛說，文廣義散，備在眾經。」

第三節　緣起論與三支論式

一、佛教緣起論

佛教關於人生和整個宇宙現象的起源、因由、次第及其複雜關係的學說，基本上集中在緣起論之中。

所謂緣起是指世間一切事象所賴以生起的因緣。《雜阿含經》卷二中說：「有因有緣集世間，有因有緣世間集；有因有緣滅世間，有因有緣世間滅。」這是說，世間萬物的生起和滅亡取決於其中的因緣條件。大千世界，森羅萬象，無一不是因緣和合而生，一切事象無不是互相依持、互爲條件、相互爲用的，無不處在因果聯繫的鏈條之中，因此它們必須在彼此因果的相對關係中才可以說生起和存在。佛教對緣起的經典說法在《雜阿含經》卷十二里：「此有故彼有，此生故彼生；此無故彼無，此滅故彼滅。」此是彼的緣，彼依此

而生或滅。

緣起論是佛教教義的理論基石和核心。由緣起論加以推衍，就有「無常」的學說，因為既然一切事象都是因緣和合的，那就沒有恆常不變、始終如一的東西，萬事萬物都是剎那生滅、永恆變化的，即無常。由於無常，對人而言，就不能自己主宰自己，就不自在，因而是「人無我」；對事物而言，時刻在變，永不停止，也沒有一定的自我、自體，所以是「法無我」，也就是人空，法空，一切皆空。佛教大小乘各派都以緣起論作為自己全部教義和宗教實踐的基礎理論，各派的思想分化、理論分歧都出自對緣起的看法不同，而且也是佛教區別於其他教派的根本之點。佛教「緣起偈」云：「諸法從緣起，如來說是因；彼法因緣盡，是大沙門（即釋迦牟尼）說。」

隨著佛教從小乘發展到大乘，由印度傳入中國，佛學大師對緣起論的解釋逐漸發生變化，內容不斷充實，形成了一個龐大完整的緣起論體系。最早的是「業感緣起論」，它用十二因緣（即無明、行、識、名色、六處、觸、受、愛、取、有、生、老死）來說明眾生無始無終，生死流轉，前後相續的因果聯繫。小乘佛教認為，宇宙萬物之所以能凝結、形成，是由於眾生共同作的業力的結果，世界的生成先從「空輪」中生起「風輪」，隨後在「風輪」中生起「水輪」，最後依託「水輪」而結成「金輪」，以構成宇宙萬物，這是一個由汽體而液體而固體的不斷旋轉運動的過程。

大乘中觀學派提出「中道緣起論」，它以人生為中心擴展到宇宙的一切現象，也把萬物看成相互依持、相互作用而存在，從而否定生滅、常斷，一異和來去等各種對立的兩個極端，用不偏不倚的觀點解釋一切事象的緣起，並著重從感覺、概念及其對象的「假有性空」方面來說明世界萬物現象產生的原因。

大乘瑜伽行派不滿足於從人生直接的受用上講緣起，也不局限於在一般認識領域內談緣起，而強調人生轉變的關鍵在於對整個宇宙人生的全面瞭解，提出「阿賴耶識緣起論」。瑜珈行派有見於植物的種子能生長結果，借用種子以比喻阿賴耶識中藏有產生一切事象的根源，認為一切眾生各自從自身的阿賴耶識變現出各種現象，從而產生出形形色色的世界。

公元七世紀以後，印度大乘佛教部分派別演化成密教，它宣揚「六大緣起論」，認為「六大」（即地、水、火、風、空、識）是構成一切事象的基本元素，六大彌漫整個宇宙，互具互融，無障無礙，相互涉入，由此形成世界

萬物、眾生乃至佛。

大乘佛教傳入中國後，增添了幾種緣起理論，這就是《大乘起信論》宣傳的以先天的「清淨心」為世界本源的「真如緣起論」，天台宗講的每個眾生在一念中即圓滿具足一切現象境界的「性具實相論」，華嚴宗宣導的由如來藏自性清淨心生起一切萬物的「法界緣起論」，以及禪宗奉行的直指人心、見性成佛的「自心頓現論」。

可見，佛教緣起論有各種不同的具體形態。其立論有的側重於人生現象，有的兼重人生現象和宇宙現象；有的從心與物兩方面展開，有的著重於從心這一方面展開，其中又有著眼於宇宙真心或個體心識的不同。但這些緣起論的基本思想是共同的，都一致認為任何事物都是由因緣和合而生，都不是單一的獨立的存在，而是與其他事物相依相持，互為因果的。

二、因明論式的基礎

從根本上說，因明論式是以緣起論作為前提條件和根基的。彌勒《瑜伽師地論》說得很明顯：「證成道理者，謂若因若緣，能令所立所說所標義得成立，令正覺悟，如是名為證成道理。」所謂若因若緣，是指因明論式的論據因喻；所立所說所標指論題宗；令正覺悟就是悟他，建構論式旨在使他人能正確理解，接受所立宗義；證成道理是經過論證所成立的道理，是無可懷疑的真理。所以，論題宗要由各種論據因喻的反覆論證才得以成立，這在緣起論看來，就是必須由各種因緣和合而生起，以達到悟他的目的。正是由於一切事象都是互相依存、互為條件地處於因果聯繫之中的，我們才有可能由因喻的成立去證得宗的能立；如果一切事象不是因緣和合而起的，彼此之間沒有因緣關係，那就無法由因喻去確定宗是否能立。

不過，證成道理在論上分為兩種：「又此道理略有二種，一者清淨，二者不清淨。有五種相名為清淨，一者現見所得相，二者依止現見所得相，三者自類譬喻所引相，四者圓成實相，五者善清淨言教相。」

「現見所得相」，是說世間一切事象、關係及道理都是變動不居的，具有無常性，由於依據死生無常逼迫各種痛苦，有所為作不得自在、無我等性，這是世間現量可以感覺到的。論上說：「現見所得相者，謂一切行皆無常性，一切行皆是苦性，一切法皆無我性，此為世間現量所得。」

「依止現見所得相」，是說由現量所得的一切事象皆無常性，有情種種苦樂取決於過去善惡諸業及淨不淨業等，來類推此相微細的一切事象皆剎那

性、他世也有苦樂性和淨不淨業無失壞性。論上說：「依止現見所得相者，謂一切行皆剎那性，他世有性，淨不淨業無失壞性，由彼能依粗無常性現可得故，由諸有情種種差別依種種業現可得故，由諸有情苦樂若苦淨不淨業以為依止現可得故，由此因緣於不現見可為比度」。

「自類譬喻所引相」，是指同類相引，以世間共知某物所具有的性質比度同類的他物也有此性質。如論上所說的以粗無常喻細無常，用粗苦相例細行苦，舉粗相衰盛引證微細衰盛等。

「圓成實相」，是說如果前面三相的義理都成立，就可以作為論式「證成道理」的充足理由。論上說：「圓成實相者，謂即是現見所得相，若依止現見所得相，若自類譬喻所得相，於所成立決定能成，當知是名圓成實相。」

「善清淨言教相」，是立論者將證成道理宣示於人，使其由無知、疑惑、爭執到真知、明義和清淨，達到了悟他的論旨。論上說：「善清淨言教相者，謂一切智者之所宣說，如言涅槃究竟寂靜，如是等類，當知是名善清淨言教相。」

以上五種清淨相是使人能獲得無可懷疑的、正確知識的基石，因而是構建合理有效的因明論式的根本性前提和基礎。而不清淨相則是論式產生謬誤的根源，論上討論了七種：「一者此餘同類可得相，二者此餘異類可得相，三者一切同類可得相，四者一切異類可得相，五者異類譬喻可得相，六者非圓成實相，七者非善清淨言教相。」

「此餘同類可得相」，是指作為正證的同品一分有一分非有，而作為反證的異品卻遍有，是「同分異全不定」的錯誤，如「鯨魚非魚，水生動物故，如海豹、金魚等」。該譬喻舉海豹為正證是對的，但舉金魚等一切異類相為正證就不對了，把生活於陸地的同類金錢豹等排除出去更是錯誤的。論上說：「若於此餘同類可得相及譬喻中有一切異類相者，由此因緣，於所成立非決定故。」

「此餘異類可得相」，是指將本應作為反證的部分異品當作證據，雖有全部同品作為正證，但也陷入了「異分同全不定」的錯誤。如「鯉魚是魚，水生動物故，如海豹、草魚等。」該譬喻以草魚等一切同類相作論據是正確的，但舉海豹為正證顯然是錯誤的。論上說：「此餘異類可得相及譬喻中有一切同類相者，由此因緣，於所成立不決定故。」

「一切同類可得相」，是指將所有同品和異品都作為證據而犯的「共不定」的謬誤。如「聲是常住，意識所識故，如空、瓶等。」該譬喻範圍過大，異

品虛空和同品瓶等都是可知的，皆作爲論據就使論證陷於不定之中。論上說：「若一切法，意識所識性，是名一切同類可得相。」

「一切異類可得相」，是指用作證據的只有異品而無同品所犯的錯誤。如「聲是無常，無質礙故，如空等」。該譬喻僅有異喻，與有法聲一一異相，從而無以成立。論上說：「若一切法相性業法因果異相，由隨如是一一異相，決定輾轉各各異相，是名一切異類可得相。」

「異類譬喻所得相」，是指以一分同品和一分異品作爲論據所犯的「俱分不定」的謬誤。如「王安石是男性，詩人故，如蘇東坡、李清照。」該宗法男性只能用於譬喻的蘇東坡，不能用於李清照，是爲「異類譬喻所得相」。

「非圓成實相」，是指如果運用諸如上述不清淨相之類的義理作爲論據，就難以證宗，因明論式也因此不能圓滿成立。論上說：「非圓成實故，非善觀察清淨道理，不善清淨故，不應修習。」

「非善清淨言教相」，是指立者將這些未能證成道理的東西示之於人，並不能使他人從這樣的論式中有所釋疑、解悟和明理。論上說：「若非善清淨言教相，當知體性皆不清淨。」

三、三支論式與緣起論的對應關係

因明論式包括古因明的五支論式、新因明的三支論式和藏傳因明的應成論式。這裡只探究三支論式與緣起論的繼隨對應關係。對此，窺基《大疏》卷二中有一段十分精彩的問答式論述：「問：若一切法自相成就，各自安立己法性中，復何因緣建立二種所成義耶？答：爲欲令他生信解故，非爲生成諸法性相。問：爲欲成就所成立義，何故先立宗耶？答：爲先顯示自所愛樂宗義故。問：何故次辨因耶？答：爲欲開顯依現見事決定道理，令他攝受所立宗義故。問：何故後說同類異類等耶？答：爲欲開示因喻二種相違不相違智故。相違謂異類，不相違爲同類，即於因喻皆有現比量等相違不相違，隨其所應眞似所攝。」〔註1〕

三支論式也稱「爲他比量」，它是以因三相爲核心和基本框架建構起來的。陳那《集量論》卷三中道：「爲他比量者，顯自所觀義，自由三相因生有因智，如是爲令他生有因智故，說三相因，是名爲他比量，是因立果名故。」這在緣起論中表述爲「牽引因」和「生起因」，牽引因是能牽引「種子」成熟

〔註1〕《中國邏輯史資料選》因明卷，第42頁。

自果的因緣；生起因是「種子」現在就可以生起自果。比如用因三相爲種子便能引出並構成三支論式。

三支因明最爲關鍵的環節是以普遍性關係的喻體到特殊性關係的因宗的演繹過程，使論式具有很強的論證性和說服力。這在緣起論中表現爲「能作因」和「遍行因」，能作因是能夠廣泛生果和遍通無障的因；遍行因是某種因緣普遍地生起一切同類的因。如在三支論式中，由「若是所作見彼無常」這個遍行因，便能夠生起「聲爲所作性」，從而成宗「聲是無常」。

在三支論式的論證過程中，必須正反雙陳、同異喻並舉，以進行正證和反證，使論式更具合理性和有效性。這在緣起論中相應有「同類因」和「定異因」，同類因指同類的結果是由同類的因緣所造成的；定異因指不同的原因有不同的功能，必然產生不同的結果。如從「瓶盆的所作與無常」可證得「聲亦所作與無常」，而「虛空的常住與非所作」只能作爲反面例證。

論題宗是立敵雙方爭論的焦點和圍繞的主題，因此論式立宗應具有「違他順自」的特徵，也就是建構立者所主張而敵者所反對的論題，否則就會犯「自教相違」、「相符極成」的過失。這在緣起論中判定爲兩種隨緣：一是「違自順他」，指隱藏了眞如自體，顯現出種種虛妄現象，如勝論師立「聲是常住」，即與其原來主張「聲是無常」的教義相矛盾而產生謬誤；二是「違他順自」，指滌除了虛妄現象，顯現出眞如自身的一切功德，這是論式立宗的本性所在。

論據因是三支論式的核心和樞紐。陳那認爲，所立之因必須於同品有於異品無，並能貫通有法與宗法以成宗，避免出現諸種「不定因過」和「相違因過」。這在緣起論中表現爲「異熟因」和「相違因」，異熟因是能招致三世苦樂果報的善惡業因，由於苦樂後果本身不是善或惡，它完全取決於受生者現世的言行表現，所以善惡業因與苦樂果報之間處於不定之中；相違因是在生成結果的過程中起障礙作用的因，如不信佛，不親近僧人，即是成就佛果的相違因。

喻也是三支論式證宗的主要論據。陳那認爲，喻體必須符合「說因宗所隨，宗無因不有」的規律，同喻依應當合因於宗，異喻依應當離宗無因，防止產生「喻十過」的謬誤。這在緣起論中體現爲相遍、相成、相奪、相即、相非等有關事與理的五重關係：相遍指理完整、普遍地存在於每一事中，就是說，眞理、本體不可分割地寓於每一事中，事以理爲體，任何一微細之事

都攝無邊眞理、本體，如宗因之理遍及每一同品之中；相成指事與理相輔相成，無理不成事，無事不成理，如因宗之理與同品之事相成；相奪是說，一方面，事是理的表現，萬事萬物唯有一理體，事應屬於理，事滅而理顯，此爲由理以奪事，另一方面，理也不離事而存在，離事也無理，理應屬於事，理隨緣起成事而理隱，此爲由事以奪理，猶如因宗屬性與同品相奪；相即，由上述三層關係進一步推知理與事相即，無差別的理體即差別的事象，差別的事象即無差別的理體，如無差別的因宗與差別的同品相即；相非指一切事物本身自體的特質不變，理事各有差別，理非事，事非理，如因宗與同品、異品相非，同品與異品相非。

三支論式由宗因喻三個命題組成。新因明規定，只有因喻具足，正確無誤，才能顯示所立宗義眞實無妄，其中因是正能立，喻是助能立。這在緣起論中表達爲「相應因」和「俱有因」，相應因指主因與助因同時相應資助而生，彼此合作，隨緣生起；俱有因是共生因，指同一時間所立的因果法，亦即同時生起的對於產生結果有共同作用的因。如論式的因喻對於宗而言，雖有正能立與助能立之別，但它們都不能缺減，必須同時相應資助而生，才能證成宗義。

爲他比量（論式）是以爲自比量（推理）爲基礎的，其目的在於弘揚自宗教義並開悟於人。陳那《理門論》中說：「如是應知悟他比量，亦不離此（即爲自比量）得成能立」。《集量論》卷三中道：「如自以因知有相法，欲他亦知，說三相言，是謂爲他比量。」這在緣起論中體現爲「觀待因」和「隨說因」，觀待因是能引起某事物一定要求和受用的條件；隨說因指由於事物的名稱概念而引起人們內心的思想，進而用語言來表述事物的相狀，說明事物的義理。比如因明論式用語言文字表述出爲自比量所思慮的因三相等義理，其旨在於開悟敵者和證者。

由上述可知，三支論式與緣起論是彼此相通的，緊密相關的，表明因明與佛學具有著深厚的因緣傳承關係，因此我們不能因強調因明是一種邏輯學而否定它們之間所本來具有的內在聯繫，應當實事求是地給予闡述和評價。佛教之所以需要因明，是因爲它可以作爲一種思想交流和不同派系論諍的工具，用以宣揚自宗教義，摧破敵方論點，其主旨在於使佛教思想更加發揚光大，深入人心，在人民大眾中傳播開來。

第四節 因明與佛教之譬喻

以下我們再通過對因明與佛教有關譬喻論的比較，闡明因明與佛教之間不可分割的內在聯繫。

一、譬喻的涵義

譬喻，梵語「達利瑟致案多」（Drstanta），簡稱為「喻」，原意是「見邊」，即以譬喻這個所見之邊（已知的或顯見的事物情況），去說明或論證宗（論題）這個未見之邊（未知的或待證的事物情況）。窺基《大疏》卷四中說：「達利瑟致云見，案多云邊。由此比況，令宗成立究竟名邊；他智解起，照此宗極，名之為見。」正如無著《阿毗達摩集論》卷七中道：「立喻者，謂以所見邊與未所見邊和合正說。」師子覺在佛經裏解釋得更為清楚：「所見邊者謂已顯了分，未見邊者謂未顯了分。以顯了分，顯未顯了分，令義平等，所有正說，是名立喻。」如以「灶」喻「山」，灶是人們日常熟悉的事物，從灶內冒煙知有火，可以證知山上冒煙也必有火，即是以「所見邊（灶）」去論證「未所見邊（山）」。這種論證方法，在漢語中就叫做譬喻，是用已知的此物去喻知未知的或待證的他物。

《正理經》卷一中言：「所謂譬喻量，就是以共許極成的同喻去論證所立宗」；「譬喻量是根據一般承認的共性來完成的」；「由所立同法，通達彼法之喻，是為說喻」。所謂「共許極成」，是指論戰各方對辯論中所使用的概念或命題沒有異議，達成共識；所謂「宗」，是在論辯中提出來加以論證的命題；所謂「同喻」，就是與所要論證的命題同類的譬喻，在因明裏，它是根據宗中有法（主詞）與同喻中的喻依（諸同品）所具有的論戰各方均認同的共同性質來證成宗的。可見，「譬喻量」就是以論戰各方共同認可的譬喻來證成論題宗的論辯方式。窺基釋曰：「喻者，譬也，況也，曉也。由此譬況，曉明所宗，故名為喻。舉雖舉因，亦曉宗義，未舉譬況，令極明瞭。今由比況，宗義明極，故離因立，獨得喻名。」這裡的「譬況」或「比況」就是示喻；「曉」則是使人對所譬喻的事物情況有所瞭解和領悟。例如，對一個不知山中水牛為何物的人，只要對他說「像家牛那樣具有同類性質」的譬喻，他便能明白山中水牛的形狀及其性質。因此，古印度的譬喻其實是一種借助於具體形象來闡明論題的感性與理性相結合的認識方法，是對「見邊」這個譬喻本義的引伸和發展。可見，「譬喻」就是通過譬況來使人解悟、接受所立之宗的辯論方法。

佛經《出三藏記集》卷九中說：「譬喻量者牽物引類，轉相證據，互明善惡罪福報應，皆可寤心，免彼三途。」顯然，佛教中的「譬喻」也是運用彼物來引證同類的此物以使人解悟的方便說法，不僅自然界的事物可以「牽物引類，轉相證據」，而且社會生活中「善惡罪福報應」等諸多現象都可以運用譬喻的方法來加以闡明。

然而，佛教和因明的譬喻與修辭學上的比喻並不是一回事。比如，我們形容一個人的力氣很大，就說某人力大如牛，這當然不是說某人的力氣真的有牛那般大，因而修辭學上的比喻祇是從形象生動出發而不講究邏輯嚴密的。佛家所說的譬喻，不僅要求具體形象，而且要求邏輯嚴密。如因明常常以「瓶」喻「聲」，從表面上看，瓶與聲是兩個很不相同的事物，兩者好像沒有什麼可以譬喻的地方；但從本質上看，瓶與聲都是由造作出來的，都不可能永遠常住，因而它們具有所作性和無常性這些共同點，佛家的譬喻正是取兩種事物屬性上的相同之處作比的。簡言之，修辭學上的比喻大多是異類相比，佛家的譬喻則必須是同類作譬。

二、譬喻的地位和作用

譬喻對佛教是極爲重要的，我們閱讀佛經可以發現，不僅佛典中大量運用譬喻，而且有專門論述譬喻的經典。印度佛教經典按照內容和形式分爲十二部分，叫「十二部經」，譬喻即爲其中一部，稱爲《譬喻經》。康法邃《譬喻經序》裏說：「譬喻經者，皆是如來隨時方便四說之辭，敷演弘教訓誘之要。」這是使用具體淺顯的譬喻來闡明深奧佛理的喻說方式。印度佛教諸經典記載了如來及菩薩向世人講解佛理的事蹟，爲了讓人容易明白，較多使用譬喻，它是佛家講經的最大方便。天竺僧人僧伽斯那撰有《百喻經》，就是「牽物引類，轉相證據」來喻示佛理的方便說法，它對弘揚佛教教義、使佛學日益深入人心發揮著巨大的作用。我們試舉一例：

> 譬如有人將欲遠行，敕其奴曰：「爾好守門，並看驢、索。」其主行後，時鄰里家有作樂者，此奴欲聽，不能自安，尋以索繫門置於驢上，負至戲處，聽其作樂。奴去之後，舍中財物，賊盡持去。大家（此指主人）行還，問其奴言：「財寶所在？」奴便答言：「大家先付門、驢及索，自是以外，非奴所知。」大家復言：「留爾守門，正爲財物，財物既失，用於門爲？」生死愚人，爲愛奴僕，亦復如是。

> 如來教誡，常護根門，莫著六塵，守無明驢，看於愛索。而諸比丘
> 不奉佛教，貪求利養，詐現清白，靜處而坐，心意流馳，貪著五欲，
> 爲色聲香味之所惑亂，無明覆心，愛索纏縛，正念覺意道品財寶，
> 悉皆散失。

在佛典中，主要以譬喻來說明佛教道理的經典還有許多，如《雜譬喻經》、《法句譬喻經》、《賢愚經》等等。有些佛經中還有「譬喻品」，如《妙法蓮華經》卷二即爲「譬喻品」。《摩訶般若波羅密經‧序品》有著名的般若十喻，譬喻萬法幻化假有，虛而不實。佛教以譬況的方式運用譬喻之多之廣是無以計數的，並且將譬喻作了細緻的分類。如《大般涅槃經》羅列了八種譬喻：順喻、逆喻、現喻、非喻、先喻、後喻、先後喻、遍喻。由此可知，運用譬喻闡述佛理是佛教的擅長。

佛教的「空」是極難領會的，四大皆空、萬法皆空究竟說的是什麼道理呢？有時會出現拙劣的譬喻。《高僧傳》中記，鳩摩羅什廣誦大乘經論，洞其秘奧，他過去的老師盤頭達多趕來向他討教。盤氏問：你如此推崇大乘，到底有何高明見解呢？鳩氏答：大乘佛法深淨廣大，可以明瞭「萬法皆空」之理，而小乘佛法偏頗，局面狹小，滯於名相，多有失誤。盤氏說：你講一切皆空，眞是可畏，哪有捨去有法而偏愛空法的道理呢！我說個故事給你聽，過去有個狂人，要求紡織匠爲他紡極細的線，紡織匠使出渾身解數，紡出來的線細得像微細的塵粒，可狂人還嫌其粗，於是紡織匠大怒，指著空中說：這就是細線；狂人問：爲什麼看不見呢？紡織匠答：此線極細，吾身爲良匠，尤且看不見，何況他人呢；狂人大喜，叫紡織匠繼續紡下去，紡織匠因此賺了許多錢。講完故事，盤氏對鳩氏說：我看你的空法也不過如此。

盤頭達多的這一譬喻囿於小乘見解，把空解讀爲空間之空即「有法」，認爲諸色法由極微構成，無限地析分下去，最後達到了空，叫做析色入空。這正是鳩摩羅什所批評的滯於名相。不過，從中可以看出，空的本質確實很難用譬喻來闡明。盤氏以如此拙劣的譬喻來嘲戲善於舉譬的鳩氏，不是沒有原因的。《高僧傳》接著指出，鳩氏「乃連類而陳之，往復苦至，經一月餘，方乃信服」。看來說服盤氏接受大乘空觀十分困難，其方法仍然是大量運用譬喻（連類而陳）。於是，可以設疑：使用譬喻來解說空，也許會不知不覺地隨名逐相起來，落入名相的陷阱。

當然，譬喻也有貼切而巧妙的。《大乘起信論》中，以大海水譬喻人的眞

如佛性，它的濕性是永遠不變的；以風吹過海面掀起波浪譬喻無明偶然而起，無關海的濕性。佛經中出現頻率最高的譬喻，是把金與金器的關係譬作真如（體）與它的具體存在形式（用）。華嚴宗的創始人法藏的《華嚴金獅子章》，是他爲武則天講《新華嚴經》而作，後者覺得難以理解，他就指鎮殿金獅子爲喻，以譬喻爲方便，使武則天開悟：「謂金無自性，隨工巧匠緣，遂有獅子相起」；「若看獅子，唯獅子無金，即獅子顯金隱。若看金，唯金無獅子，即金顯獅子隱。若兩處看，俱隱俱顯。」前一句說，如果金守不住自性，由巧匠施以加工製作，於是有獅子雕像出現。這裡，金是真如，巧匠是因緣，獅子是事物。獅子是沒有自性的，只有金與巧匠因緣和合才會產生獅子。從譬喻上看，金喻本質，獅子喻現象。後一句說，如果觀察獅子，就只看到獅子而看不到金，獅子顯而金隱；如果觀察金，就只看到金而看不到獅子，金顯而獅子隱；如果同時觀察金與獅子，則兩者即時隱顯，即本質與現象並存。

且不說譬喻本身的恰當與否，好的譬喻難求，畢竟譬喻僅是譬喻，它只能把佛性與無明間的關係等佛教原理加以形象的說明，進行辨相的分別。而譬喻一旦進入辨相的層次，就不再是簡單的講究形象的譬喻，它其實是學理的分疏，而須歸入因明學的領域。它們的理論觀點是可以相互映照的。

在佛家因明典籍裏，譬喻不僅大量存在於原典中的各個部分，而且譬喻論是其不可或缺的重要組成部分。《方便心論》是構造佛家因明的第一個論辯邏輯體系，全書分爲四品，論述譬喻的「明造論品」是其第一品。陳那的《理門論》，論述譬喻的部分佔了三分之二左右；在其《集量論》的六卷裏，「觀喻似喻品」是其中一卷。天主的《入論》是陳那《理門論》中邏輯思想的系統化和入門階梯，而窺基《大疏》、文軌《莊嚴疏》、慧沼《續疏》和《義斷》、智周《入論疏前後記》和《略記》等等，則是對天主《入論》的疏解和闡發，因而這些因明著述的大部分也是有關譬喻的。法稱的七部因明論著是對陳那《集量論》的評釋，其中《釋量論》最完整地體現了他的因明思想，這部著作即是把《集量論》的六品攝爲四品，較集中地論述了譬喻。

從根本上說，譬喻論是佛教邏輯的理論基礎和關鍵。首先，從因明論式來看，譬喻構成宗、因、喻三支論式中具有決定性意義的一支，宗是譬喻所要曉明的論題；喻則是論證宗之所以成立的決定性依據，它由喻體和喻依組成，喻體是論式中的普遍原理，喻依是對這一普遍原理的帶例說明。如新因明常舉的例式：「聲是無常（宗），所作性故（因），若是所作見彼無常（喻體），

如瓶（喻依）。」顯然，論題宗的成立主要是根據論式中的喻來保證的，只有將普遍性的喻體作爲論據，才使因明論式具有必然性、合理性和論證性，喻依的帶例說明則使論式具有更強的說服力，更能讓人領悟和信服。

其次，作爲新因明理論基石和基本原理的因三相其實是對三支論式中的喻支所作的一般性規定。因的第一相「因法遍是宗法性」相當於喻體，如「凡所作者（因法）都具有無常性（宗法）」，反之，「無無常性者必無所作性」；第二相「同品定有因法性」對應於同喻依，如「瓶等（有法聲之同品）必定具有因法所作性及宗法無常性」；第三相「異品遍無因法性」揭示的是異喻依，如「空等（有法聲之異品）遍無所作性和無常性」。可見，因明論式的喻無疑是因三相的表達方式，是對因三相的具體譬喻，也表明譬喻是新因明的前提和基礎。

再次，九句因是對因明譬喻的一種列表法例示。九句因是陳那提出來的一套獨創性的分析方法，是就因法這一屬性在同品、異品中是否具有而羅列出來的所有可能的組合，並依據因三相從中篩選出正確的因和錯誤的因。所謂「同品」，是指那些與宗支主詞具有相同性質的事物，這是以同類之物相喻。如宗有法「聲」，與它具有相同性質（所作性和無常性）的事物有瓶盆碗缶等，因此，因明往往用瓶盆碗缶等喻聲；同理，以煙與火這些共同點來看，因明則常常用「灶」喻「山」。所謂「異品」，是指那些與宗有法不同性質的事物，這是以異類之物作反譬。如有法「聲」，與它異類的事物有空、神我、兔角、龜毛等，所以，因明經常以這些事物來作爲有法聲的反喻。由此可知，九句因事實上是對因明譬喻的一種概括和總結。

最後，「說因宗所隨，宗無因不有」這一基本規律，不過是因明譬喻的另一種表達方法。陳那在《理門論》中道：「說因宗所隨，宗無因不有，此二名譬喻，餘皆此相似。」陳那在這裡明確指出，新因明的基本規律就是我們所說的譬喻。可以看出，「說因宗所隨，宗無因不有」這一規律是與因的第一相、三支論式中的喻體相應的，由此也說明譬喻對新因明的關鍵地位和重要作用。

三、譬喻方式

印度佛教大量使用譬喻，構成了其運用語言的一大特色。《楞伽師資記》中講到兩種方式，一是「就事而徵」，另一是「指事問義」。「徵」是證，即證悟。《楞伽經》中有一段說明了「就事而徵」的方法：

> 又云：汝能入瓶入柱，及能入火穴山，杖能說法不？又云：汝身入
> 心入。又云：屋內有瓶，屋外亦有瓶不？瓶中有水不？水中有瓶不？
> 乃至天下諸水，一一中皆有瓶不？又云：此水是何物？又云：樹葉
> 能說法，瓶能說法，柱能說法，屋能說法，及地水火風皆能說法，
> 土木瓦石亦能說法者，何也？

在這裡，瓶、柱、火穴山、杖、屋、樹葉，以及地水火風、土木瓦石，觸目
所見，一切都能說法，因此，可以就瓶等一一發問。發問是環環相扣的：屋
內有瓶，屋外也有瓶嗎？瓶中有水嗎？水中有瓶嗎？這些問完全在常識的範
圍，但接著一問卻打破常識並進而超越常識：天下之水中是否都有瓶？這是
一個範圍無限廣泛而不能感知的理性問題，它其實是一個包括著深奧佛理之
問：必有一物無所不在。於是進而問：此水是何物？答案應該是：此水是說
法的物。然而，不能如此簡單地下結論，還需就其他事物來進一步設問：「樹
葉能說法土木瓦石，亦能說法者，何也？」這樣的設問旨在闡明一個深刻的
佛理：不光水能說法，而且其他一切物都能說法，也就是即物即佛，一切物
都能說明佛理。這種譬喻方式的原理是「境智無二，理事俱融」，凡物皆能說
法，一切事象都能展示佛理。

「指事問義」是菩提達摩提出來的又一譬喻方式：「但指一物，喚作何物，
眾物皆問之，變易問之。」這一方式大致與「就事而徵」相彷彿。《楞伽師資
記》中有這樣一段：

> 佛有三十二相，瓶亦有三十二相不？乃至土木瓦石亦有三十二相
> 不？
> 汝正在寺中坐禪時，山林樹下，亦有汝身坐禪不？一切土木瓦石，
> 亦能坐禪不？土木瓦石，亦能見色聞聲、著衣持缽不？《楞伽經》
> 云：「境界法身」是也。

前一問應答：一切物都有三十二相；後一問則引《楞伽經》答：境界法身。「就
事而徵」、「指事問義」的譬喻方式，實質上是「境界法身」的意思，正所謂
「不造不作，物物皆是大般涅槃也。」

《楞伽師資記》還記載了其他一些譬喻，如道信講於靜處坐禪，要達到
這樣的境界：

> 即知自身猶如水中月，如境中象，如熱時炎，如空谷響，若言是有，
> 處處求之不可見；若言是無，了了恒在眼前。諸佛法身，皆亦如是。

禪宗在這裡所運用的博喻，與印度佛教使用譬喻來方便說法是一致的。如據《金剛經》裏記載，釋迦牟尼認為，世界上一切事物都是無常的，如夢似幻，如水面的氣泡，如鏡中的虛影，如秋晨的清露，如雨夜的閃電，因此，我們平常所看到的一切事象，實際上都不是它們的形相，事物的真正形相（實相）是「無相」，是「空」，不值得迷戀和追求（無住）。人們如果真正認識了事物的實相，做到「無住」於世界萬物，就可以轉凡入聖。

因明的譬喻方式有同法喻和異法喻，從而有合作法和離作法這兩種組成方式。

什麼是同法喻？天主《入論》中說：「同法者，若於是處顯因同品決定有性。」文軌《莊嚴疏》卷一中釋曰：「此謂隨有法處，有與因法相似之法，復決定有所立法性，是同法喻。」就是說，與有法（如「山」）所具有的性質相一致，同喻依的同品（如「灶」）也具有因法性（如「有煙」），進而必然具有宗法性（如「有火」），因此稱為同法喻。這樣，通過同品「灶」就把因法「有煙」與宗法「有火」之間的因果必然聯繫揭示了出來，可見，所謂同法喻，就是有法與同品同於因宗二法的意思，這是與佛教「就事而徵」的喻說方式相當的。

因宗雙同是事物屬性之間普遍聯繫的客觀反映，它在因明論式的喻中表達為同喻，而同喻的組成方式是合作法，即先因同而後宗同。比如「諸所作者見彼無常，如瓶」，其意思是：凡是所作的皆是無常的，因此，如瓶具有因法所作性（先因同），那就必定具有宗法無常性（後宗同）。

陳那認為，如果把先因後宗改為先宗後因，就是「以合類離」而犯「倒合」的過失，說成「諸無常者皆是所作」，它會出現以下四種可能：（1）「成非所說」。因為若以「無常」為先，「所作」在後，就是「以無常成所作」，而不是以所作來成立無常了，這豈不是轉換了立敵原來所爭論的中心（聲是無常）？（2）相符極成。因為立敵所爭論的本為「聲是無常」這個論題，至於「聲是所作」這個命題則是立敵共許極成的，現在把立敵共同認可的命題立為宗，豈不是犯了相符極成的過失？（3）「不遍」。由於在「諸無常者皆是所作」這個命題裏，主詞「無常」的外延比賓詞「所作」還要大，無常之物有所作的（如瓶），也有非所作的（如電），因此主詞並不遍於賓詞。（4）「非樂」，即成立為自己所不願意成立之宗。「無常」的外延既然包括所作之物如瓶，也涉及到非所作之物如電，電雖是無常的卻也是非所作的，若以無常為因來成

立所作，那麼也可用無常來成立非所作了。可見，由於無常因的外延大於所作宗，因而是不定之因，用這樣的不定之因來立宗，其結果將會成就己所不樂之宗（如「聲是非所作」）。

同法喻必須與因宗二法雙同，異法喻則反其道而行之，必須與宗因二法雙異。《入論》中云：「異法者，若於是處說所立無，因遍非有。」就是說，異喻不僅要「說所立無」（異於宗法），而且要「因遍非有」（全無因法性）。宗因雙異是異法喻的本質，它是從反面來表達佛教「指事問義」等譬喻方式。

異法喻在三支論式裏表述爲異喻，它是運用離作法來組成的，即先宗異而後因異。譬如「若是其常見非所作，如空」，其意爲：若是常住之物則是非所作，因此如空這個異品既非無常（先宗異），從而也非所作（後因異）。

《理門論》中道：「應以非所作證其常，或以無常成所作，若爾應成非所說，不遍非樂等合離。」就是說，如果把離作法的先宗後因改爲先因後宗，說成「諸非所作皆是常」，就會出現四種可能：（1）「成非所說」。因爲若以「非所作」爲先、「常」在後，那就「以非所作證其常」，成立非自己所要成立的「常」宗了（本來應成立的是「無常」宗）。（2）相符極成。由於虛空有常住性，這是立敵本來共許極成的，現在重立已極成的命題（空是常住），就犯了相符極成的過失。（3）「不遍」。一般說來，賓詞的外延要比主詞爲大，而在「若非所作見彼是常」這一命題裏，「常」的外延卻比「非所作」爲小，因爲「非所作」中不但有常住之物如空，也有無常之物如電，從而造成「不遍」的過失。（4）「非樂」。「非所作」的外延既然包含「常」，也涉及到「無常」之物，電雖然是非所作的卻是無常的。若以非所作爲因來成立常宗，那也可以用非所作爲因來成立無常宗。可見，非所作因的外延大於常宗，因而是不定之因，用不定因來成立宗，就有可能成立「己所不樂」之宗。陳那把這四種情形概括爲「倒離」的過失。

合作法與離作法是陳那新因明竭力推行的方法，它們符合事物間原因與結果的客觀關係，以上述同、異二喻來說，「所作」是「無常」的充分條件，故凡所作的皆是無常的；而「無常」則是「所作」的必要條件，故凡「非無常」（常住）者就必然是「非所作」的。因此，同喻先因後宗，正是由因是宗的充分條件所決定的；異喻先宗後因，則是宗爲因的必要條件所使然。從概念的關係來看，因明中的因法外延一般小於宗法，構成屬種關係，「所作」因就是「無常」宗的種概念，由種概念「所作」的存在，當然

可以證其屬概念「無常」的存在；反之，由「無常」的不存在，自然可得知「所作」亦不存在。由是觀之，合作法必是先因合而後宗合，離作法則是先宗離而後因離，絕不可相反。因此，《理門論》中道：「復以何緣第一說因宗所隨逐，第二說宗無因不有，不說因無宗不有耶？由如是說能顯示因同品定有、異品遍無，非顛倒說。」顯而易見，合作法和離作法是與佛教的兩種譬喻方式相對應的。

第五節　餘　論

一、佛家運用因明學例示

在佛教史上，可以說因明與佛教是相輔相成、互相促進的，事實上，許多佛學論著都運用因明來構建其理論體系，並作為主要的論證或論辯工具。以下我們以清辨思想的論證方式為例，以簡要說明這個問題。

1、運用因明論式的時代特徵

清辨（Bhāviveka，約 490～570 年），又名明辨、分別明，是印度大乘佛教中期重要的思想理論家，中觀自意立宗派（又稱自續派、自立量派）理論的創始人。他對中觀學說的繼承，明顯打上了時代的印記，這就是他對佛家邏輯的運用。在清辨生活的時代，由於瑜伽行派勢力的逐漸增大，邏輯和認識論已發展成為印度哲學的主流。作為中觀學者，清辨除了要與瑜伽行派對抗而對其認識論毫無反應之外，對於已漸為各家各派接受的論證方法——因明學就不能無動於衷。因為由龍樹建立的中觀學說，他的二分破法以及他的「非有」、「非無」、「非有無」、「非非有非非無」的四句否定論法，是與印度邏輯（主要是正理派和陳那的因明）不同的東西，難以通過因明學的論證說明其邏輯上的可靠性、合理性，這就為五世紀邏輯學興盛之後的中觀學者留下了一大難題，即如何把龍樹的論證形式轉化為符合因明原則的論理形式。

最初以因明的論理形式轉化龍樹論式的不是清辨，而是佛護。他生活在陳那之前，因而對陳那建立的完整的佛家因明學尚不知曉，但他卻能夠以敏銳的邏輯意識來解釋龍樹的《中論》。他發現龍樹的四句否定論式可以轉化成四個歸謬論證式，如對《中論》的「諸法不自生，亦不從他生，不共不無因，是故知無生」一頌，他就改寫成自生、他生、共生、無因生四個歸謬法的形式。然而，歸謬法在闡述龍樹的中觀教義時，遇到了難以克服的矛盾：由於

這一論證方法否定的是論題本身，因而就包含著承認相反論題的意味。例如，佛護以歸謬法論證「諸法不自生」，就等於間接地主張諸法「從他生」、「共生」或「無因生」，而這不是龍樹思想的原意，也不是佛護注釋的本懷。由於佛護把龍樹的四句否定從同一論證式中分解為四個歸謬論證式，從嚴格的邏輯意義上看，便不可避免地得出上述自相矛盾的論題。當然，如果把佛護的四個歸謬論式組合起來，也會得出「諸法不自生，亦不從他生，不共不無因，是故知無生」的論題，與龍樹思想的原意完全吻合。但這種論證式的組合，由於它們論證的主題是互相矛盾的，因此就等於建立了幾個自相矛盾的主張，這在邏輯上是不容許的。

清辨十分清楚佛護論證中所出現的問題，因而對其歸謬論證法進行了深刻的批評。在《般若燈論釋》卷一中指出：「佛護論師釋曰：『他作亦不然，何以故？遍一切處一切起過故。』論者曰：『彼若如此說過，即所成能成顛倒故，謂自俱因起體過故，或時有處隨一物起故，先語相違。又若異此，遍一切處一切起過，此語能成他起過者，此不相應』。」佛護認為，諸法不從他生，因為如果說諸法從他生，則一切事物在一切處所都應該生起，這是不可能的，因而諸法不從他生。這是典型的歸謬法。清辨認為，這種論證方法是錯誤的，因為其論題與論據是不一致的，從「遍一切處一切起」是錯誤的這一論據，並不能必然得出「他作亦不然」的論題，而從這一論據完全可以得出「自生」的命題，也就是「自俱因起體」，或者是「有處隨一物起」。因此，佛護的歸謬論式不符合因明論理，也不合乎龍樹解釋中觀思想的本意，所得出「自生」的說法其實是龍樹所反對的。

歸謬法是直接繼承龍樹的四句否定而來，其核心是要保持提婆等人的「破而不立」原則。這一方法既然不能完善地論證龍樹的思想，清辨於是轉換成因明論式。論證方法的轉變迫使他提出「自立量」原則，也就是在論證過程中建立自己的正面觀點，如在說明《中觀》諸法「無生」一頌中，他就分別建立了「不自生」、「不他生」、「不共生」、「不無因生」等四個命題。而在具體的論證過程中，他通常使用三支論式，如對「不他生」的論證時說：「從他起者，義亦不然，何以故？無時無處隨有一體從他起故。」意思是，諸法不從他生，由於無論何時何地都沒有「一體」從他而起故。這與佛護的論證方法有了本質的區別，因為從這一論據出發，只能證得「不從他生」的命題，而不能證明其他的論題。

2、假有性空的論證方式

中觀學派的性空說認爲，一切萬法就勝義而言是無，本性爲空；就世俗而言是有，是因緣和合的假有。就事物的本性而談性空是中觀學說的根本精神。雖然中觀派談到了一切萬法的假有問題，但對一切萬法如何從因緣和合假有的過程卻論述不夠，這就爲大乘佛教瑜伽行派思想的產生留下了餘地。因此，解釋假有的事物如何產生，便成爲瑜伽行派思想的主要方向。

對於假有性空之理，龍樹、提婆、清辨的論證方法是不同的。龍樹採用反證法，即先設立一個與假有性空相矛盾的命題，然後通過推導而否定這個命題，破邪以顯正，從而證明己方的論題。提婆使用歸謬法，是破而不立，通過對各種敵者命題的破斥，隱含其假有性空的思想。清辨則自己立量，通過建立因明論式闡明其假有性空的道理。

清辨是如何使用因明論式進行論證的呢？他先把事物分爲有爲法和無爲法。有爲法是指一切具有生滅變化的事物，這類事物本來是客觀存在的，是不證自明的。清辨認爲，有爲法的存在是人們的現量所共知的，但是有爲法的存在並非眞實意義上的存在，而是因緣和合的假有，因此在常人眼中實有的有爲法應該獲得一種更爲深刻的理解，那就是這種存在的本質、眞性的意義在於假有性空。無爲法是超越生滅變化的恒常不變之物，清辨以此指稱虛空、擇滅法、非擇滅法和眞如性。虛空爲事物活動的空間場所；擇滅法爲修行所成就的東西，一般指涅槃；非擇滅法指事物由於缺緣（條件）而處於不動狀態；眞如性指事物本來的樣子，爲佛教修行悟證的核心內容。對於這幾種無爲法，小乘佛教和大乘瑜伽行派多認爲是實有；清辨卻認爲，無爲法在世俗意義上才是實有，在勝義諦、眞性的意義上則爲無，其性本空。於是清辨提出符合中觀原則的命題：有爲眞性空，無爲無有實。也就是一切事物在世俗意義上爲有，在眞性意義上爲空的假有性空之理。他在《大乘掌珍論》開宗明義說：「眞性有爲空，如幻緣生故；無爲無有實，不起似空花。」

然後清辨對假有性空之理的論證也分爲兩部分。首先論證有爲法性空，依據因明三支作法，他所立的宗是：「若他遍計所執有爲就勝義諦實有自性，今立爲空是名立宗。」意思說，別人以爲有爲法在勝義諦意義上實有自性，清辨卻說是空。他所立之因是：「所立有法皆從緣生，爲立此因，說緣生故。」他所立的喩是：「眾緣所起男女羊鹿諸幻事等，自性實無，顯現似有。所立、能立法皆通有，爲同法喩，故說如幻。」意爲，眾緣所生的各種事物都無自

性，顯現出來便幻似爲有，因爲所立的有爲法和能立的緣生法都具有實無幻有的特徵，因此把「如幻」作爲「同法喻」。清辨由此轉入論證過程：「云何此中建立比量？謂就眞性眼處性空，眾緣生故；諸緣生者，皆就眞性其自性空，牧羊女等尙所共了；如有威神咒術藥力加彼草木塊磚等物，眾院所現男女象馬、宮殿園林、水火等相，誑惑愚夫種種幻事。若彼自性少有實者，應非顛倒。」〔註2〕佛教認爲，世界萬象都是各種條件聚合的產物，是緣生法，因而主張諸法無我。清辨以此出發，特從「眼處」入手進行論證，既然一切事物都是緣生法，而人們都知道緣生法在眞性意義上爲空，如「威神咒術藥力」與「草木塊磚」等眾緣和合而顯現出來的各種幻事，人們誤以爲實有，實際上它們以「幻相」不知欺騙愚弄了多少人，因此一切有爲法性空，證成了論題宗。

其次，清辯論證無爲法性空之理。「無爲無有實」是他所立之宗：「即此世間所知虛空，就眞性故空無有實，是名立宗。」他所立的因是：「即此所立就眞性故無實虛空，二宗皆許爲不起故，或假立爲不起法故，說名爲因。」他所立的喻爲：「空花無實亦不起故，立爲同喻。」其論證過程是：「云何此中建立比量？謂就眞性虛空無實，以不起故；諸不起者，愚智同知其性無實，猶如空花。」〔註3〕就是說，既然大家都知道一切「不起」的東西都無自性，而虛空屬於「不起」之物，因此虛空無實，其性本空。由於虛空易爲人們所理解，因此清辨著重論證虛空無實，認爲瞭解了虛空性空之後，就能悟知一切無爲法亦性空。

清辨通過對有爲法、無爲法性空的邏輯論證，說明了一切事物其性本空的道理，並通過世俗「共知」的確認，證明一切事物的假有，從而堅持和論證了中觀學派假有性空的立場或觀點。由此也可以看出，佛家對因明邏輯工具的運用是非常自覺的，也是十分純熟的。

二、《文心雕龍》的論證方法

文論學在作文上的重要性與航海家的指南針一樣，它給作者以有益的暗示，給讀者許多明瞭的指導。一個偉大的文論家，他的光亮不但歷歷地照出舊象的眞形，同時亦清晰地指出新途的方向；他雖不能自己代表一個時代的

〔註2〕《大乘掌珍論》卷下。
〔註3〕《大乘掌珍論》卷下。

作風，但卻是一個時代的作風變遷的根源。劉勰所著的《文心雕龍》就是這樣一部劃時代的古代文論。與其他同類的著述顯然不同，在思維形式上它並不偏重於傳統古人的感覺直觀與形象思維，而是側重於思辨概括和理論抽象；在表現方式上它並不像以往那些隨感式筆記體的詩話、詞話和曲話等，而是自成體系的總體性論著。這在中國文論史上是絕無僅有的，也是傳統思維方式所難以做到的。雖然劉勰在書中未提及佛教邏輯，但從因明學譯著在當時流傳的情況、劉勰的特殊經歷和全書的推理論證和組織結構上可知，《文心雕龍》的基本構架和推理論證過程主要得力於佛家因明。

正如周振甫先生在《文心雕龍注釋・前言》中說：「劉勰《文心雕龍》之所以立論綿密，這同他運用佛學的因明是分不開的。」王元化先生在《文心雕龍創作論・後記》中也說：「六朝前，我國的理論著作只有散篇，沒有一部系統完整的專著。直到劉勰的《文心雕龍》問世，才出現了第一部有著完整周密體系的理論著作。這一情況，僅撇開佛家的因明學對劉勰所產生的影響，那就很難加以解釋。」這些言論極為精當，但《文心雕龍》究竟怎樣受了因明學的影響卻都沒有詳細的論述，而且至今也沒有出現對這個問題進行討論的文章。筆者不避淺陋，試圖就此加以探索，以作引玉之磚。

1、佛學和因明學對劉勰的影響

因明學主要指古印度的佛教邏輯，即關於推理論證和思維方法的科學。佛家為了宣揚自宗的教義，就借助於因明學的推理論證方法，自大乘佛教興起後，佛學經典中加強了理論思辨的色彩，形成了一個嚴密的思想體系。無著、世親既是佛教領袖，又是佛家邏輯的輸入者和理論形態的奠基者；後來陳那、天主等既發展和建構了因明學體系，又是當時著名的佛教大師。因此，佛教與因明本就具有一種內在的因緣繼隨關係，是緊密相聯的一對伴侶。

據史載，佛教自西漢哀帝元壽元年（公元前二年）傳入中國，正式記載的佛經翻譯在東晉已經出現，實際可能還要早一些，至南北朝時大盛，信佛誦經成為社會上一種時髦的風尚。世家大族、帝王權臣、皇親國戚，莫不以崇佛為榮，著名佛寺乃是當權顯貴經常出入的場所，聽講佛法、參禪是上層人士熱衷的重要事情，帝王、大臣都爭相組織佛教活動。湯用彤先生在《魏晉南北朝佛教史》中說：

> 南朝佛法之興盛，約有三時。一在元嘉之世，以謝康樂為其中鉅子，
> 謝固文士而兼擅玄趣。一在南齊竟陵王當國之時，而蕭子良亦並獎

勵三玄之學。一在梁武帝之世，而梁武亦名士，篤於事佛者。

劉勰一生經歷了竟陵王蕭子良和梁帝蕭衍所處的兩個佛法隆盛時期，僧祐是在竟陵王當朝時期出名並在梁武帝執政時期紅極一時的名僧。根據梁代慧皎所寫的《高僧傳‧僧祐傳》記載，僧祐本姓俞，「父世居于建業」。僧祐年幼時即好佛，曾拜建初寺僧範為師。十四歲時因逃避婚事而至定林寺，投奔法達法師，「及年滿具戒，執操堅明。初受業於沙門法穎。穎既一時名匠，為律學所宗。祐迺竭思鑽求，無懈昏曉，遂大精律部，有邁先哲。齊竟陵文宣王每請講律，聽眾常七八百人。」法穎本是佛學中律學大師，齊高帝蕭道成即帝位後，曾封他為僧主，為一代名僧。他在齊建元四年（482 年）去世後，佛教中精通律學的權威就由他的弟子僧祐擔當起來了。齊竟陵文宣王當國時，就非常敬重僧祐，而僧祐因此名聲大盛。《高僧傳‧僧祐傳》上云：

> 永明中，敕入吳。試簡五眾，並宣講《十誦》，更申受戒之法。凡獲
> 信施，悉以治定林、建初及修繕諸寺，並建無遮大集捨身齋等。及
> 造立經藏，搜校卷軸，使夫寺廟廣開，法言無墜，咸其力也。

劉勰投奔僧祐是在其成為名僧之後。據《梁書‧劉勰傳》記載，劉勰，字彥和，他是「天監初（502 年），起家奉朝請」為蕭宏記室的，他離開定林寺告別僧祐即在此時，倆人相處了十餘年，「勰早孤，篤志好學。家貧不婚娶，依沙門僧祐，與之居處積十餘年，遂博通經論，因區別部類，錄而序之。今定林寺經藏，勰所定也。」

《因明正理門論》和《因明入正理論》兩部因明學代表作雖在唐代才譯成漢文，但正如前述，採用因明學推理論證方法的佛經卻早已流傳，而且也譯出了《方便心論》、《回諍論》、《如實論》等早期因明學著作，使得因明學在唐初玄奘以前就在中國產生了一定的影響。因明學是對佛學思維形式及其規律規則的概括和總結，而佛學經典又為之進行具體的印證、示範和說明，這不僅包括古因明的邏輯方法，還蘊涵著新因明的基本思想。劉勰寄居定林寺期間，廣閱經藏，深研佛典，協助僧祐抄撰《出三藏記集》、《法苑記》、《世界記》、《釋迦譜》和《弘明集》等，於是能博通經論，簿錄定林寺中的經藏。而且在寫作《文心雕龍》之前，他還針對崇道反佛的《三破論》，站在佛教立場上撰寫了一篇佛道之爭的佛學論著《滅惑論》。從劉勰這一段經歷來看，他整理佛經達十餘年之久，當然自覺不自覺地受佛經中論理思辨方式的薰陶；而從事過佛經「區別部類」的工作，顯然是佛經中分類歸納方法的一種實踐

運用。正如傳記中所言：

> 勰撰《文心雕龍》五十篇，論古今文體，引而次之。然勰為文，長
> 於佛理，京師寺塔及名僧碑志必請勰制文。有敕：與慧震沙門於定
> 林寺撰經。證功畢，遂啟求出家，先燔鬢髮以自誓，敕許之。乃於
> 寺變服，改名慧地，未期而卒。文集行於世。

可見，劉勰在整理佛經、鑽研佛典的過程中不能不受到因明學的影響。這種
影響不一定表現在思想觀點上，而主要在於組織結構和推理論證方式上。

2、全書的論式結構

《文心雕龍》全書五十篇，由總綱、文體論、創作論、文評論等組成，
其宏偉、周密的結構與因明五支論式（宗、因、喻、合、結）極為相似，我
們可以將它的結構形式看作五支作法的擴大化。不過，劉勰所運用的論證形
式與古因明的五支論式有很大的不同，它顯然結合了新因明的基本思想來進
行謀篇和佈局。

宗　《文心雕龍》開首第一篇《原道》，提出了作文本於道的主張，即我
們寫文章須符合其自身的本質和規律，只有這樣才能寫得出上乘的作品，「辭
之所以能鼓天下者，乃道之文也。」這是全書總的立論，相當於因明論式的
論題「宗」。《原道》上說：

> 夫玄黃色雜，方圓體分，日月疊璧，以垂麗天之象；山川煥綺，以
> 鋪理地之形。此蓋道之文也。仰觀吐曜，俯察含章，高卑定位，故
> 兩儀既生矣，惟人參之，性靈所鍾，是謂三才，為五行之秀，實天
> 地之心。心生而言立，言立而文明，自然之道也。傍及萬品，動植
> 皆文：龍鳳以藻繪呈瑞，虎豹以炳蔚凝姿；雲霞雕色，有踰畫工之
> 妙；草木賁華，無待錦匠之奇，夫豈外飾？蓋自然耳。……故形立
> 則章成矣，聲發則文生矣。夫以無識之物，鬱然有彩，有心之器，
> 其無文歟？

就是說，只要合乎文之道，天地萬物都可以成為我們作文的源泉；既然無意
識的物體都能為文，那麼作為「天地之心」的有意識的人自然能夠生文了。

劉勰立文本於道的宗旨是十分確切和重要的，清大學士紀昀說：「文以載
道，明其當然；文原於道，明其本然，識其本乃不逐其末。」這是說，文章
可表達萬事萬物的本質及規律，以明示其應當如此；作文本原於這個道理，
以明示其本來如此，我們知道了這個作文的根本之理之後就不會去舍本逐末

了。所以，「自漢以來，論文者罕能及此，彥和以此發端，所見在六朝文士之上。」紀昀還說：「齊梁文藻，日竟雕華，標自然以爲宗，是彥和吃緊爲人處。」標出文本於道的旨趣，既是劉勰立論的根基，又是他拯弊辟邪的依據。

　　因　立宗之後，作文關鍵是要找到使其成立的根據，即「因」。尤其「文本於道」是劉勰首次提出來的新命題，更需要有強有力的論據來進行論證。因明的因分爲生因和了因，生因是指立論者爲了使他人領悟論旨而援引的充足理由；了因是指他人在立論者的充分啓示下而解悟論旨的能力和結果。劉勰認爲，證明自己的論點成立最有力而又能使對方信服的莫過於聖人的經典，於是他舉出許多古代聖人的經典和言論作爲宗之所以能立的因：你說文本於道，何以見得？聖人的經典和言論就是最早本於道的宏篇大論。他在《正緯》中說：

> 夫神道闡幽，天命微顯，馬龍出而大《易》興，神龜見而《洪範》
> 耀，故《繫辭》稱「河出圖，洛出書，聖人則之」，斯之謂也。

雖然神道幽隱，天命微顯其跡，但卻有河圖、洛書等來加以闡明，「聖人則之」，就形成了經典。因此經典是合乎道之文，是「象天地，效鬼神，參物序，制人紀，洞性靈之奧區，極文章之骨髓者也。」（《宗經》）因此，「玄聖創典，素王述訓，莫不原道心以敷章，研神理而設教，取象乎河洛，問數乎蓍龜，觀天文以極變，察人文以成化……故知道沿聖以垂文，聖因文而明道。」（《原道》）聖人創典和述訓的明道之文是道的自然顯現，是其最早最好的表徵，所以經也就成了「恒久之至道，不刊之鴻教。」（《宗經》）

　　劉勰在《徵聖》中還說：

> 夫鑒周日月，妙極幾神，文成規矩，思合符契，或簡言以達旨，或
> 博文以該情，或明理以立體，或隱義以藏用。故《春秋》一字以褒
> 貶，喪服舉輕以包重，此簡言以達旨也；《邠詩》聯章以積句，《儒
> 行》縟說以繁辭，此博文以該情也；書契斷決以象《夬》，文章昭晰
> 以象《離》，此明理以立體也；「四象」精義以曲隱，五例微辭以婉
> 晦，此隱義以藏用也。故知繁略殊形，隱顯異術，抑引隨時，變通
> 適會，徵之周、孔，則文有師矣。是以子政論文必徵於聖，稚圭勸
> 學必宗於經。

因爲聖人的觀察能遍及日月陰陽之道，能窮盡隱微神奇之理，因此其文辭能完滿得如同規矩，思想能密合得如同符契，「自夫子刪述，而大寶咸耀，於是

《易》張十翼，《書》標七觀，《詩》列四始，《禮》正五經，《春秋》五例。義既極乎性情，辭亦匠於文理，故能開學養正，昭明有融。……夫文以行立，行以文傳，四教所先，符采相濟。勵德樹聲，莫不師聖，而建言脩辭，鮮克宗經。是以楚豔漢侈，流弊不還，正末歸本，不其懿歟？」（《宗經》）經孔子刪述之後，《易》、《書》、《詩》、《禮》、《春秋》五經的意義就是極盡弘揚文之本性，其文辭也契合文理，因而能夠使這些經典光輝燦爛，垂於久遠；經典不但在勉勵德行、樹立聲望方面起著主導作用，而且在建言修辭方面也是如此，但後人不明此理，以致或流於豔麗，或流於侈扉，頹勢難以挽回，大力糾正末流以回歸本原應是當務之急。

我們認為，從《徵聖》到《辨騷》四篇就是作為論證文本於道這個「宗」而提供的論據「因」。由於聖人的經典最合乎「文本於道」的宗旨，因此《徵聖》、《宗經》是從「立正道」的角度來說明「論文必徵於聖，窺聖必宗於經」的觀點的，而《正緯》、《辨騷》則是從「破邪論」入手來達到論文「立正道」的。

喻　從《明詩》到《書記》共二十篇分論了三十三種文體，即詩、樂府、賦、頌、贊、祝、盟、銘、箴、誄、碑、哀、弔、雜文、諧、隱、史傳、諸子、論、說、詔、策、檄、移、封禪、章、表、奏、啓、議、對、書、記。這些文體體裁併不是純粹文學的，有的甚至與文學沒有多大關係，如章、表、祝、盟、諸子、論、議等，因此劉勰並不是單純討論文學，而是兼論各種文章體裁。從《文心雕龍》的整體結構上說，它們相當於因明五支論式裏的「喻」。喻是助因成宗的，通常稱為例證，用以證明因的充分可靠和宗的恰當能立。

劉勰的文體論有四項內容，即「原始以表末，釋名以章文，選文以定篇，敷理以舉統。」（《序志》）第一，「原始以表末」，即敘述各類文體的起源和演變情況。如《明詩》篇指出，有七情六欲的人受到外界事物的刺激，有所感而抒發情志，從而產生了詩。古代詩歌的沿革從葛天氏時《玄鳥歌》始，到黃帝時《雲門歌》、唐堯《大唐歌》、虞舜《南風歌》、夏太康時《五子之歌》、商周時《詩經》、戰國時《離騷》、秦朝《仙眞人詩》、漢初《諷諫詩》和《柏梁詩》、張衡《怨詩》和《仙詩緩歌》，至建安時曹丕、曹植兄弟和王粲、徐幹、應瑒、劉楨等人的詩歌都具有「慷慨以任氣，磊落以使才」的特色，正始時嵇康詩情志清高、阮籍詩意旨遙深，西晉時三張、二陸、二潘、一左並駕齊驅於詩壇，東晉詩歌沉溺於玄學的風氣中，唯有郭璞的《遊仙詩》甚是

挺拔；南朝宋代山水詩興起，盛行「儷采百字之偶，爭價一句之奇，情必極貌以寫物，辭必窮力而追新」的講求形式的詩風；齊代是劉勰所處的時代，他就略而不談了。

第二，「釋名以章文」，即解釋各種文體的涵義。如「樂府者，聲依永，律和聲也」；「賦者鋪也，鋪采摛文，體物寫志也」；「銘者，名也，觀器必也正名，審用貴乎盛德」；「箴者，所以攻疾防患，喻鍼石也」；「碑者，埤也，上古帝皇，紀號封禪，樹石埤岳，故曰碑也」；「諧之言皆也，辭淺會俗，皆悅笑也」等等。這實際上是給各種文體分別下一個定義。而給各體裁下一個確切的定義並非易事，如「詩者，持也」；「誄者，累也」。這種用聲訓的方法來解釋仍然令人感到難以理解，必須在聲訓之後加上補充說明，如釋詩，加上「持人性情」；釋誄，加上「累其德行，旌之不朽也」，其涵義才較爲清晰。其他「釋名」主要從其特徵和作用上加以解釋，如「樂府」、「碑」、「諧」、「祝」、「盟」、「哀」、「弔」等等，其意義比較明確。然而讀者只有在全部瞭解四項內容之後，方能理解某一文體的確切涵義。

第三，「選文以定篇」，即評述各文體的諸多文章，並從中選擇那些符合其本性的代表作充當範文。以《論說》篇爲例。在「論」這種體裁之下，劉勰指出，在孔子《論語》之前，經典中並沒有明確標出「論」這種文體，姜太公《六韜》中的二論即《霸典文論》、《文師武論》是「後人追題」的，莊周《齊物》和呂不韋《呂氏春秋》公然以論爲名，至西漢石渠閣討論經義、東漢白虎觀講經聚會都是「述聖通經」的，可以作爲論家之正體；而班彪《王命論》和嚴尤《三將論》「敷述昭情，善入史體」，可化歸到另一文體。傅嘏《才性論》、王粲《去伐論》、嵇康《辨聲論》、夏侯玄《本玄論》、王弼兩個《略例》、何晏《道論》和《德論》等，都是「師心獨見，鋒穎精密，蓋人倫之英也。」至於像李康《運命論》雷同於王充《論衡》而過之，陸機《辨亡論》模仿賈誼《過秦論》而不及，「然亦其美矣」；宋岱、郭象之文「銳思於幾神之區」；王衍、裴頠「交辯於有無之域，並獨步當時，流聲後代」。然而這些談論「徒銳偏解，莫詣正理，……唯玄是務，雖有日新，而多抽前緒矣」，是與作文的本性背道而馳的。再如，張衡《譏世論》「韻似俳說」，孔融《孝廉論》祇是一些嘲戲之辭，曹植《辨道論》「體同書抄」，其言談背離正道，這樣的文章不如不作。

第四，「敷理以舉統」，即論述各種文體如何體現其文之道，並統而論之。

如《明詩》中說：

> 持之為訓，有符焉爾。人稟七情，應物斯感，感物吟志，莫非自然。……
>
> 故鋪觀列代，而情變之數可監，撮舉同異，而綱領之要可明矣。

詩是有感於物而自然產生的，所謂「持」就是符合這個道理，雖然感物之情可不盡相同，但詩本原於道卻是共同的。《詮賦》中言：

> 原夫登高之旨，蓋觀物興情，情以物興，故義必明雅；物以情觀，
>
> 故詞必巧麗。麗詞雅義，符彩相勝，如組織之品朱紫，畫繪之著玄
>
> 黃，文雖新而有質，色雖糅而有本。

作賦的本質原是見物生情，所以意義須明白雅致，言詞須纖巧絢麗，賦辭中情與物是水乳交融的，各種賦辭雖然有很大差異，但作賦的本質卻是一樣的。《誄碑》上也道：

> 誄述祖宗，蓋詩人之則也。至於序述哀情，則觸類而長。……詳夫
>
> 誄之為制，蓋選言錄行，傳體而頌文，榮始而哀終。論其人也，曖
>
> 乎若可覿；道其哀也，悽然如可傷。此其旨也。

誄，用以敘述祖宗的功德，是詩人立下的法則，同時也用以表達自己的哀思，是觸景生情而生發的；雖然誄辭各異，但論及其人彷彿隱約可見，言及哀思好像悽悽慘慘可傷情，這是誄的主旨。綜而觀之，各種文體的產生無不是有感而發，感物而生情，情生而成文，這就是作文之道。所以，劉勰說：「上篇以上，綱領明矣。至於割情析采，籠圈條貫……長懷序志，以馭群篇。」（《序志》）他是用「作文之道」將各種文體貫穿起來而成為一個有機的整體的。

可以看出，劉勰的文體論與古因明五支論式中的「喻」顯然不同，它並不是單純的例證，而是在諸多文體（例證）的基礎上加以概括，總結出具有普遍性的一般原理，即各文體的範文（或經典）都是契合作文之道的，這樣就使《文心雕龍》的論證過程具有邏輯必然性和強大的說服力，從而避免陷入古因明五支論式那樣「無窮論證」的謬誤。

合　我們說《文心雕龍》的結構形式採用了五支作法的論證框架，但劉勰的目的在於論文，因此作為「喻」的文體論顯得非常龐大而豐富，下面作為「合」的創作論從《神思》到《時序》共二十篇，也是如此。合就是把因、喻兩部分的內容綜合起來考察，看看能得到什麼結果。一般從因、喻的論述和例證中，聯繫到宗體，就能使人領悟到宗的成立。

劉勰在《神思》中說：

古人云，形在江海之上，心存魏闕之下，神思之謂也。文之思也，

其神遠矣，故寂然凝慮，思接千載；悄焉動容，視通萬里。

文章構思就是思想由此及彼、由心及物；構思時，思想可達極遠之處，時間上可連到千載以前，空間上可達萬里之外。我們可以運用神思之妙使思想與事物聯繫起來，尋找聲韻與格律的法則來落墨，窺察意識與物象的關係來揮毫。由此，「情動而言形，理發而文見，蓋沿隱以至顯，因內而符外者也。……八體雖殊，會通合數，得其環中，則輻輳相成。故宜摹體以定習，因性以練才，文之司南，用此道也。」（《體性》）情志一動就形爲言詞，文理一生就現爲文章，這都是由隱至顯、內在文理契合外物情況所形成的；雖然文章有八種不同風格，但會通這些風格卻有一定之規，自然有其作文之道，從而應該模仿範文來學習，依據性情來磨煉才能，此爲作文的指導方針。

《定勢》中也道：

夫情致異區，文變殊術，莫不因情立體，即體成勢也。勢者，乘利

而爲制也，如機發矢直，澗曲湍回，自然之趣也；圓者規體，其勢

也自轉，方者矩形，其勢也自安。文章體勢，如斯而已。

各人的情志意趣相異、文章變化之法不一，但莫不是根據情致以立文體、依文體而形成文勢的；文章的體勢猶如弩機一發動箭矢就直射出去，山澗一拐彎急湍就會流轉來，這是勢所必然的。「故立文之道，其理有三：一曰形文，五色是也；二曰聲文，五音是也；三曰情文，五性是也。五色雜而成黼黻，五音比而成韶夏，五性發而爲辭章，神理之數也。……情者文之經，辭者理之緯，經正而後緯成，理定而後辭暢，此立文之本源也。」（《情采》）構成文章有形文、聲文和情文三種途徑，各種色彩錯落有致而成文采，各種音調排比有序而成文韻，各種情性順理抒發而爲辭章，這是作文之道；情性爲文章之經（根基），言詞爲文理之緯（枝條），經線擺正而後緯線順成，文理確定而後言辭通暢，這是構建佳作的本源。如果反其道而行，「爲文而造情」，就會「淫麗而煩濫」，眞情不存在了，失去了文章的根本和本源，其言辭必然與情志相悖，這樣的作品豈能征信！所以，劉勰在《附會》中說：

夫才量學文，宜正體制，必以情志爲神明，事義爲骨髓，辭采爲肌

膚，宮商爲聲氣，然後品藻元黃，摛振金玉，獻可替否，以裁厥中，

斯綴思之恒數也。凡大體文章，類多枝派，整派者依源，理枝者循

幹。是以附辭會義，務總綱領，驅萬塗於同歸，貞百慮於一致，使

> 眾理雖繁，而無倒置之乖，群言雖多，而無棼絲之亂，扶陽而出條，
>
> 順陰而藏跡，首尾周密，表裏一體。

斟酌學文之法，應先有一個正確的謀劃，即以情志為主導，以事理為骨髓，以文采為肌膚，以文韻為聲氣，然後品評文章優劣，決定取捨；凡篇幅大的文章，其枝條流派較多，整治枝蔓要順本溯源，綜其綱領，會通百種思慮趨向同一結果，使眾多言辭和文理層次分明、次序井然、首尾一貫、表裏如一，這樣的文章才不失其作文的根本宗旨。

結　《文心雕龍》最後五篇是對前面各篇的評論和總結，從全書結構上相當於因明五支論式的「結」。《物色》中說：

> 春秋代序，陰陽慘舒，物色之動，心亦搖焉。……歲有其物，物有
>
> 其容，情以物遷，辭以情發。……是以詩人感物，聯類不窮。流連
>
> 萬象之際，沉吟視聽之區，寫氣圖貌，既隨物以宛轉；屬采附聲，
>
> 亦與心而徘徊。

這顯然是對前述「感物而生情、情生而成文」的概括：四季更迭、客觀事物的變幻，使人們的情性隨之變化，言辭也因此觸發，於是詩人有感於物，依類聯想而無窮盡。

接著，劉勰揭示和總結了文人及其作文的特點和責任。《才略》中認為各個朝代的文辭都不乏特出的代表，諸多作家的才學和經歷是各有不同的，從而他們作文的風格和文采等也各異，所達到的成就也有很大的差別。他在《程器》中說，固然古來文士中很多人有缺點，而將相中有污點的也不在少數，但是像屈原、賈誼這樣忠誠正直的文人也是很多的，因此，我們既不可只對文士求全責備，也決不可一說文士就覺得是有污點的；真正的文人應該是德才兼備、質文並茂的人，達則兼善天下以立功德，窮則獨善其身以傳文，這才是梓才之士。「是以君子藏器，待時而動，發揮事業。」

在《知音》中，劉勰談到思想界中存在「貴古人而賤今人」、「文人相輕」和「信偽而迷真」的陋習，因而知音難覓。他認為，正確的態度和方法是：

> 無私於輕重，不偏於憎愛，然後能平理若衡，照辭如鏡矣。是以將
>
> 閱文情，先標六觀：一觀位體，二觀置辭，三觀通變，四觀奇正，
>
> 五觀事義，六觀宮商，斯術既形，則優劣見矣。夫綴文者，情動而
>
> 辭發；觀文者，披文以入情，沿波討源，雖幽必顯。世遠莫見其面，

> 覘文輒見其心，豈成篇之足深，患識照之自淺耳。夫志在山水，琴
> 表其情，況形之筆端，理將焉匿？故心之照理，譬目之照形，目瞭
> 則形無不分，心敏則理無不達。

要做到公平地衡量文章，必須進行多方面的比較分析，克服私心偏見；讀者
與作者之所以能成為知音，是因為滲入文章中的情理相通使然，作者「情動
而辭發」，讀者「披文以入情」，只要讀者用心仔細地去體會，就能達到文章
的隱奧，瞭解其文理。

《序志》是《文心雕龍》的最後一篇，按紀昀的說法，它是「全書之總
序，古人序皆在後」。在這裡，劉勰對全書的主旨和文理結構進行了概括和總
結：

> 夫宇宙綿邈，黎獻紛雜，拔翠出類，智術而已。歲月飄忽，性靈不
> 居，騰聲飛實，製作而已。……是以君子處世，樹德建言，豈好辯
> 哉？不得已也！

自古以來賢士很多，要想超越他們，只有依靠智術；在有限的生命裏揚名於
世，也只有依賴著述，所以君子樹德建言是不得已而為之的事情。劉勰還說：

> 蓋《文心》之作也，本乎道，師乎聖，體乎經，酌乎緯，變乎騷，
> 文之樞紐，亦云極矣。若乃論文敘筆，則囿別區分，……及其品列
> 成文，有同乎舊談者，非雷同也，勢自不可異也；有異乎前論者，
> 非苟異也，理自不可同也。

寫作《文心雕龍》原本於道，師法於聖人，生發於經典，參酌於緯書，求變
於騷辭；它以「文之樞紐」和「論文敘筆」部分作為綱領，以「割情析采」
和感歎寄託部分作為毛目，以「長懷序志」部分總領群篇；等到將這些篇章
排列成文後，若有同於舊說者，並不是有意雷同，而是論文之理勢所不能不
同；若有異於前人之論者，也不是成心立異，而是文理自有所不能不異，這
都是作文之道的緣故。

3、篇章的論式形式

不僅《文心雕龍》的全書結構運用了因明五支論式，而且它的許多篇章
也暗含著五支作法的論證形式。在一個篇章裏論述一個或若干問題，劉勰總
是先提出論題宗，接著引入因、喻加以論證，而後將因、喻兩部分綜合論之，
使人悟出宗的能立，最後進行總結即得出結論。《文心雕龍》諸多篇章的論證
結構基本上可以概括為以下兩種形式。

（1）簡單論式

這是指一個篇章中僅包含一個五支論式的論證方式。例如，在《明詩》中，劉勰首先提出論題宗「在心爲志，發言爲詩」，即詩是表達人的情志的。因爲「詩者，持也，持人情性。」這相當於五支論式中的「因」。人都有各種情性，而這些情性無不是感物而生的，從而「應物斯感，感物吟志，莫非自然。」自古以來眞正的詩歌莫不如此，如屈原的《離騷》、傅毅的《孤竹》、張衡的《怨詩》、曹丕和曹植的詩等等。顯然，這是融入了新因明有關普遍性命題的「喻」。然後，劉勰結合因、喻兩部分進行討論，「故鋪觀列代，則情變之數可監，撮舉同異，而綱領之要可明矣。……鉅細或殊，情理同致，總歸詩囿，故不繁云。」各人的情性和才能不同，從而他們感物吟志和發言爲詩各異，但無論如何，其作詩的情理是一樣的，而且都包含在詩的範圍之中。這是論式中的「合」。其結論是：「民生而志，詠歌所含；興發皇世，風流二南；神理共契，政序相參；英華彌縟，萬代永耽。」人生來就有情志，這是詠歌的根本內涵；如果在發言爲詩時，情志與文理相契合，韻律與順序相參照，就會成爲萬世的經典。

（2）復合論式

這是指一個篇章中復合運用了兩個或兩個以上五支論式的論證形式。在《文心雕龍》文體論的各篇中，多半是一個篇章論述兩種文體的，它們的論證結構就是一種復合論式。實際上，它是先分別論述各文體的「宗、因、喻、合」，然後綜論其「結」。例如，《哀弔》篇首先討論「哀」，論題宗爲：「賦憲之《謚》，短折曰哀。」周武王時頒佈的《謚法》規定，短命夭折的稱爲哀。其根據是：「哀者，依也。悲實依心，故曰哀也。」所謂哀實際上伴隨著悲聲。這相當於論式中的「因」。接著說出喻：「以辭遣哀，蓋不淚之悼，故不在黃髮，必施夭昏。」凡是以言辭排遣悲哀的都是不流淚的悼念，因而不用於老死者而僅用於短壽者。如從前三才子陪葬於秦穆公，用百人不能贖出其一，這等於夭折枉死；漢武帝封禪泰山，霍子侯突然死亡，武帝傷感而作詩悼念，這就屬於哀詞了；等等。然後引因、喻合而論之：「原夫哀詞大體，情主於痛傷，而辭窮乎愛惜。幼未成德，故譽止於察惠；弱不勝務，故悼加乎膚色。隱心而結文則事惬，觀文而屬心則體奢；奢體爲辭，則雖麗不哀，必使情往會悲，文來引泣，乃其貴耳。」哀辭大體上是引起悲傷、愛惜之情，由於死者年幼，無德無功可稱頌而難以措辭，所以須以悲情、哀辭來引致人們傷感

和悼念。

　　其次論說「弔」，論題是：「弔者，至也，……言神至也。」弔是說為死者來弔唁的神情到了。其原「因」在於：「君子令終定謚，事極理哀，故賓之慰主，以至到為言也。」君子得善終、為國為民而犧牲或遭不枉之災而亡欽定謚號，以表達極其哀悼之理意，因此弔唁者撫慰主人說，謚號極合情合理，可告慰亡靈了。劉勰認為，對於輕生而遭壓死、溺死的，則不加弔問。接著說出「喻」：「凡斯之例，弔之所設也，或嬌貴而殞身，或狷忿以乖道，或有志而無時，或美才而兼累：追而慰之，並名為弔。」這實際上是一個具有普遍性意義的全稱命題，意為凡是以下情況者都可稱為「弔」而加以撫慰：富貴嬌寵而招致死亡的，偏激忿怨而有悖常道的，心懷大志而生不逢時的，才能卓著而不被重用的。如賈誼憑弔屈原的文辭，周密而理實精當，清新而性情哀傷，是首選傑出的作品；司馬相如弔秦二世的賦辭、禰衡的《弔張衡文》、陸機的《弔魏武王》，也是傑出的作品；楊雄、班彪等人的作品則相形見絀，以後的更不足稱道了。然後「合」而論之：「夫弔雖古義，而華辭未造，華過韻緩，則化而為賦，固宜正義以繩理，昭德而塞違，割析褒貶，哀而有正，則無奪倫矣。」弔是「問終」的古義，主張弔文應排除浮華之辭，直言情理，剖析褒貶，既有哀傷之情又合乎正道，這才不失分寸。

　　最後，劉勰把哀和弔兩種文體綜合起來作出結論：「辭之所哀，在彼弱弄，苗而不秀，自古斯慟。雖有通才，迷方失控，千載可傷，寓言以送。」哀辭之所悲歎的在於那些年幼而亡、只長苗不開花結果的慟情；弔文所寄託言辭的是那些雖有通才卻因不逢時而無以為用的人，從而引起千載傷情的追弔。

4、邏輯研究方法

　　劉勰運用的研究方法可能有很多，但無論是在思想方法上還是理論分析中，《文心雕龍》使用較多的是「原始要終」、「貫一」、「會通」等研究方法。

　　「原始要終」主要體現為一種運用矛盾律的邏輯方法，要求在論說過程中每一思想必須保持前後一貫，不自相矛盾。《文心雕龍》全書中可謂處處體現一種講究方法論的意識，這或許是其取得成功的秘訣。

　　我們知道，研究《文心雕龍》的方法論問題，除了要貫通全書來研究外，從篇章而言，其中最值得重視的首先是《序志》篇，它總結了全書，明確地說明了全書的結構體系和「惟務折衷」的方法論思想；其次是《史傳》篇，它著重講「體例」問題、「原始要終」的方法問題等；再次是《論述》篇，因

為《文心雕龍》本身是一種「論」，劉勰對「論之體」的邏輯方法、寫作方法論述很多，也正可以用來檢驗《文心雕龍》本身的論述方法；復次是《諸子》篇，正如許多論者所指出的，《文心雕龍》有「子書」性質，傳統的「子學」著作，都有一定嚴密的邏輯構架，也十分重視「體例」結構問題；最後是《原道》篇，它是《文心雕龍》的第一篇，是理論的「起點」，體現了六朝玄學本末體用合一的思想方法和觀念。這裡不是說研究《文心雕龍》的研究方法和方法論就只需研究這幾篇就夠了，而是說這幾篇最能集中體現劉勰的方法論思想。如果這幾篇被忽略，就難以把握《文心雕龍》的研究方法和方法論思想。當然，《文心雕龍》的研究方法問題，最終還是需要結合全書的理論批評的內容來研究的。

劉勰談及其文論「惟務折衷」的問題，如對待「群言」的態度是：「有同乎舊談者，非雷同也，勢自不可異也；有異乎前論者，非苟異也，理自不可同也。同之與異，不屑古今，擘肌分理，惟務折衷。」（《序志》）所謂「不屑古今」、「惟務折衷」，是指既不厚古薄今，也不厚今薄古，而是在仔細辨析的基礎上求得不偏不倚的正確主張。這是劉勰論文的原則性要求。我們認為，「折衷」方法不能直接取代「原始要終」等邏輯方法的運用。從一般研究方法的角度講，「折衷」方法、「原始要終」的方法、「貫一」體要的方法、「會通適變」的方法，都是並列同功的研究方法，並沒有高下之分，而且它們都具有「形而上」的方法論意義。當它被運用到佛學研究之中，比如「抄撮要事」過程的實際運用，又可以說是一種佛學的研究方法，具有「新」的實踐意義，這也是「佛學」能夠得以「中國化」的重要原因。

南朝時期，由於文、玄、儒、史四學並立，玄學對《文心雕龍》研究方法的影響也是相當重大的，特別是其本末（體用）結合的方法（以本執末、本末合一，亦即體用相即的方法）。四學並立，不僅「文學」得到重要進展，而且其研究方法也獲得進一步發展。《史傳》篇對歷史著作的「原始要終」的方法論說尤多，如云：「昔者夫子閔王道之缺，傷斯文之墜，靜居以歎鳳，臨衢而泣麟；於是就太師以正雅頌，因魯史以修春秋，舉得失以表黜陟，徵存亡以摽勸誡；褒見一字，貴踰軒冕，貶在片言，誅深斧鉞。然睿旨幽隱，經文婉約，邱明同時，實得微言，乃原始要終，創為傳體。」「原夫載籍之作也，必貫於百氏，被之千載，表徵盛衰，殷鑒興廢，使一代之制，共日月而長存，王霸之跡，並天地而久大。」又說：「至於尋繁領雜之術，務信棄奇之要，明

白頭訖之序，品酌事例之條，曉其大綱，則眾理可貫。」等等。「原始要終」的方法論思想被他自覺不自覺地反覆運用到《文心雕龍》的許多篇章之中，如「尋詩人擬喻，雖斷章取義，然章句在篇，如繭之抽緒，原始要終，體必鱗次。」（《章句》）「篇統間關，情數稠疊，原始要終，疏條布葉。」（《附會》）「故知文變染乎世情，興廢繫於時序，原始以要終，雖百世可知也。」（《時序》）可見，原始要終即是強調在貫通古今變化的文學發展中，始終堅持文學思想及規律的確定性和一致性。我們知道，《史記》、《漢書》、《三國志》等，是當時玄談者必讀之書（尤其是《三國志》），是談資的淵藪，而且當時僧人也多讀這些著作。這無疑可以視為時人追溯「本源」、「原始要終」的方法運用的具體體現之一，與劉勰「原始要終，創為傳體」、反對「訛濫之本源，述遠之巨蠹」的思想是一致的。

《釋迦譜》的序文有「群言參差，首尾散出，事緒舛駮，同異莫齊。散出首尾，宜有貫一之區；莫齊同異，必資會通之契」云云。「貫一」就要能夠把握「要點」，如把有關各種佛經中關於釋迦摩尼傳記或事蹟的記載，前後「抄撮」一致起來；「會通」就是要把各種經文記載進行「勘比」，然後別擇取捨，消除訛誤，將體例、思想一致的觀點匯成一著。可見，這些方法體現了同一律的精神和實質。

對「貫一」、「體要」、「會通」的方法，《文心雕龍》也屢屢論及。如「夫不截盤根，無以驗利器；不剖文奧，無以辨通才。才之能通，必資曉術，自非圓鑒區域，大判條例，豈能控引情源，制勝文苑哉！」（《總術》）「古來文才，異世爭驅，或逸才以爽迅，或精思以纖密，而慮動難圓，鮮無瑕病。」（《指瑕》）「夫篇章雜沓，質文交加，知多偏好，人莫圓該。……故圓照之象，務先博觀。……無私於輕重，不偏於憎愛，然後能平理若衡，照辭如鏡矣。是以將閱文情，先標六觀：一觀位體，二觀置辭，三貫通變，四觀奇正，五觀事義，六觀宮商，斯術既形，則優劣見矣。」（《知音》）「觀《劇秦》為文，影寫長卿，詭言遯辭，故兼包神怪，然骨掣靡密，辭貫圓通，自稱極思，無遺力矣。」（《封禪》）「故童子雕琢，必先雅製，沿根討葉，思轉自圓。」（《體性》）「夫奏之為筆，固以明允篤誠為本，辨析疏通為首。強志足以成務，博見足以窮理，酌古御今，治繁總要，此其體也。」（《奏啟》）以上引述至少包含四層意思：一是要求文論者能夠博觀，具備豐富的知識修養，能夠做到「體要」以執中；二是觀察事物、批評作品要全面，能夠把握本質，大處著眼，

所謂「圓鑒區域，大判條例」；又能從小處入手，所謂「將閱文情，先標六觀」，要將對象分析成不同的方面仔細研究，最後上陞到「體要」的高度，努力做到會通合一；三是文論能夠持平、公允、客觀，不帶主觀片面性，所謂「平理若衡，照辭如鏡」、「圓照之象，務先博觀」；四是異中求同，既要發現論文對象的個性特徵，又要能在「異」中見其「同」，尋根索源，以「辨析疏通爲首」。

此外，劉勰特別善於運用「籠圈條貫」、「囿別區分」的邏輯分類方法，既重視融會貫通的綜括條理，又強調「擘肌分理」的分門別類。如《序志》篇說：「若乃論文敘筆，則囿別區分，原始以表末，釋名以章義，選文以定篇，敷理以舉統。」《雜文》篇云：「詳夫漢來雜文，名號多品。或典誥誓問，或覽略篇章，或曲操弄引，或吟諷謠詠。總括其名，並歸雜文之區；甄別其義，各入討論之域；類聚有貫，故不曲述。」這種方法當是受到因明區分同品、異品的邏輯方法的影響。

然而，從六朝思想文化和方法論的角度看，《文心雕龍》除了運用因明學的論證方式及其邏輯方法之外，無疑也受到其他研究方法的深刻影響。我們強調三點：其一，劉勰的研究方法，不只其「折衷」論受到佛學「中道」觀念的影響，他的「原始要終」、「會通適變」、「大判條區」等方法，還突出地受到傳統目錄學特別是佛學目錄學的分類方法、「序要」方法以及佛學研究的勘比「會通」等方法的影響與啓迪，而且這種影響與啓迪對劉勰這個有著整理佛經經驗的人來說，當是十分重大的。探討劉勰的研究方法與佛學之關係，以及《文心雕龍》的理論批評觀念與佛學之關係，僅僅著眼於「中道」觀念，甚或把《文心雕龍》講究「折衷」的方法僅僅理解爲佛學「中道」觀，無疑是偏頗的；其二，劉勰的研究方法，同時也受到傳統經學的章句、義疏的研究方法和玄學的「得意」思想方法、「辨名析理」的方法等重大影響；其三，還直接受到傳統史學和子學著作的體系結構和撰述方法的影響，史學的義例和條例（如《左傳》、《史記》、《漢書》等）、子學的義旨和論證方法，到劉勰撰述《文心雕龍》之南齊時代，早已形成淵源流長的深厚傳統。就《文心雕龍》研究現狀來看，這方面的研究還是較爲薄弱的，還需要加以深入探討。

行文至此可以看出，「體大而慮周」且結構宏偉而嚴謹的《文心雕龍》，就是運用因明學的五支論式和邏輯方法，從各篇的具體論證形式到整體上的邏輯結構將五十篇文論進行有機地排列整合，聯結成一部論旨明確、論證過

程嚴格細密、層次分明有序、結構合理完整的著作，成為中國文論史上最值得我們珍視的寶貴財富。在規模之宏大、體系之完整、論旨之精微、論述之精當、思想之深刻、條理之昭暢和影響之深遠上，《文心雕龍》這部論著不僅是「前無古人」，而且在它之後我們也沒有再看到同樣的理論著作問世，因此，探索並揭示出《文心雕龍》的結構形式和論證方法，無疑具有巨大的理論價值和深刻的借鑒啓迪作用。

簡短的結論

通過上述對佛教邏輯的歷史考察和理論研究，我們可以得出以下的結論：

一、佛教邏輯是與論辯、學術探究相輔相生、相互促進的

從論辯中引生邏輯，邏輯又反過來指導、規範論辯，這是世界三大邏輯起源的共同點，邏輯思想的成長都經歷一個論辯術探討和學術研究的階段。與古代中國、希臘相比，印度邏輯與論辯聯繫得更為緊密，更具有社會性，而且更為規範和科學。參與者或為本派基本理論原則而辯，或為求真和真知而辯，或為某一觀點而辯。由於論辯的勝負關係到辯者的榮辱生死，因而他們都在竭力探究一套克敵制勝的論辯方法和技藝，一門以論辯為主題的論究學也就隨之產生了，並得到了充分的研究和發展，如對論辯的體制、原則、論辯會的組織、要求、勝負的裁定及參與者的資格條件等都有非常明確的規定，如此確立了公允合理的論辯精神，催發了佛家邏輯並一直伴隨其成長。

學術空氣活躍是因明學產生和發展的另一重要條件。公元前六至四世紀是古代印度的列國時代，學派林立，思想界空前活躍，正是古印度「百家爭鳴」時期。當時比較有影響的有六大派，即數論派、瑜伽派、聲論派、吠檀多派、勝論派和正理派，佛家稱之為「外道六派」。各派各家間展開激烈的論戰，並在論諍中形成了最初的邏輯思想。其中以勝論派和正理派的貢獻最大，古正理派的邏輯思想可以看作佛家因明的直接淵源，五支論式、量論和謬誤論等思想為佛家所繼承，並進一步發展為佛教邏輯。

二、因明學發展的各個歷史階段各有其特點和貢獻，這是一個批判、繼承、改造、發展的不斷更新的進程，是一個理論繼隨與理論創新相統一的過程

印度因明以陳那為分界線，陳那之前是古因明，以類比推理和五支論式為特徵；從陳那開始則上陞為演繹推理和具有邏輯必然性的三支論式，基本完成了從古因明到新因明的邏輯飛躍，而法稱和寶積靜等人則做了進一步完善的工作。這時期的特點及貢獻主要在於：（1）邏輯學與認知理論融為一體，並在其發展過程中始終都未能分離開來；（2）從簡單的類比進展到嚴格的演繹，從「外遍滿」上陞到「內遍滿」，從五支論式進展到三支論式，使因明論式臻於定型和完善；（3）內涵性邏輯轉化為外延性邏輯，因三相理論可以轉換成詞項間的包含或非包含關係，新因明對論式結構所作了的明確規定可以轉換成符號運算式；（4）因明能夠處理主詞不存在的命題，打破了傳統形式邏輯的局限；（5）其研究的側重點和教理背景有所變化，古因明主要依據小乘和瑜伽學派而闡述論辯學，陳那因明依據大乘有相唯識學而著重闡述邏輯義理，法稱因明根據瑜伽經部派而側重於量論研究，並向佛理化方向發展。

漢傳因明有把知識論與邏輯學區分開來的傾向，注重於邏輯思想的闡發，並作了大量的疏解發揮，其主要特點及貢獻在於：（1）在天主《入論》的基礎上刪略論辯學方面的內容，確立了以立破為要旨的「八門二悟」體系；（2）超越形式邏輯把「因」僅作為論據和推理前提的狹窄範圍，進入到廣義的語言邏輯領域，構建了以六因說為中心的語言邏輯，從「立敵對揚」的角度對論辯雙方的語言交際過程作了細緻剖析，在世界邏輯史上是沒有先例的；（3）對同品和異品須「除宗有法」問題有了明確的規定；（4）運用更為嚴密的數理分析方法，以組合論的乘法規則系統分析似能立的諸多過失；（5）在闡釋宗因寬狹問題上體現著因明外延原則的進展；（6）對論題宗主詞與賓詞「互相差別」問題的具體分析，表達了辯證邏輯的思想因素，也體現了漢傳因明的創造性發展。

藏傳因明幾乎對陳那和法稱的所有著作都有注疏，完整地保存了大量的因明經典，對佛教邏輯的研習和著述從未中斷。與漢傳因明相比，其特點和貢獻主要表現為：（1）主要師承法稱學說，研究重點在量論，並具有修道次第的意義；（2）在教理上以中觀應成派為主導，吸取了唯識、經部之精華，構成一個極為精緻的自緣覺知的知識論體系；（3）倚重與闡發應成論式，豐

富和發展因明邏輯論式；（4）在長期的論辯和研究中，形成了頗具特色的研習方法和學制；（5）對邏輯義理的闡發獨創新路，以「攝類」範疇爲基本框架構築邏輯體系，在名言論、命題論、論式和過失論上都有新的突破。

綜而論之，佛教邏輯在不同的發展階段各有其不同的研究特點或傾向性，但從總體上因明思想仍有一些共同的特徵。這些特徵可以概括爲三個方面：（1）因明來源於論辯，取材於論辯，並服務於論辯，因此在其專業術語的運用、比量的側重點、論點的闡述、因明論式的根本性質及過失論的研究方面突出地顯現出論辯性特點；（2）相對於研究純推論的理論邏輯而言，佛教邏輯在其現量研究、哲學認識論、學科論證工具和宗教目的論等問題上表現出明顯的應用性；（3）相對於西方系統化的形式邏輯而言，佛教邏輯在其內涵化傾向、所包含的心理因素、推論的邏輯性質以及邏輯基本規律的認識上體現出初級性。

三、佛教邏輯具有世界性的意義，與其他邏輯系統有許多共同之處，這是進行比較研究的客觀基礎；同時因明有其自己鮮明的特點，具有重要的歷史地位和現代價值

李約瑟博士曾把佛教邏輯與古希臘邏輯相提並論。舍爾巴茨基在比較佛教邏輯與西方邏輯之後認爲，二者在以下幾個方面具有相通之處：關於否定的涵義與分類、知識的兩個來源、邏輯體系的內容和構造、因的多重性學說和無限性學說等。這充分說明「邏輯之名，起於歐洲，而邏輯之理，存乎天壤。」邏輯是全人類的共同財富，印度因明、中國墨辯、西歐邏輯三者互不相謀，而它們的思維形式（概念、命題、推理、論證）以及這些形式發生作用的規律，基本上是一樣的。舍爾巴茨基還指出，希臘邏輯與佛教邏輯之間的主要差別在於：佛家比量式與希臘演繹式在結構、功能和著重點上是不同的；希臘邏輯中演繹推理和歸納推理是相互獨立的兩個推理形式，而佛家的演繹與歸納是結合在一起的；希臘邏輯中因果性和分析性的聯繫規律、充足理由律以及分析與綜合的結合問題不在三段論之中討論，佛教邏輯卻把這些規律等作爲推理論證式的根本性原則；西方邏輯缺乏甚至放棄對謬誤論的研究，而佛教邏輯始終把過失論作爲其重要的內容來加以探討。此外，在概念構詞法、命題結構的深入分析、爲自比量與爲他比量的分類、比量中命題的簡別法、過類的全分一分和有體無體的討論等，都是因明所特有的。因此，「因明可以補邏輯或名學所未逮」，是值得我們研究的。

四、因三相既不是論式規則也不是推理，而是新因明的邏輯公理，並且是 三支因明的基石，因三相不可缺一

一般來說，作爲邏輯規則，它們必須是構成某種邏輯形式的充分必要條件。而從因明的過失論來看，因三相併不具有這樣的性質，因爲所有宗九過和因過裏的四不成等都是因三相所沒有涉及到的，因此因三相對三支論式來說不是充分的，也並非是必要的。再從邏輯公理與邏輯規則在根本性質、地位和作用、概括性和穩定性的比較中，可以很清楚地看出，因三相體現著邏輯公理的性質和特點，而沒有表徵邏輯規則的性質和特徵，因爲因三相反映的是客觀事物類（即宗法、因法、有法、同品、異品）之間的包含關係，表現爲具有客觀眞理的描述性命題，而且它們處於新因明體系的核心，是建構其他因明理論和規則、形式、方法的邏輯前提與基礎，決定著邏輯系統的根本性質，因而它們一直作爲新因明的基本原理而存在著。可見，學術界將因三相當作邏輯規則是不合理的。同樣，以往的研究者將因三相視爲推理也是錯誤的，因爲因三相是不證自明的被當作基本原理接受的客觀眞理，而推理則是人們由已知到未知的主觀思維形式；再從他們對因三相的符示、比附三支式和推出的結論來看，也是與因三相的永眞性質不相容的。

新因明體系的基石是九句因還是因三相是另一個爭論的問題。我們認爲，新因明的眾多理論實際上是在因三相的基礎上建立起來的，比如，三支論式以因三相爲核心內容和基本框架，沒有因三相也就不會有三支論式；九句因中哪句爲正因哪句爲似因，似因中的分出相違與不定等都只能根據它們與因三相的關係來判定，完全符合的是正因，不符合的是似因，與因三相相矛盾的是相違因，不能做出決定的是不定因；「說因宗所隨，宗無因不有」的新因明規律其實是因的第一相「因法遍是宗法性」的衍推，並以此來顯示因的後二相；佛教邏輯的定義理論是與因三相爲根本原則的，我們所下的每一定義都必須遵循「同品定有性，異品遍無性」的原則，否則就是不正確的；因明比量論更是以因三相爲根基而建立起來並進行推導的，這在陳那等大師的論述中就已經很明確了。另外，因三相的不可缺一也不能歸咎於因明的特殊風格或者對敵者的心理狀況不同，因爲同品與異品並不是一對矛盾概念，從而不能由第三相推出第二相，況且這二相的性質、作用在因明體系中是不同的、不能互相取代的。

五、因三相的具體涵義可以完整地表述為：因法普遍具有宗法性，同品必定具有因法性，異品遍無因法性

在因三相乃至整個新因明體系中，第一相是最爲關鍵的，它是其餘兩相根基的正因相，第二相和第三相則是助因相。以往的研究者通常把第一相解釋爲：凡有法都具有因法性，其最常見的例示是「聲具有所作性」。這是一個人人都能直接感知的經驗事實，如果以這樣的經驗命題作爲第一相，那無異於將佛教邏輯當成了經驗性的學科，這是有悖於人們的普通常識的。因爲邏輯學與數學一樣，是最講究理性思維的，邏輯最基本的特徵就是間接性、抽象性和概括性，它本質上屬於理性科學，而不是經驗學科。而且，這樣的解釋也是與第二、三相的意旨大異其趣的，第二、三相本身都必須借助理性思維才能理解和把握，因此第一相不能理解爲經驗性的知識。事實上，他們對第一相的解釋或者與人們的普通常識相悖，或者違反「在前提中不周延的項在結論中也不得周延」的換位法規則，因而是錯誤的。根據陳那的論述和因明概念之間實際上的包含關係，第一相的正確涵義應當是：因法普遍具有宗法即宗支謂項的性質。

在第二相裏，研究者通常把「同品」當作宗法；由於不是所有的宗法都具有因法的性質，因而他們不得不將「定有」理解成「部分一定有」，於是第二相被解釋爲「某些同品定有因法性」。然而，在因明原籍裏，同品一直是被當作表述具體事物的概念來看待的，陳那等大師都把同品視爲如瓶這樣一類表達具體事物的概念，絕沒有將其看作表示一般性質的屬概念宗法！研究者將「定有」理解爲「部分一定有」也是違反邏輯規則的，在梵文和藏文中也找不到這樣的解釋。這裏還牽涉到對九句因的看法，以往的研究者總是將互相矛盾的第二、八句因同時當成正因，這是很不合理的。同品應當是具有因法性的同品，那麼第二相的涵義應是：同品必定具有因法性。

在第三相中，問題主要在於對「異品」一詞的解釋，以往的研究者總是把它當作宗法或其否定，認爲第三相與第二相都是研究因法與宗法的關係的。實際上，在因明典籍裏，異品和同品一樣都是表達具體事物的概念，如虛空這樣一類概念，它們與表達一般屬性的概念宗法如無常性、常住性等有著本質的區別，兩者是絕不可等同看待的。因此，第三相的準確涵義應當是：凡異品都不具有因法性。

我們發現，學術界對因三相的解釋中遺漏了外延最大的屬性概念宗法，

從而無法展示有法、因法、同品、異品與宗法之間的包含關係，他們試圖通過混淆同品、異品與宗法來予以補足，但這種做法是不明智的，也是徒勞的。以這樣的「因三相」既建構不了三支論式，也無法闡釋與其他因明理論的關係，難以揭示古因明進展到新因明的奧秘所在，無以闡明佛教邏輯的歷史地位和價值，從而因三相變成了可有可無的舊說的堆砌，其原本具有的獨創性、革新性及由此建構論式的科學性也就蕩然無存。而按我們的理解，則能圓滿地說明這些問題，能夠理順各種關係，也更符合陳那創立因三相的原意。

六、以藏傳因明的名言論為契機和線索，闡明佛教邏輯雖然與其他邏輯起源由諸多共同之處，但也有其獨具特色的部分，而這些部分恰恰是因明之所以生存發展至今仍富蓬勃生命力和在實際運用中極具實用價值的關鍵所在

一般來說，名言是指稱某類思維對象的本質屬性及其分子的思維形式。藏傳因明討論了名言的意義與所指的區別，即「能詮」與「所詮」的區分，這比弗雷格要早幾個世紀；他們還分析了名言的本質，並進行了適當的分類。因明用「性相」與「所表」來表示名言的內涵與外延，非常清楚地敘述了這兩個邏輯特徵之間的反變關係。可見，這裡除了與形式邏輯共同論述概念的性質和特徵之外，而對名言的指稱所作的細緻劃分，在邏輯史上是極為鮮見的，而且用自然語言的形式敘述了現代邏輯的一些內容。

在名言的種類上，藏傳因明從不同的角度進行了多種分類。從指稱事物性質上分為真名與假名；從反映事物的數量上分為總名、別名與總義名，分別相當於形式邏輯的屬概念、種概念與虛概念；從是否反映事物的集合體上分為總類名與總聚名，相當於非集合概念與集合概念的劃分；從是否指稱某一事物分為立名與遮名，相當於正概念與負概念的區分；從是否指稱事物自身分為質名與體名，相當於實體概念與屬性概念的區分；從是否指稱事物整體分為立入名和排入名；此外，還有一名與異名、隱名與現名的區分。關於名言外延之間的關係，藏傳因明用所遍關係、相屬關係、別異關係、相違關係來分別表述形式邏輯中的全同關係、包含關係、交叉關係和全異關係，分析的內容和深度是一樣的。不過，對名言種類的分析顯然要比形式邏輯細緻周密得多。

在定義方面，藏傳因明認為定義由性相、所表和相依三個部分組成，並對性相、所表的性質和範圍作了相當詳細的規定，似乎可以視同規則看待。

如果我們下定義時違反這些規定或規則就會成為過失定義，如性相不遍之過、性相逾遍之過、不存在於相依之過等等。下定義還必須遵循「新生非虛誑認識」、「離分別復無錯亂」的原則，在此前提下，因明從性質、發生、關係、功用、列舉、語詞等各個方面對名言下了定義，這與形式邏輯中的表述並不遑讓。在劃分方面，因明每提出一個新的重要名言，首先是對它進行嚴格的定義，然後便是對它進行周詳的劃分，而且有關劃分的細密深入的程度確實是無以倫比的。一個有力的證據就是，因明在過失論中區分出數千種過失，其數量之多，範圍之廣泛，分類之細緻，是任何其他邏輯系統所遠遠不及的。

可見，佛教邏輯對名言的論述不僅包含了今天形式邏輯中相應的內容，而且較之更為細密，理解也更為深刻和科學，其諸多的精闢獨到之處也是其他邏輯系統所不可比擬的。尤其是藏傳因明能夠有意識地、相對集中地和全面地闡述其名言論，而且獨立地達到了如此高度的成就，就其時代來說是相當卓著和驚人的。

七、佛教邏輯討論了所有的命題形式，也涉及到相應的推理，它對命題的形式結構作了獨到的論述，有的還進入到現代邏輯的研究領域

佛教邏輯對直言命題的分析是最具特色的和內容豐富的部分。因明家探討了各種命題的本質及分類，在命題的主詞與賓詞上，因明從體三名（即自性、有法、所別）和義三名（即差別、法、能別）等三個不同的層次進行分析，並製定了三條有效建構直言命題的規則，即「以後法解前，不以前解後」、「逕挺自體，無別軌解」、「互相差別，前後各定」，違反這些規則就會出現諸如「相違」、「不定」的錯誤。在表詮遮詮與一分全分的問題上，本課題糾正研究者的錯誤看法，認為表詮遮詮表達的是正詞項與負詞項，而不是表達肯定命題與否定命題；一分全分的涵義要根據具體情形而定，有時表示對命題中詞項的看法，有時表示對某個或某些命題的看法，有時表示的是命題的量項，而不是單指命題的全稱與特稱而言的；另外討論了因明的「遮詮」構詞法。關於有體無體的認識，文章總結了陳大齊先生的看法，認為「共許」的涵義最為重要，並以此作為衡量標準去分析命題的有體與無體；同時探討了有體無體、有義無義、表詮遮詮之間的關係。藏傳因明所講的四遍、八遍與十六遍也是比較特殊的部分，它包含著命題之間的轉換、換質換位推理問題，無疑也包含有謂詞邏輯的內容。

因明也分析了復合命題的各種形式，有的看法是頗有價值的。在聯言命題上，集中討論了五種不同的命題類型，即：由若干意義相關而主詞和賓詞不同的簡單命題組合而成的聯言命題、由主詞不同賓詞相同的若干命題組合而成的聯言命題、由主詞相同賓詞不同的若干命題組合而成的聯言命題、為了論證某個論題宗而由若干不同的命題（因支）組合成的聯言命題、由若干不同主詞和不同賓詞的命題聯結而成的聯言命題等，這些分析似乎比形式邏輯更為全面。九句因也是運用聯言命題的形式組成的。在選言命題上，印度因明一開始就使用了大量的選言命題，漢傳因明自覺地運用選言命題來闡述自己的理論，而藏傳因明則能根據選言命題的邏輯性質進行推理論證了。在假言命題上，佛教邏輯討論了充分條件假言命題、必要條件假言命題和充要條件假言命題，並能依據假言命題的邏輯性質進行推理論證，還分析了其中的形式結構。藏傳因明對負命題及其推理進行了較充分的論述，提出了德摩根的雙重否定律，對負命題及其等值命題的分析預示著已進入現代邏輯的研究領域。他們還提出和分析了時態命題，並對時態命題的性質和類型作了較為充分的論述。

八、因明非常重視對比量（推理）的論述，各個時期都探討了比量的具體形式，這種探索的過程是不斷發展和更新的，其中蘊涵著許多有價值的成分

首先，因明論述了產生比量的基礎，認為「離分別」、「不迷亂」和「現現別轉各自緣相」的真現量是比量形成的基本前提，遍充理論是比量得以有效進行的重要根基，因三相則是比量成立的根本條件。這一思想是與恩格斯有關思維規律的觀點一致的。其次，因明分析了比量形成的過程，這有兩大步驟：一是借助名言種類差別等實現現量向比量的轉化；二是合審觀察智和憶因念遠近二因而生起決定智，從而建構比量的形式。再次，因明討論了比量的各種形式，彌勒從類比推理和因果關係的角度，把比量分成五種：相比量、體比量、業比量、法比量和因果比量；陳那敘述了演繹推理、歸納推理和類比推理，認為比量應以因三相作為根基，這三種推理形式是結合在一起的；法稱則把比量分為不可得比量、自性比量和果比量，擴充了陳那的比量論；藏傳因明家以現覺、因三相為基礎考察了比量形式，把比量分成三種：物力比量、世許比量和信仰比量，與其偏重於論辯一致。最後，因明討論了為自比量（推理）與為他比量（論證）之間的關係，從聯繫方面看，為自

比量是爲他比量的前提與基礎，爲他比量是爲自比量的結果和目的；從差別方面看，二者在內涵和實質、思維進程和功能目的、外在特徵上是很不相同的，因此必須區別開來，不能混淆。

因此，佛教邏輯對推理的諸多論述及推理與論證之間關係的理解是非常深刻的，甚至是精闢獨到的，在邏輯史上應當有其特殊的地位，而且在今天仍有其重大的借鑒意義。不過，這些論述不太集中，術語的出現也缺乏順序性，前後說法不太統一，也滲入許多無法索解的命題與方法，增加了內容的駁雜性。

九、因明論式是佛家進行論辯的一種有效的論證形式，它是先歸納和類比後演繹的有機結合體，其喻依和喻體都是不可缺減的，有關論式的規則及過失論在邏輯史上是非常獨特的，也是有重大的借鑒價值和實踐意義的

學術界通常認爲，三支論式屬於一種推理。然而，從新因明大師的有關論述上看，以及論式活動過程中主體構成（立者、敵者、證義者）、有關未了義的原因和出處等等的詳細說明，都一一表明了三支論式並不是以單個人的推理形式所能夠表現的，而只有運用論證形式才能給予恰如其分的體現和說明。從思維進程、邏輯結構、邏輯功能、邏輯規範及謬誤、思維創新性等角度來看，三支論式無疑體現著邏輯論證的根本性質及其基本特徵，而與推理有著本質上的區別，以往的因明研究者將三支論式視爲推理顯然是錯誤的。另外，學術界將喻依和喻體省去也是不妥當的，因爲它們是言三支聯接因三相的主體部分和保證新因明邏輯系統嚴密一致的根本依據，也是論式中不可缺減的重要組成部分以及論式證宗的基本環節和必要手段，因此，論式中的任何一個部分都是不能缺減的。

以往的研究者將因三相作爲論式規則是不合理的。我們在陳那和天主有關論述的基礎上概括出七條論式規則，並對諸多過失進行了適當的分類。1、兩宗依必須具足且立敵共許。違此規則會出現宗依缺減和「三不極成」等過失。2、立宗必須違他順自，體義和順。違此規則會犯相符極成和「五相違」等過失。3、因法必須立敵共許，並且與宗法和因三相相符。違此規則會產生「四相違」和「五不定」等過失。4、立因必須立敵共許，清楚確實。違此規則會導致「三不成」的過失。5、同喻體必須因宗所隨，喻依應合因於宗。違此規則會引生「無合」、「倒合」和「三不成」等過失。6、異喻體必須宗無因

不有，異喻依應當離宗無因。此規則是防止「不離」、「倒離」和「三不遣」等過失。7、因喻具正必使宗義圓成。此規則是爲了避免「無能」的過失。與形式邏輯相比，這些論式規則更爲具體細緻和嚴格，其諸多過失是最爲豐富的和無以倫比的，在人們宣傳眞理、駁斥謬誤的時候有著極強的針對性和實用性，因此，至今仍有其重大的借鑒價值。

應成論式是藏傳因明主要採用的論辯工具和手段，它是指立者所立之宗被敵者所反對，但因與實遍爲敵者承認或由量識成立，並且由這些因和實遍得到立者所立之宗，從而迫使敵者放棄原來的觀點、接受立者主張的一種反駁性論證方式。在論辯主體上，參與應成論式的人員一般有立者、敵者和證者（或裁判者）三類，其中每一類又各分爲眞、似兩種。應成論式具有以下特點：（1）有法與因法所組成的單稱命題，它作爲論式論證的一個理由，是立者和敵者所共同認可的，或者是由量識（現量或比量）所證實的；（2）因法和宗法所組成的全稱命題，是論式論證的另一個更爲重要的理由，也是立者和敵者所共許極成的；（3）有法與宗法所組成的單稱命題，是立者所立而敵者不許的論題，是立敵雙方爭論的焦點；（4）在「因」和「實遍」成立的前提下，合乎邏輯地導出立者論宗，從而迫使敵者放棄原來的主張，承認或接受立者所立之宗。由此可知，應成論式與連因論式是有區別的。駁斥與應成是既有聯繫又有區別的兩個概念，從本質上講，應成是駁斥的手段，駁斥是應成的目的。應成論式也有眞似之別，眞應成論式是由立者本身所持、不能被對方駁回的規範和正確的應成語；似應成論式則是能被對方駁回的應成語，它形似應成實則不是應成，是一種虛假或錯誤的應成論式。一個眞應成論式必須具備規範和正確這兩個條件。藏傳因明還對眞、似應成論式作了較爲詳盡的分類。

十、佛教邏輯對語言的語境、語形、語義、語用等問題進行了分析和論述，並深入研究了語言的本性、規則、規律等理論問題，從而構築了一套獨特的語言邏輯系統

因明是在社會上盛行論辯的風尙中產生的，因此十分注重從言說的角度進行研究。佛家爲了更有效更順利地進行論辯，對論辯活動做出了種種規範：首先，對參與論辯的主體（立者、敵者、證義者）的資格條件做出具體明確的限定。其次，規定論辯的方式爲「五問四記答」，強調在論辯中，先要把問題搞清楚，該答的答，該反問的反問；有的則不作回答，目的是讓論辯雙方

能直截了當地切中論題，針對論題來進行問答。小乘論師的《方便心論》所說的四品對四記答則作了具體化闡述。現在看來，佛家的問答方式還具有現代語言邏輯的意義，如語義悖論與複雜問語所帶來的難題可以用分別記、反詰記或捨置記來解答。

彌勒《瑜伽師地論》第十五卷中的「七因明」對語言和言語的本性作了全面的分析，還深入研究了論辯所應善擇的場所、論辯所依據的知識和邏輯形式、一個人在論辯中的言語甚至姿勢態度等的適當性、論辯中墮入負處的種種語言表現、在論辯之前從三方面權衡利弊以及參與論辯的資格條件等，從而論述了人們運用語言的語境、語形、語義、語用等諸多問題，初步建立了佛家語言邏輯的基本框架，爲以後的語言邏輯發展奠定了基礎。

以陳那、窺基爲代表的新因明把廣義上的因分解爲若干單元，並一一作了分析，深刻地闡釋了立敵雙方的語言交際過程。由於在辯論中總有立敵雙方，從而首先將因分爲「生因」和「了因」，又分別與言、義、智相聯而成「六因」，然後從「立敵對揚」的視角對論辯雙方的語言交際過程作了細緻剖析。這在邏輯史上是沒有先例的，也是後來的其他邏輯系統所沒有涉及到的，這正是佛教邏輯的特質和價值所在。此外，六因說與因明論式是緊密聯繫的，由宗因喻組成的論式是新因明的證明理論，它也極其重視對語言的運用，體現著語言邏輯的本質和特徵，這明顯地表現在其中的一個顯著特點，即「共許極成」。要求立敵雙方對論式中的所有概念（宗法、因法、有法、同品和異品）和除宗「隨意樂立」經一番論證才能達到一致之外的其他命題（因喻），必須取得一致的認可，才能充當論辯的材料。

佛教邏輯關於語言的論述並不遜於亞里斯多德的語言分析，在範疇分類方面比亞氏更爲詳盡，在區分謬誤方面也比亞氏更爲具體和豐富。

佛教邏輯在本質上主要表現爲用元語言來表述它的邏輯理論和邏輯規律，它考察一個論證的有效性、正確性，基本上是使用舉例，即用一個具體事例來說明這個論證是否有效、正確。而一個論證之所以有效或正確是通過製定一些規則或提出一些要求來體現的，這些規則或要求就是運用元語言的形式來表述的邏輯理論和邏輯基本規律，強調人們要通過對具體事例的理解和把握來悟出一般的通則或規律，這些通則或規律自然也體現在所分析的具體事例之中。就是說，如果從研究方法來看，佛教邏輯仍然屬於傳統邏輯的範圍。佛教邏輯與現代邏輯在研究對象上是基本一致的，二者的差別主要體

現在研究的方法上面。

十一、從歷史和現實來看，因明學與佛學是彼此相通、緊密相關的，二者有著深厚的因緣傳承關係，我們不能因強調因明是一種邏輯學而否定它們之間所本來具有的內在聯繫，應當實事求是地給予闡述和評價

　　佛學與因明之間的關係問題是學術界尚未涉足但又是不可迴避的重要課題。文章認爲，陳那所提出的量論旨在將佛學與因明貫通起來，更好地把握佛教的三法印說，即眞現量體悟諸行無常印和諸法無我印，比量則是認知涅槃寂靜印的主要手段；作爲新因明核心和基石的因三相是在佛教的三自性說基礎上逐步發展而來的，從大乘瑜伽行派的三自性說、無著世親的「因」的三種特徵到陳那的因三相，這是一個批判、繼承、改造、發展的不斷更新的過程，是一個理論揚棄與理論創新相統一的過程；因明的三支論式是以佛學緣起說爲根基的，二者存在著一一對應的關係：論式悟他的目的因與「觀待因」和「隨說印」，論式以因三相爲核心與「牽引因」和「生起因」，論式的正反雙陳與「同類因」和「定異因」，論式的演繹過程與「遍行因」和「能作因」，「違他順自」的論題與佛教「違他順自」的原則，論式立因及過失與「異熟因」和「相違因」，論式立喻及過失與佛教「相遍」、「相成」、「相奪」、「相即」、「相非」等關於事與理的五重關係，等等。因明與佛學在論述譬喻的涵義、地位與作用、譬喻方式等方面也是彼此相同的，可以互相印證的。這充分說明佛學與因明是息息相通的，二者存在著相當密切的內在因緣關係。佛教之所以需要因明，是因爲它可以作爲一種思想交流和不同派系論諍的工具，用以宣揚自宗教義，摧破敵方論點，其主旨在於使佛教更加發揚光大，深入人心，在人民大眾中傳播開來。

　　總之，上述結論既尊重前人的研究成果，同時也不作盲從，在充分論證的基礎上提出新的見解。我們以正確的邏輯觀和邏輯知識爲指導，按照佛教邏輯的本來面目，敍述了佛教邏輯的起源、歷史發展各階段的特點及其貢獻；運用實事求是、比較研究的方法，深刻揭示了同品、異品、有法、因法、宗法這幾個基本概念的本質內涵，以及因三相和因明論式的邏輯性質、具體涵義，澄清了學術界的有關誤解，判明因三相是新因明的邏輯公理和基石而不是邏輯規則，三支論式是一種論證形式而不是推理，第一次概括出因明論式的邏輯規則，爲人們準確地理解和把握因明學提供了基本的著眼點和前提，

也將引起學術界對佛教邏輯的高度重視，使佛教邏輯研究能夠沿著正確的方向開展。本書還首次系統、深入地分析了佛教邏輯的名言論、命題論、比量論、語言邏輯，以及因明學與佛學的關係，糾正了有關的一些曲解，其中也不乏創見。這些研究擴展了因明研究的範圍，具有開拓性的意義，填補了相關的學術空白，也為進一步發展因明奠定了基礎。然而，因明典籍是一個巨大的寶藏，尚需我們進一步去發掘和開採，運用各種現代邏輯思想和方法更廣泛而深入地闡發其中的深刻義蘊是今後佛教邏輯研究的主要方向，同時需要從因明產生發展的社會歷史文化背景上作更深層次的探討，以便對佛教邏輯體系和理論觀點做出更合理更科學的評價。

主要參考文獻

一、典籍類

1、《正理經》，見沈劍英《因明學研究》，東方出版中心 1996 年。

2、《方便心論》，後魏三吉迦夜與曇曜譯，南京支那內學院 1931 年。

3、世親：《如實論》，陳天竺三藏真諦譯，南京支那內學院 1931 年。

4、龍樹：《迴諍論》，後魏三藏毗目智仙共瞿曇流支譯，南京支那內學院 1931 年。

5、彌勒：《瑜伽師地論》，玄奘譯，《大藏經》。

6、無著：《顯揚聖教論》，玄奘譯，《大藏經》。

7、陳那：《因明正理門論》，玄奘譯，南京支那內學院 1930 年。

8、陳那：《集量論略解》，法尊譯，中國社會科學出版社 1982 年。

9、陳那：《因輪抉擇論》，呂澂譯，南京支那內學院《內學》第四輯。

10、天主：《因明入正理論》，玄奘譯，三時學會 1933 年。

11、法稱、僧成：《釋量論·釋量論釋》，法尊譯，中國佛教協會 1981 年。

12、法稱：《正理滴論》，王森譯，見《因明研究》，吉林教育出版社 1994 年。

13、窺基：《因明正理門十四過類疏》，《大藏經》。

14、《中國邏輯史資料選》因明卷，甘肅人民出版社 1991 年。

15、文軌：《因明入正理論疏》，南京支那內學院 1934 年。

16、神泰：《理門論述記》，《大藏經》第四十四卷。

17、楊化群：《藏傳因明學》，西藏人民出版社 1990 年。

18、慧沼：《因明義斷》，《大藏經》第四十四卷。

19、慧沼：《因明入正理論義纂要》，《大藏經》第四十四卷。

20、智周：《因明入論疏前、後記》，《續藏經》第一輯。

21、智周：《因明入論疏抄略記》，《續藏經》第一輯。

22、（日）鳳潭：《因明論疏瑞源記》，商務印書館 1928 年。

23、（日）善珠：《因明論疏明燈抄》，《大藏經》第六十八卷。

24、（日）藏俊：《因明大疏抄》，《大藏經》第六十八卷。

25、（日）基辨：《因明大疏融貫鈔》，《大藏經》第六十九卷。

26、（日）明詮：《因明大疏裏書》，《大藏經》第六十九卷。

27、（日）眞興：《因明纂要略記》，《大藏經》第六十九卷。

二、論著類

（一）中文部分

1、呂澂：《因明綱要》，臺北佛光出版社 1978 年。

2、呂澂：《集量論釋略抄》，南京支那內學院《內學》第四輯。

3、呂澂：《因明入正理論講解》，中華書局 1983 年。

4、陳望道：《因明學》，三聯書店 1971 年。

5、沈劍英：《因明學研究》，東方出版中心 1996 年。

6、沈劍英：《佛家邏輯》，開明出版社 1992 年。

7、沈劍英：《中國佛教邏輯史》，華東師範大學出版社 2001 年。

8、陳大齊：《因明大疏蠡測》，臺南市智者出版社 1997 年。

9、虞愚：《因明學》，中華書局 1989 年。

10、（日）末木剛博：《現代邏輯學問題》，孫中原譯，中國人民大學出版社 1983 年。

11、（日）末木剛博：《東方合理思想》，孫中原譯，江西人民出版社 1990 年。

12、孫中原：《中國邏輯史》，中國人民大學出版社 1987 年。

13、孫中原：《墨學通論》，遼寧教育出版社 1993 年。

14、《因明論文集》，甘肅人民出版社 1982 年。

15、《因明新探》，甘肅人民出版社 1989 年。

16、劉培育編：《因明研究》，吉林教育出版社 1994 年。

17、巫壽康：《因明正理門論研究》，北京三聯書店 1994 年。

18、鄭偉宏：《佛家邏輯通論》，復旦大學出版社 1996 年。

19、鄭偉宏：《因明正理門論直解》，復旦大學出版社 1999 年。

20、姚南強：《因明學說史綱要》，上海三聯書店 2000 年。

21、劇宗林：《藏傳佛教因明史略》，民族出版社 1994 年。

22、霍韜晦：《佛家邏輯研究》，佛光出版社 1978 年。

23、舍爾巴茨基：《佛教邏輯》，宋立道等譯，商務印書館 1997 年。

24、（日）梶山雄一：《印度邏輯學的基本性質》，商務印書館 1980 年。

25、（日）梶山雄一等：《印度邏輯學論集》，華宇出版社 1987 年。

26、《佛教邏輯之發展》，大乘文化出版社 1987 年。

27、《佛教邏輯與辯證法》，大乘文化出版社 1987 年。

28、馬佩主編：《玄奘研究》，河南大學出版社 1997 年。

29、黃心川主編：《東方著名哲學家評傳》印度卷，山東人民出版社 2000 年。

30、王季同：《因明入正理論摸象》，商務印書館 1940 年。

31、熊十力：《因明大疏刪注》，商務印書館 1926 年。

32、楊百順：《比較邏輯史》，四川人民出版社 1989 年。

33、周禮全主編：《邏輯——正確思維和成功交際的理論》，人民出版社 1994 年。

34、A・P・馬蒂尼奇編：《語言哲學》，商務印書館 1998 年。

35、金岳霖：《邏輯》，商務印書館 1937 年。

（二）外文部分

1、宇井伯壽：《印度哲學研究》，岩波書店 1982 年。

2、宇井伯壽：《陳那著作の研究》，岩波書店 1958 年。

3、村上專精：《佛教論理學》，東京 1944 年。

4、北川秀則：《佛教古典論理學の研究》，鈴木學術財團 1965 年。

5、北川秀則等：《佛教思想》，株式會社 1978 年。

6、泰本融：《東洋論理の構造》，法政大學出版社 1976 年。

7、R.S.Y.Chi（齊思貽），*Buddhist Formal Logic*, Matilal Banarsidass, Delhi, 1984.

8、Krishna Kumar Dikshit, *Indian Logic*, Vaishali, 1975.

9、Alex Wayman, *A Millennium of Buddhist Logic*, Motilal Banarsidass,Delhi 1999.

10、Bimal Krishna Matilal and Robert Evens, *Buddhist Logic and Epistemology*, Boston 1986.

11、Bimal Krishna Matilal and Robert Evens, *Buddhist Formal Logi*, Motilal Banarsidass, Delhi 1969.

12、Satis Chandra, *A History of Indian Logic*, Delhi 1920.

13、B.N.Singh, *Indian Logic*, Delhi 1946.

14、Frits Staal, *Studies in Indian Logic and Linguistics*, Chicago 1988.

15、Bimal Krishna Matilal, *Logic,Language and reality,* Delhi 1985.